U0152751

论语译注

杨伯峻 ◎ 译注

国民阅读经典

中华书局

图书在版编目（CIP）数据

论语译注/杨伯峻译注. —北京:中华书局,2023.12
（国民阅读经典:典藏版）
ISBN 978-7-101-16432-9

Ⅰ.论…　Ⅱ.杨…　Ⅲ.①《论语》-译文②《论语》-注释
Ⅳ.B222.2

中国国家版本馆 CIP 数据核字（2023）第 216819 号

书　　名	论语译注
译 注 者	杨伯峻
丛 书 名	国民阅读经典（典藏版）
责任编辑	董　虹
责任印制	陈丽娜
出版发行	中华书局
	（北京市丰台区太平桥西里 38 号　100073）
	http://www.zhbc.com.cn
	E-mail:zhbc@zhbc.com.cn
印　　刷	北京中科印刷有限公司
版　　次	2023 年 12 月第 1 版
	2023 年 12 月第 1 次印刷
规　　格	开本/880×1230 毫米　1/32
	印张 15¼　插页 2　字数 210 千字
印　　数	1-10000 册
国际书号	ISBN 978-7-101-16432-9
定　　价	56.00 元

出版说明

在二十一世纪的当代中国，国民的阅读生活中最迫切的事情是什么？我们的回答是：阅读经典！

在倡导素质教育，提高全社会文明程度的今天，我们要阅读经典；当碎片化阅读充斥人们的生活，侵占深度思考的时间时，我们要阅读经典；当要坚定文化自信，建设中华民族现代文明时，我们更要阅读经典。

经典是我们知识体系的根基，是精神世界的家园，是深化文明交流互鉴，创建人类文明新形态的起点。这就是我们编选这套《国民阅读经典》丛书的缘起，也因此决定了这套丛书的几个特点：

首先，入选的经典是指古今中外人文社科领域的名著。世界的眼光、历史的观点和中国的根基，是我们编选这套丛书的三个基本的立足点。

第二，入选的经典，不是指某时某地某一专业领域之内的重要著作，而是指历经岁月的淘洗、汇聚人类最重要的精神创造和知识积累的基础名著，都是人人应读、必读和常读的名著。

第三，入选的经典，我们坚持优中选优的原则，尽量选择最好的版本，选择最好的注本或译本。

我们真诚地希望，这套经典丛书能够进入你的生活，相伴你的左右。

中华书局编辑部

二〇二三年九月

目 录

论语译注

试论孔子

孔子身世

孔子名丘，字仲尼，一说生于鲁襄公二十一年（《公羊传》和《穀梁传》，即公元前551年），一说生于鲁襄公二十二年（《史记·孔子世家》），相差仅一年。前人为此打了许多笔墨官司，实在不必。死于鲁哀公十六年，即公元前479年。终年实七十二岁。

孔子自己说"而丘也，殷人也"（《礼记·檀弓上》），就是说他是殷商的苗裔。周武王灭了殷商，封殷商的微子启于宋。孔子的先祖孔父嘉是宋国宗室，因为距离宋国始祖已经超过五代，便改为孔氏。孔父嘉无辜被华父督杀害（见《左传》桓公元年和二年）。据《史记·孔子世家》《索隐》，孔父嘉的后代防叔畏惧华氏的逼迫而出奔到鲁国，防叔生伯夏，伯夏生叔梁纥，叔梁纥就是孔子的父亲，因此孔子便成为鲁国人。

殷商是奴隶社会，《礼记·表记》说："殷人尚神"，这些都能从卜辞中得到证明。孔子也说："殷礼，吾能言之。"（3·9）孔子所处的时代正是奴隶社会衰亡、新兴封建制逐渐兴起的交替时期。孔子本人，便看到这些迹象。譬如《微子篇》（18·6）耦耕的长沮、桀溺，不但知道孔子，讥讽孔子，而且知道子路是"鲁孔丘之徒"。这种农民，有文化，通风气，有自己的思想，绝对不是农业奴隶。在孔子生前，鲁宣公十五年，即公元前594年，鲁国实行"初税亩"制。即依各人所拥有的田地亩数抽收赋税，这表明了承认土地私有的合法性。《诗经·小雅·北山》说："溥天之下，莫非王土。率土之滨，莫非王臣。"这是奴隶社会的情况。天下的土地全是天子的土地，天子再分封一些给他的宗族、亲戚、功臣和古代延续下来的旧国，或者成为国家，或者成为采邑。土地的收入，大部为被封者所享有，一部分还得向天子纳贡。土地的所有权，在天子权力强大时，还是为天子所有。他可以收回，可以另行给予别人。这种情况固然在封建社会完全确立以后还曾出现，如汉代初年，然而实质上却有不同。在汉代以后，基本上已经消灭了农业奴隶，而且土地可以自由买卖。而在奴隶社会，从事农业的基本上是奴隶，土地既是"王土"，当然不得自由买卖。鲁国的"初税亩"，至少打破了"莫非王土"的传统，承认土地为某一宗族所有，甚至为某一个人所有。一部《春秋左传》和其他春秋史料，虽然不曾明显地记载着土地自由买卖的情况，但出现有下列几种情况。已经有自耕农，长沮、桀溺便是。《左传》记载着鲁襄公二十七年（孔子出生后五年或六年），申鲜虞"仆赁于野"，这就是说产生了雇农。《左传》昭公二十五年说鲁国的季氏"隐民多取食焉"，隐民就是游民。游民来自各方，也很有可能来自农村。游民必然是自由身份，才能向各大氏族投靠。春秋时，商业很发达，商人有时参与政治。《左传》僖公三十三年记载着郑国商人弦高的事。他偶然碰着秦国来侵的军队，便假借郑国国君名义去犒劳秦军，示意郑国早有准备。昭公十六年，郑国当政者子产宁肯得罪晋国执政大臣韩起，不肯向无名商人施加小小压力逼他出卖玉环。到春秋晚期，孔子学生子贡一面做官，一面做买卖。越国的大功臣范蠡帮助越王勾践灭亡吴国后，便抛弃官位而去做商人，大发其财。这些现象应该能说明两点：一是社会购买力已有一定发展，而购买力的发展是伴随生产力，尤其农业生产力的发展而来的。没有土地所有制的改革，农业生产力是不容有较快较大发展的。于是乎又可以说明，田地可能自由买卖了，兼并现象也发生了，不仅雇农和游民大量出现，而且商人也可以经营皮毛玉贝等货物，经营田地和农产品。

至于"率土之滨，莫非王臣"这一传统，更容易被打破。周天子自平王东迁以后，王仅仅享有虚名，因之一般士大夫，不仅不是"王臣"，而且各有其主。春秋初期，齐国内乱，便有公子纠和公子小白争夺齐国君位之战。管仲和召忽本是公子纠之臣，鲍叔牙则是小白（齐桓公）之臣。小白得胜，召忽因之而死，管仲却转而辅佐齐桓公。晋献公死后，荀息是忠于献公遗嘱拥护奚齐的，但另外很多人，却分别为公子重耳（晋文公）、公子夷吾（晋惠公）之臣。有的甚至由本国出去做别国的官，《左传》襄公二十六年便述说若干楚国人才为晋国所用的情事。即以孔子而言，从来不曾做过"王臣"。他从很卑微的小吏，如"委吏"（仓库管理员），如"乘田"（主持畜牧者——俱见《孟子·万章下》），进而受到鲁国权臣季氏的赏识，才进入"大夫"的行列。鲁国不用他，他又臣仕于自己讥评为"无道"的卫灵公。甚至晋国范氏、中行氏的党羽佛肸盘踞中牟（在今河北省邢台市和邯郸市之间），来叫孔子去，孔子也打算去。（17·7）这些事例，说明所谓"莫非王土""莫非王臣"的传统观念早已随着时间的流逝，形势的变迁，被人轻视，甚至完全抛弃了。

孔子所处的社会，是动荡的社会；所处的时代，是变革的时代。公元前546年，即孔子出生后五六年，晋、楚两大国在宋国召开了弭兵大会。自此以后，诸侯间的兼并战争少了，而各国内部，尤其是大国内部，权臣间或者强大氏族间的你吞我杀，却多起来了。鲁国呢，三大氏族（季氏、孟氏、仲氏）互相兼并现象不严重，但和鲁国公室冲突日益扩大，甚至迫使鲁昭公寄居齐国和晋国，死在晋国边邑乾侯，鲁哀公出亡在越国，死在越国。

这种动荡和变革，我认为是由奴隶社会崩溃而逐渐转化为封建社会引起的。根据《左传》，在孔子出生前十年或十一年，即鲁襄公十年，鲁国三大家族便曾"三分公室而各有其一"。这就是把鲁君的"三郊三遂"（《尚书·费誓》）的军赋所出的土地人口全部瓜分为三，三家各有其一，而且把私家军队也并入，各帅一军。但三家所采取的军赋办法不同。季氏采取封建社会的办法，所分得的人口全部解放为自由民。孟氏采取半封建半奴隶的办法，年轻力壮的仍旧是奴隶。叔孙氏则依旧全用奴隶制。过了二十五年，又把公室再瓜分一次，分为四份，季氏得一半，孟氏和叔孙氏各得四分之一，都废除奴隶制。这正是孔子所耳闻目见的国家的大变化。在这种变革动荡时代中，自然有许多人提出不同主张。当时还谈不上"百家争鸣"，但主张不同则是自然的。孔子作为救世者，也有他的主张。他因而把和自己意见不同的主张称为"异端"，还说："攻乎异端，斯害也已。"（2·16）

孔子的志向很大，要做到"老者安之，朋友信之，少者怀之"。（5·26）在鲁国行不通，到齐国也碰壁，到陈蔡等小国，更不必说了。在卫国，被卫灵公供养，住了较长时间，晚年终于回到鲁国。大半辈子精力用于教育和整理古代文献。他对后代的最大贡献也就在这里。

孔子思想体系的渊源

孔子的世界观，留在下面再谈。我们先讨论孔子思想体系即他的世界观形成的渊源。我认为从有关孔子的历史资料中选择那些最为可信的，来论定孔子的阶级地位、经历、学术以及所受的影响等等，这就可以确定孔子的思想体系形成的渊源。

第一，孔子纵然是殷商的苗裔，但早已从贵族下降到一般平民。他自己说："吾少也贱。"足以说明他的身世。他父亲，《史记》称做叔梁纥，这是字和名的合称，春秋以前有这种称法，字在前，名在后。"叔梁"是字，"纥"是名。《左传》称做郰人纥（襄公十年），这是官和名的合称。春秋时代一些国家，习惯把一些地方长官叫"人"，孔子父亲曾经做过郰地的宰（即长官），所以叫他做郰人纥。郰人纥在孔子出生后不久死去，只留得孔子的寡母存在。相传寡母名徵在。寡母抚养孔子，孔子也得赡养寡母，因之，他不能不干些杂活。他自己说："吾少也贱，故多能鄙事。"（9·6）鄙事就是杂活。委吏、乘田或许还是高级的"鄙事"。由此可以说，孔子的祖先出身贵族，到他自己，相隔太久了，失去了贵族的地位。他做委吏也好，做乘田也好，干其他"鄙事"也好，自必有一些共事的同伴。那些人自然都贫贱。难道自少小和他共事的贫贱者，不给孔子一点点影响么？孔子也能够完全摆脱那些人的影响么？这是不可能的。

　　第二，孔子是鲁国人。在孔子生前，鲁国政权已在季、孟、仲孙三家之手，而季氏权柄势力又最大。以季氏而论，似乎有些自相矛盾的做法。当奴隶制度衰落时，他分得"公室"三分之一，便采用封建的军赋制度；到昭公五年，再"四分公室"，其他二家都学习他的榜样，全都采用封建军赋制度。这是他的进步处。但鲁昭公自二十五年出外居于齐国，到三十二年死在乾侯，鲁国几乎七年没有国君，国内照常安定自不必说，因为政权早已不在鲁昭公手里。但季氏，即叫季孙意如的，却一点也没有夺取君位的意图，还曾想把鲁昭公迎接回国；鲁昭公死了，又立昭公之弟定公为君。这不能说是倒退的，也不能说是奇怪的，自然有它的原由。第一，正是这个时候，齐国的陈氏（《史记》作田氏）有夺取姜齐政柄的趋向，鲁昭公三年晏婴曾经向晋国的叔向作了这种预言，叔向也向晏婴透露了他对晋国公室削弱卑微的看法。然而，当时还没有一个国家由权臣取代君位的，季氏还没有胆量开这一先例。何况鲁国是弱小国家，齐、秦、晋、楚这些强大之国，能不以此为借口而攻伐季氏么？第二，鲁国是为西周奴隶社会制作礼乐典章法度的周公旦后代的国家，当时还有人说："周礼尽在鲁矣。"（《左传》昭公二年）还说：鲁"犹秉周礼"（闵公元年）。周礼的内容究竟怎样，现在流传的《周礼》不足为凭。但周公姬旦制作它，其本意在于巩固奴隶主阶级的统治，是可以肯定的。这种传统在鲁国还有不小力量，季氏也就难以取鲁君之位而代之了。孔子对于季氏对待昭公和哀公的态度，是目见耳闻的，却不曾有一言半语评论它。是孔子没有评论呢？还是没有传下来呢？弄不清楚。这里我只想说明一点，即孔子作为一个鲁国人，他的思想也不能不受鲁国的特定环境即鲁国当时的国情的影响。当时的鲁国，正处于新旧交替之中，即有改革，而改革又不彻底，这种情况，也反映在孔子的思想上。

第三，孔子自己说"信而好古"。（7·1）他的学生子贡说他老师"夫子焉不学？而亦何常师之有？"（19·22）孔子自己又说："三人行，必有我师焉：择其善者而从之，其不善者而改之。"（7·22）可见孔子的学习，不但读书，而且还在于观察别人，尤其在"每事问"。（3·15）即以古代文献而论，孔子是非常认真看待的。他能讲夏代的礼，更能讲述殷代的礼，却因为缺乏文献，无法证实，以至于感叹言之。（3·9）那么，他爱护古代文献和书籍的心情可想而知。由《论语》一书来考察，他整理过《诗经》的《雅》和《颂》，（9·15）命令儿子学《诗》学礼。（16·13）自己又说："五十以学《易》。"（7·17）《易》本来是用来占筮的书，而孔子不用来占筮，却当作人生哲理书读，因此才说："五十以学《易》，可以无大过矣。"他引用《易》"不恒其德，或承之羞"二句，结论是"不占而已矣"。（13·22）他征引过《尚书》。他也从许多早已亡佚的古书中学习很多东西。举一个例子，他的思想核心是仁。他曾为仁作一定义"克己复礼"。（12·1）然而这不是孔子自己创造的，根据《左传》昭公十二年孔子自己的话，在古代一种"志"书中，早有"克己复礼，仁也"的话。那么，孔子答对颜回"克己复礼为仁"，不过是孔子的"古为今用"罢了。孔子对他儿子伯鱼说："不学礼，无以立。"（16·13）这本是孟僖子的话，见于《左传》昭公七年。孟僖子说这话时，孔子还不过十七八岁，自然又是孔子借用孟僖子的话。足见孔子读了当时存在的许多书，吸取了他认为可用的东西，加以利用。古代书籍和古人对孔子都有不小影响。

第四，古人，尤其春秋时人，有各种政治家、思想家，自然有进步的，有改良主义的，也有保守和倒退的。孔子对他们都很熟知，有的作好评，有的作恶评，有的不加评论。由这些地方，可以看出孔子对他们的看法和取舍，反过来也可从中看出他们对孔子的影响。子产是一位唯物主义者，又是郑国最有名、最有政绩的政治家和外交家。孔子对他极为赞扬。郑国有个"乡校"，平日一般士大夫聚集在那里议论朝廷政治，于是有人主张毁掉它。子产不肯，并且说："其所善者，吾则行之；其所恶者，吾则改之。是吾师也，若之何毁之？"这时孔子至多十一岁，而后来评论说："以是观之，人谓子产不仁，吾不信也。"（《左传》襄公三十一年）孔子以"仁"来赞扬子产的极有限的民主作风，足见他对待当时政治的态度。他讥评鲁国早年的执政臧文仲"三不仁"、"三不知（智）"。其中有压抑贤良展禽（柳下惠）一事（《左传》文公二年），而又赞许公叔文子大力提拔大夫僎升居卿位。用人唯贤，不准许压抑贤良，这也是孔子品评人物标准之一。又譬如晋国有位叔向（羊舌肸），当时贤良之士都表扬他，喜爱他。他也和吴季札、齐晏婴、郑子产友好，孔子对他没有什么议论，可能因为他政治态度过于倾向保守罢。春秋时代二三百年，著名而有影响的人物不少，他们的言行，或多或少地影响孔子。这自是孔子思想体系渊源之一。

以上几点说明，孔子的思想渊源是复杂的，所受的影响是多方面的。我们今天研究孔子，不应当只抓住某一方面，片面地加以夸大，肯定一切或否定一切。

孔子论天、命、鬼神和卜筮

孔子是殷商苗裔，又是鲁国人，这两个国家比其他各国更为迷信。以宋国而论，宇宙有陨星，这是自然现象，也是常见之事，宋襄公是个图霸之君，却还向周内史过问吉凶，使得内史过不敢不诡辞答覆。宋景公逝世，有二个养子，宋昭公——养子之一，名"得"，《史记》作"特"——因为作了个好梦，就自信能继承君位。这表示宋国极迷信，认为天象或梦境预示着未来的吉凶。至于鲁国也一样，穆姜搬家，先要用《周易》占筮（《左传》襄公九年）；叔孙穆子刚出生，也用《周易》卜筮（《左传》昭公五年）；成季尚未出生，鲁桓公既用甲卜，又用蓍草筮（《左传》闵公二年），而且听信多年以前的童谣，用这童谣来断定鲁国政治前途。这类事情，在今天看来，都很荒谬。其他各国无不信天、信命、信鬼神。这是奴隶社会以及封建社会的必然现象，唯有真正的唯物主义者而又有勇气的，才不如此。以周太史过而论，他认为"陨星"是"阴阳"之事，而"吉凶由人"，因为不敢得罪宋襄公，才以自己观察所得假"陨星"以答。以子产而论，能说"天道远，人道迩，非所及也"（《左传》昭公十八年），却对伯有作为鬼魂出现这种谣传和惊乱，不敢作勇敢的否定，恐怕一则不愿得罪晋国执政大臣赵景子，二则也不敢过于作违俗之论罢！

孔子是不迷信的。我认为只有庄子懂得孔子，庄子说："六合之外，圣人存而不论。"（《庄子·齐物论篇》）庄子所说的"圣人"无疑是孔子，由下文"《春秋》经世先王之志，圣人议而不辩"可以肯定。"天"、"命"、"鬼神"都是"六合之外，圣人存而不论"的东西。所谓"存而不论"，用现代话说，就是保留它而不置可否，不论其有或无。实际上也就是不大相信有。

孔子为什么没有迷信思想，这和他治学态度的严谨很有关系。他说过，"多闻阙疑"，"多见阙殆"。（2·18）还说："学而不思则罔，思而不学则殆。"（2·15）足见他主张多闻、多见和学思结合。"思"什么呢？其中至少包括思考某事某物的道理。虽然当时绝大多数人相信卜筮，相信鬼神，孔子却想不出它们存在的道理。所以他不讲"怪、力、乱、神"。（7·21）"力"和"乱"，或者是孔子不愿谈，"怪"和"神"很大可能是孔子根本采取"阙疑"、"存而不论"的态度。臧文仲相信占卜，畜养一个大乌龟，并且给它极为华丽的地方住，孔子便批评他不聪明，或者说是愚蠢。（5·18）一个乌龟壳怎能预先知道一切事情呢？这是孔子所想不通的。由于孔子这种治学态度，所以能够超出当时一般人，包括宋、鲁二国人之上。"知之为知之，不知为不知"，（2·17）不但于"六合之外"存而不论，即六合之内，也有存而不论的。

我们现在来谈谈孔子有关天、命、卜筮和鬼神的一些具体说法和看法。我只用《论语》和《左传》的资料。其他古书的资料，很多是靠不住的，需要更多地审查和选择，不能轻易使用。

先讨论"天"。

在《论语》中，除复音词如"天下"、"天子"、"天道"之类外，单言"天"字的，一共十八次。在十八次中，除掉别人说的，孔子自己说了十四次半。在这十四次半中，"天"有三个意义：一是自然之"天"，一是主宰或命运之天，一是义理之天。自然之天仅出现三次，而且二句是重复句：

> 天何言哉？四时行焉，百物生焉，天何言哉？（17·19）
> 巍巍乎！唯天为大。（8·19）

义理之天，仅有一次：

> 获罪于天，无所祷也。（3·13）

命运之天或主宰之天就比较多，依出现先后次序录述它：

> 予所否者，天厌之！天厌之！（6·28）
> 天生德于予，桓魋其如予何？（7·23）
> 天之将丧斯文也，后死者不得与于斯文也；天之未丧斯文也，匡人其如予何？（9·5）
> 吾谁欺？欺天乎！（9·12）
> 噫！天丧予！天丧予！（11·9）
> 不怨天，不尤人，下学而上达。知我者其天乎！（14·35）

另外一次是子夏说的。他说："商闻之矣：死生有命，富贵在天。"但这话子夏是听别人说的。听谁说的呢？很大可能是听孔子说的，所以算它半次。

若从孔子讲"天"的具体语言环境来说，不过三四种。一种是发誓，"天厌之"就是当时赌咒的语言。一种是孔子处于困境或险境中，如在匡被围或者桓魋想谋害他，他无以自慰，只好听天。因为孔子很自负，不但自认有"德"，而且自认有"文"，所以把自己的生死都归之于天。一种是发怒，对子路的弄虚作假，违犯礼节大为不满，便骂"欺天乎"。在不得意而又被学生引起牢骚时，只得说"知我者其天乎"。古人也说过，疾病则呼天，创痛则呼父母。孔子这样称天，并不一定认为天真是主宰，天真有意志，不过借天以自慰、或发泄感情罢了。至于"获罪于天"的"天"，意思就是行为不合天理。

再讨论"命"。《论语》中孔子讲"命"五次半，讲"天命"三次，也罗列于下：

亡之，命矣夫！斯人也而有斯疾也！（6·10）

道之将行也与，命也；道之将废也与，命也。公伯寮其如命何？（14·36）

不知命，无以为君子也。（20·3）

同"富贵在天"一样，子夏还听他说过"死生有命"。关于"天命"的有下列一些语句：

五十而知天命。（2·4）

君子有三畏：畏天命，……小人不知天命而不畏也。
（16·8）

从文句表面看，孤立地看，似乎孔子是宿命论者，或者如《墨子·天志篇》所主张的一样是天有意志能行令论者。其实不如此。古代人之所以成为宿命论者或者天志论者，是因为他们对于宇宙以至社会现象不能很好理解的缘故。孔子于"六合之外，存而不论"，他认为对宇宙现象不可能有所知，因此也不谈，所以他讲"命"，都是关于人事。依一般人看，在社会上，应该有个"理"。无论各家各派的"理"怎样，各家各派自然认为他们的"理"是正确的，善的，美的。而且他们还要认为依他的"理"而行，必然会得到"善报"；违背他们的"理"而行，必然会有"凶恶"的结果。然而世间事不完全或者大大地不如他们的意料，这就是常人所说善人得不到好报，恶人反而能够荣华富贵以及长寿。伯牛是好人，却害着治不好的病，当孔子时自然无所谓病理学和生理学，无以归之，只得归之于"命"。如果说，孔子是天志论者，认为天便是人间的主宰，自会"赏善而罚淫"，那伯牛有疾，孔子不会说"命矣夫"，而会怨天瞎了眼，怎么孔子自己又说"不怨天"呢？（14·35）如果孔子是天命论者，那一切早已由天安排妥当，什么都不必干，听其自然就可以了，孔子又何必栖栖遑遑"知其不可而为之"呢？人世间事，有必然，有偶然。越是文化落后的社会，偶然性越大越多，在不少人看来，不合"理"的事越多。古人自然不懂得偶然性和必然性以及这两者的关系，由一般有知识者看来，上天似乎有意志，又似乎没有意志，这是谜，又是个不可解的谜，孟子因之说："莫之为而为者，天也；莫之致而至者，命也。"（《万章上》）这就是把一切偶然性，甚至某些必然性，都归之于"天"和"命"。这就是孔、孟的天命观。

孔子是怀疑鬼神的存在的。他说："祭如在，祭神如神在。"（3·12）祭祖先（鬼）好像祖先真在那里，祭神好像神真在那里。所谓"如在""如神在"，实际上是说并不在。孔子病危，子路请求祈祷，并且征引古书作证，孔子就婉言拒绝。（7·35）楚昭王病重，拒绝祭神，孔子赞美他"知大道"（《左传》哀公六年）。假使孔子真认为天地有神灵，祈祷能去灾得福，为什么拒绝祈祷呢？为什么赞美楚昭王"知大道"呢？子路曾问孔子如何服事鬼神。孔子答说："活人还不能服事，怎么能去服事死人？"子路又问死是怎么回事。孔子答说："生的道理还没有弄明白，怎么能够懂得死？"（11·12）足见孔子只讲现实的事，不讲虚无渺茫的事。孔子说："君子于其所不知，盖阙如也。"（13·3）孔子对死和鬼的问题，回避答覆，也是这种表现。那么为什么孔子要讲究祭祀，讲孝道，讲三年之丧呢？我认为，这是孔子利用所谓古礼来为现实服务。殷人最重祭祀，最重鬼神。孔子虽然不大相信鬼神的实有，却不去公开否定它，而是利用它，用曾参的话说："慎终，追远，民德归厚矣。"（1·9）很显然，孔子的这些主张不过企图借此维持剥削者的统治而已。

至于卜筮，孔子曾经引《易经》"不恒其德，或承之羞"，结论是不必占卜了。这正如王充《论衡·卜筮篇》所说，"枯骨死草，何能知吉凶乎"（依刘盼遂《集解》本校正）。

孔子的政治观和人生观

在春秋时代，除郑国子产等几位世卿有心救世以外，本人原在下层地位，而有心救世的，像战国时许多人物一般，或许不见得没有，但却没有一人能和孔子相比，这从所有流传下来的历史资料可以肯定。在《论语》一书中反映孔子热心救世，碰到不少隐士泼以冰凉的水。除长沮、桀溺外，还有楚狂接舆（18·5）、荷蓧丈人（18·7）、石门司门者（14·38）和微生亩（14·32）等等。孔子自己说："天下有道，丘不与易也。"（18·6）石门司门者则评孔子为"知其不可而为之"。"知其不可而为之"，可以说是"不识时务"，但也可以说是坚韧不拔。孔子的热心救世，当时未见成效，有客观原因，也有主观原因，这里不谈。但这种"席不暇暖"（韩愈：《争臣论》，盖本于《文选》班固《答宾戏》），"三月无君则吊"（《孟子·滕文公下》）的精神，不能不说是极难得的，也是可敬佩的。

孔子的时代，周王室已经无法恢复权力和威信，这是当时人都知道的，难道孔子不清楚？就是齐桓公、晋文公这样的霸主，也已经成为陈迹。中原各国，不是政权落于卿大夫，就是

　　　　　　　　　　　　　　　论语译注

"陪臣执国命"。如晋国先有六卿相争，后来只剩四卿——韩、赵、魏和知伯。《左传》最后载知伯被灭，孔子早"寿终正寝"了。齐国陈恒杀了齐简公，这也是孔子所亲见的。（14·21）在鲁国，情况更不好，"禄之去公室五世（宣、成、襄、昭、定五公）矣，政逮于大夫四世（季文子、武子、平子、桓子四代）矣，故夫三桓之子孙微矣"，（16·3）而处于"陪臣执国命"（16·2）时代。在这种情况下，中原诸国，如卫、陈、蔡等，国小力微，不能有所作为。秦国僻在西方，自秦穆公、康公以后已无力再过问中原的事。楚国又被吴国打得精疲力尽，孔子仅仅到了楚国边境，和叶公相见。（13·16，又7·19）纵然有极少数小官，如仪封人之辈赞许孔子，（3·24）但在二千多年以前，要对当时政治实行较大改变，没有适当力量的凭借是不可能做到的。孔子徒抱大志，感叹以死罢了。

孔子的政治思想，从《尧曰篇》可以看出。我认为《尧曰篇》"谨权量，审法度"以下都是孔子的政治主张。然而度、量、衡的统一直到孔子死后二百五十八年，秦始皇二十六年统一中国后才实行。孔子又说，治理国家要重视三件事，粮食充足，军备无缺，人民信任，而人民信任是极为重要的。（12·7）甚至批评晋文公伐原取信（见《左传》僖公二十六年）为"谲而不正"。（14·15）孔子主张"正名"，（13·3）正名就是"君君，臣臣，父父，子子"；（12·11）而当时正是"君不君，臣不臣，父不父，子不子"。孔子的政绩表现于当时的，一是定公十年和齐景公在夹谷相会，在外交上取得重大胜利；一是子路毁坏季氏的费城，叔孙氏自己毁坏了他们的郈城，唯独孟氏不肯毁坏成城（《左传》定公十二年）。假使三家的老巢城池都被毁了，孔子继续在鲁国做官，他的"君君，臣臣"的主张有可能逐渐实现。但齐国的"女乐"送来，孔子只得离开鲁国了。（18·4）孔子其他政治主张，仅仅托之空言。

孔子还说："如有用我者，吾其为东周乎！"（17·5）孔子所谓"东周"究竟是些什么内容，虽然难以完全考定，但从上文所述以及联系孔子其他言行考察，可以肯定绝不是把周公旦所制定的礼乐制度恢复原状。孔子知道时代不同，礼要有"损益"。（2·23）他主张"行夏之时"，（15·11）便是对周礼的改变。夏的历法是以立春之月为一年的第一月，周的历法是以冬至之月为一年的第一月。夏历便于农业生产，周历不便于农业生产。从《左传》或者《诗经》看，尽管某些国家用周历，但民间还用夏历。晋国上下全用夏历。所谓周礼，在春秋以前，很被人重视。孔子不能抛弃这面旗帜，因为它有号召力，何况孔子本来景仰周公。周礼是上层建筑，在阶级社会，封建地主阶级无妨利用奴隶主阶级某些礼制加以改造，来巩固自己的统治。不能说孔子要"复礼"，要"为东周"，便是倒退。他在夹谷会上，不惜用武力对待齐景公的无礼，恐怕未必合乎周礼。由此看来，孔子的政治主张，尽管难免有些保守处，如"兴灭国，继绝世"，（20·1）但基本倾向是进步的，和时代的步伐合拍的。

至于他的人生观，更是积极的。他"发愤忘食，乐以忘忧，不知老之将至"。（7·19）他能够过穷苦生活，而对于不义的富贵，视同浮云。（7·16）这些地方还不失他原为平民的本色。

关于忠恕和仁

春秋时代重视"礼"，"礼"包括礼仪、礼制、礼器等，却很少讲"仁"。我把《左传》"礼"字统计一下，一共讲了462次；另外还有"礼食"1次，"礼书"、"礼经"各1次，"礼秩"1次，"礼义"3次。但讲"仁"不过33次，少于讲"礼"的至429次之多。并且把礼提到最高地位。《左传》昭公二十六年晏婴对齐景公说："礼之可以为国也久矣，与天地并。"还有一个现象，《左传》没有"仁义"并言的。《论语》讲"礼"75次，包括"礼乐"并言的；讲"仁"却109次。由此看来，孔子批判地继承春秋时代的思潮，不以礼为核心，而以仁为核心，而且认为没有仁，也就谈不上礼，所以说："人而不仁，如礼何？"（3·3）

一部《论语》，对"仁"有许多解释，或者说"克己复礼为仁"，（12·1）或者说"仁者先难而后获"，（6·22）或者说"能行五者（恭、宽、信、敏、惠）于天下为仁"，（17·6）或者说"爱人"就是"仁"，（12·22）还有很多歧异的说法。究竟"仁"的内涵是什么呢？我认为从孔子对曾参一段话可以推知"仁"的真谛。孔子对曾参说："吾道一以贯之。"曾参告诉其他同学说："夫子之道，忠恕而已矣。"（4·15）"吾道"就是孔子自己的整个思想体系，而贯穿这个思想体系的，必然是它的核心。分别讲是"忠恕"，概括讲是"仁"。

孔子自己曾给"恕"下了定义："己所不欲，勿施于人。"（15·24）这是"仁"的消极面。另一面是积极面："己欲立而立人，己欲达而达人。"（6·30）而"仁"并不是孔子所认为的最高境界，"圣"才是最高境界。"圣"的目标是："博施于民而能济众"，（6·30）"修己以安百姓"。（14·42）这个目标，孔子认为尧、舜都未必能达到。

用具体人物来作证。

孔子不轻许人以"仁"。有人说："雍也仁而不佞。"孔子的答覆是，"不知其仁（意即雍不为仁），焉用佞"。（5·5）又答覆孟武伯说，子路、冉有、公西华，都"不知其仁"。（5·8）孔子对所有学生，仅仅说"回也，其心三月不违仁"，（6·7）这也未必是说颜渊是仁人。对于令尹子文和陈文子，说他们"忠"或"清"，却不同意他们是"仁"。（5·19）但有一件似乎不无矛盾的事。孔子说管仲不俭，不知礼，（3·22）却说："桓公九合诸侯，不以兵车，管仲之力也。如其仁，如其仁。"（14·16）由这点看来，孔子认为管仲纵是"有反坫"、"有三归"，却帮助齐桓公使天下有一个较长期的（齐桓公在位四十三年）、较安定的局面，这是大有益于大众的事，而这就是仁德！《孟子·告子下》曾载齐桓公葵丘之会的盟约，其中有几条，如"尊贤育才"、"无曲防，无遏籴"。并且说："凡我同盟之人，既盟之后，言归于好。"孟子还说当孟子时的诸侯，都触犯了葵丘的禁令。由此可见，依孔子意见，谁能够使天下安定，保护大多数人的生命，就可以许他为仁。

孔子是爱惜人的生命的。殷商是奴隶社会，但那时以活奴隶殉葬的风气孔子未必知道。自从生产力有所发展，奴隶对奴隶主多少还有些用处、有些利益以后，奴隶主便舍不得把他们活埋，而用木偶人、土俑代替殉葬的活人了。在春秋，也有用活人殉葬的事。秦穆公便用活人殉葬，殉葬的不仅是奴隶，还有闻名的贤良的三兄弟，秦国人叫他们做"三良"。秦国人谴责这一举动，《诗经·秦风》里《黄鸟》一诗就是哀悯三良、讥刺秦穆公的。《左传》宣公十五年记载晋国魏犨有个爱妾，魏犨曾经告诉他儿子说，我死了，一定嫁了她。等到魏犨病危，却命令儿子，一定要她殉葬，在黄泉中陪侍自己。结果是他儿子魏颗把她嫁出去。足见春秋时代一般人不以用活人殉葬为然。孟子曾经引孔子的话说："始作俑者，其无后乎！"（《孟子·梁惠王上》）在别处，孔子从来不曾这样狠毒地咒骂人。骂人"绝子灭孙"，"断绝后代"，在过去社会里是谁都忍受不了的。用孟子的话说，"不孝有三，无后为大。"（《孟子·离娄上》）孔子对最初发明用木俑土俑殉葬的人都这样狠毒地骂，对于用活人殉葬的态度又该怎样呢？由此足以明白，在孔子的仁德中，包括着重视人的生命。

孔子说仁就是"爱人"。后代，尤其现代，有些人说"人"不包括"民"。"民"是奴隶，"人"是士以上的人物。"人"和

"民"二字，有时有区别，有时没有区别。以《论语》而论，"节用而爱人，使民以时"，（1·5）"人"和"民"对言，就有区别。"逸民"（18·8）的"民"，便不是奴隶，因为孔子所举的伯夷、叔齐、柳下惠等都是上层人物，甚至是大奴隶主，"人"和"民"便没有区别。纵然在孔子心目中，"士"以下的庶民是不足道的，"民斯为下矣"，（16·9）但他对于"修己以安百姓"（14·42）"博施于民而能济众"（6·30）的人，简直捧得比尧和舜还高。从这里又可以看到，孔子的重视人的性命，也包括一切阶级、阶层的人在内。

要做到"修己以安人"，至少做到"不以兵车""一匡天下"，没有相当地位、力量和时间是不行的。但是做到"己所不欲，勿施于人"，孔子以为比较容易。子贡问"有一言而可以终身行之者乎"，孔子便拈出一个"恕"字。实际上在阶级社会中，要做到"己所不欲，勿施于人"，不但极难，甚至不可能，只能是一种幻想，孔子却认为可以"终身行之"，而且这是"仁"的一个方面，于是乎说能"为仁由己"（12·1）了。

关于"克己复礼为仁"（12·1）一句的理解，有人说孔子所要"复"的"礼"是周礼，是奴隶制的礼，而撇开孔子其他论"仁"的话不加讨论，甚至不予参考。《论语》中"礼"字出现75次，其中不见孔子对"礼"下任何较有概括性的定义。孔子只是说："人而不仁，如礼何？人而不仁，如乐何？"（3·3）还说："礼云礼云，玉帛云乎哉？乐云乐云，钟鼓云乎哉？"（17·11）可见孔子认为礼乐不在形式，不在器物，而在于其本质。其本质就是仁。没有仁，也就没有真的礼乐。春秋以及春秋以上的时代，没有仁的礼乐，不过徒然有其仪节和器物罢了。孔子也并不是完全固执不变的人。他主张臣对君要行"拜下"之礼，但对"麻冕"却赞同实行变通，（9·3）以求省俭。他不主张用周代历法，上文已经说过。由此看来，有什么凭据能肯定孔子在复周礼呢？孔子曾经说自己，"我则异于是，无可无不可"，（18·8）孟子说孔子为"圣之时"（《万章下》），我认为这才是真正的孔子！

孔子对后代的贡献

孔子以前有不少文献，孔子一方面学习它，一方面加以整理，同时向弟子传授。《论语》所涉及的有《易》，有《书》，有《诗》。虽然有"礼"，却不是简册（书籍）。据《礼记·杂记下》"恤由之丧，哀公使孺悲之孔子学士丧礼，《士丧礼》于是乎书"，那么，《仪礼》诸篇虽出在孔子以后，却由孔子传出。孺悲这人也见于《论语》，他曾求见孔子，孔子不但以有病为辞不接见，还故意弹瑟使他知道是托病拒绝，其实并没有病。（17·20）但孺悲若是受哀公之命而来学，孔子就难以拒绝。《论语》没有谈到《春秋》，然而自《左传》作者以来都说孔子修《春秋》，孟子甚至说孔子作《春秋》。《公羊春秋》和《穀梁春秋》记载孔子出生的年、月、日，《左氏春秋》也记载孔子逝世的年、月、日；而且《公羊春秋》、《穀梁春秋》止于哀公十四年"西狩获麟",《左氏春秋》则止于哀公十六年"夏四月己丑孔丘卒"。三种《春秋》,二种记载孔子生,一种记载孔子卒,能说《春秋》和孔子没有关系么?我不认为孔子修过《春秋》,更不相信孔子作过《春秋》,而认为目前所传的《春秋》还是鲁史的原文。尽管王安石诋毁《春秋》为"断烂朝报"(初见于苏辙《春秋集解·自序》,其后周麟之、陆佃以及《宋史·王安石传》都曾记载这话),但春秋二百四十二年的史事大纲却赖此以传。更为重要的事是假若没有《春秋》,就不会有人作《左传》。《春秋》二百多年的史料,我们就只能靠地下挖掘。总而言之,古代文献和孔子以及孔门弟子有关系的,至少有《诗》、《书》、《易》、《仪礼》、《春秋》五种。

孔子弟子不过七十多人,《史记·孔子世家》说"弟子盖三千焉",用一"盖"字,就表明太史公说这话时自己也不太相信。根据《左传》昭公二十年记载,琴张往吊宗鲁之死,孔子阻止他。琴张是孔子弟子,这时孔子三十岁。其后又不断地招收门徒,所以孔子弟子有若干批,年龄相差也很大。依《史记·仲尼弟子列传》所载,子路小于孔子九岁,可能是年纪最大的学生。(《史记索隐》引《孔子家语》说颜无繇只小于孔子六岁,不知可靠否,因不计数。)可能以颛孙师即子张为最小,小于孔子四十八岁,孔子四十八岁时他才出生。假定他十八岁从孔子受业,孔子已是六十六岁的老人。孔子前半生,有志于安定天下,弟子也跟随他奔走,所以孔子前一批学生从事政治的多,故《左传》多载子路、冉有、子贡的言行。后辈学生可能以子游、子夏、曾参为著名，他们不做官，多半从事教学。子夏曾居于西河，为魏文侯所礼遇，曾参曾责备他"退而老于西河之上，使西河之民疑女于夫子"（《礼记·檀弓上》），可见他在当时名声之大。孔门四科，文学有子游、子夏，（11·3）而子张也在后辈之列，自成一派，当然也设帐教书，所以《荀子·非十二子篇》有"子张氏之贱儒"、"子夏氏之贱儒"和"子游氏之贱儒"。姑不论他们是不是"贱儒"，但他们传授文献，使中国古代文化不致绝灭，而且有发展、有变化，这种贡献开自孔子，行于孔门。若依《韩非子·显学篇》所说，儒家又分为八派。战国初期魏文侯礼待儒生，任用能人；礼待者，即所谓"君皆师之"（《史记·魏世家》，亦见《韩诗外传》和《说苑》）的，有卜子夏、田子方（《吕氏春秋·当染篇》说他是子贡学生）、段干木（《吕氏春秋·尊贤篇》说他是子夏学生）三人。信用的能人有魏成子，即推荐子夏等三人之人；有翟璜，即推荐吴起、乐羊、西门豹、李克、屈侯鲋（《韩诗外传》作"赵苍"）的人。吴起本是儒家，其后成为法家和军事家。李克本是子夏学生，但为魏文侯"务尽地力"，即努力于开垦并提高农业生产力，而且著有《法经》（《晋书·刑法志》），也变成法家。守孔子学说而不加变通的，新兴地主阶级的头目，只尊重他们，却不任用他们。接受孔门所传的文化教育，而适应形势，由儒变法的，新兴地主阶级的头目却任用他们，使他们竭尽心力，为自己国家争取富强。魏文侯礼贤之后，又有齐国的稷下。齐都（今山东临淄镇）西面城门叫稷门，在稷门外建筑不少学舍，优厚供养四方来的学者，让他们辩论和著书，当时称这班被供养者为稷下先生。稷下可能开始于田齐桓公，而盛于威王、宣王，经历湣王、襄王，垂及王建，历时一百多年。荀子重礼，他的礼近于法家的法，而且韩非、李斯都出自他门下，但纵在稷下"三为祭酒"(《史记·孟荀列传》)，却仍然得不到任用，这是由于他仍然很大程度地固守孔子学说而变通不大。但他的讲学和著作，却极大地影响后代。韩非是荀卿学生，也大不以他老师为然。《显学篇》的"孙氏之儒"就是"荀氏之儒"。然而没有孔子和孔门弟子以及其后的儒学，尤其是荀卿，不但不可能有战国的百家争鸣，更不可能有商鞅帮助秦孝公变法(《晋书·刑法志》说："李悝〔即李克〕著《法经》六篇，商鞅受之以相秦。")，奠定秦始皇统一的基础；尤其不可能有李斯帮助秦始皇统一天下。溯源数典，孔子在学术上、文化上的贡献以及对后代的影响是不可磨灭的。

孔子的学习态度和教学方法，也有可取之处。孔子虽说"生而知之者上也"，(16·9)自己却说："我非生而知之者，好古，敏以求之者也。"(7·20)似乎孔子并不真正承认有"生而知之者"。孔子到了周公庙，事事都向人请教，有人讥笑他不知礼。孔子答覆是，不懂得就问，正是礼。(3·15)孔子还说："三人行，必有我师焉：择其善者而从之，其不善者而改之。"(7·22)就是说，在交往的人中，总有我的正面老师，也有我的反面教员。子贡说，孔子没有一定的老师，哪里都去学习。（19·22）我们现在说"活到老，学到老"。依孔子自述的话，"发愤忘食，乐以忘忧，不知老之将至"，（7·19）就是说学习不晓得老。不管时代怎么不同，如何发展，这种学习精神是值得敬佩而采取的。

孔子自己说"诲人不倦"，（7·2，又34）而且毫无隐瞒。（7·24）元好问《论诗》诗说："鸳鸯绣了从教看，莫把金针度与人。"过去不少工艺和拳术教师，对学生总留一手，不愿意把全部本领尤其最紧要处，最关键处，俗话说的"最后一手""看家本领"传授下来。孔子则对学生无所隐瞒，因而才赢得学生对他的无限尊敬和景仰。孔子死了，学生如同死了父母一般，在孔子墓旁结庐而居，三年而后去，子贡还继续居住墓旁三年（《孟子·滕文公上》）。有这种"诲人不倦"的老师，才能有这种守庐三年、六年的学生。我们当然反对什么守庐，但能做到师生关系比父子还亲密，总有值得学习的地方。

孔子对每个学生非常了解，对有些学生作了评论。在解答学生的疑问时，纵然同一问题，因问者不同，答覆也不同。《颜渊篇》记载颜渊、仲弓、司马牛三人"问仁"，孔子有三种答案。甚至子路和冉有都问"闻斯行诸"，孔子的答覆竟完全相反，引起公西华的疑问。（11·22）因材施教，在今天的教育中是不是还用得着？我以为还是可以用的，只看如何适应今天的情况而已。时代不同，具体要求和做法必然也不同。然而孔子对待学生的态度和某些教学方法如"不愤不启，不悱不发"，（7·8）就是在今天，也还有可取之处。

孔子以前，学在官府。《左传》载郑国有乡校，那也只有大夫以上的人及他们的子弟才能入学。私人设立学校，开门招生，学费又非常低廉，只是十条肉干，（7·7）自古以至春秋，恐怕孔子是第一人。有人说同时有少正卯也招收学徒，这事未必可信。纵有这事，但少正卯之学和他的学生对后代毫无影响。

孔子所招收的学生，除鲁的南宫敬叔以外，如果司马牛果然是桓魋兄弟，仅他们两人出身高门，其余多出身贫贱。据《史记·仲尼弟子列传》，子路"冠雄鸡，佩猳豚"，简直像个流氓。据《史记·游侠列传》，原宪"终身空室蓬户，褐衣疏食"，更为穷困。《论语》说公冶长无罪被囚，假设他家有地位，有罪还未必被囚，何况无罪？足见也是下贱门第。据《弟子列传》《正义》引《韩诗外传》，曾参曾经做小吏，能谋斗升之粟来养亲，就很满足，可见曾点、曾参父子都很穷。据《吕氏春秋·尊师篇》，子张是"鲁之鄙家"。颜回居住在陋巷，箪食瓢饮，死后有棺无椁，都见于《论语》。由此推论，孔子学生，出身贫贱的多，出身富贵的可知者只有二人。那么，孔子向下层传播文化的功劳，何能抹杀？《淮南子·要略篇》说："墨子学儒者之业，受孔子之术。"这不是说墨子出自儒，而是说，在当时，要学习文化和文献，离开孔门不行。《韩非子》说"今之显学，儒、墨也"，由儒家墨家而后有诸子百家，所以我说，中国文化的流传和发达与孔子的整理古代文献和设立私塾是分不开的。

导　言

"论语"命名的意义和来由

《论语》是这样一部书，它记载着孔子的言语行事，也记载着孔子的若干学生的言语行事。班固的《汉书·艺文志》说：

> 《论语》者,孔子应答弟子、时人及弟子相与言而接闻于夫子之语也。当时弟子各有所记,夫子既卒,门人相与辑而论纂,故谓之《论语》。

《文选·辩命论》注引《傅子》也说：

> 昔仲尼既殁,仲弓之徒追论夫子之言,谓之《论语》。

从这两段话里，我们得到两点概念：（1）"论语"的"论"是"论纂"的意思，"论语"的"语"是"语言"的意思，"论语"

就是把"接闻于夫子之语""论纂"起来的意思。（2）"论语"的名字是当时就有的，不是后来别人给它的。

关于"论语"命名的意义，后来还有些不同的说法，譬如刘熙在《释名·释典艺》中说："《论语》，记孔子与弟子所语之言也。论，伦也，有伦理也。语，叙也，叙己所欲说也。"那么，"论语"的意义便是"有条理地叙述自己的话"。说到这里，谁都不免会问一句：难道除孔子和他的弟子以外，别人的说话都不是"有条理的叙述"吗？如果不是这样，那"论语"这样命名有什么意义呢？可见刘熙这一解释是很牵强的。（《释名》的训诂名物，以音训为主，其中不少牵强傅会的地方。）还有把"论"解释为"讨论"的，说"论语"是"讨论文义"的书，何异孙的《十一经问对》便如是主张，更是后出的主观的看法了。

关于《论语》命名的来由，也有不同的说法。王充在《论衡·正说篇》便说："初，孔子孙孔安国以教鲁人扶卿，官至荆州刺史，始曰《论语》。"似乎是《论语》之名要到汉武帝时才由孔安国、扶卿给它的。这一说法不但和刘歆、班固的说法不同，而且也未必与事实相合。《礼记·坊记》中有这样一段话：

　　子云：君子弛其亲之过而敬其美。《论语》曰："三年无改于父之道，可谓孝矣。"

《坊记》的著作年代我们目前虽然还不能确定，但不会在汉武帝以后，是可以断言的^①。因之，《论衡》的这一说法也未必可靠。

由此可以得出结论："论语"这一书名是当日的编纂者给它命名的，意义是语言的论纂。

"论语"的作者和编著年代

《论语》又是若干断片的篇章集合体。这些篇章的排列不一定有什么道理；就是前后两章间，也不一定有什么关连。而且这些断片的篇章绝不是一个人的手笔。《论语》一书，篇幅不多，却出现了不少次的重复的章节。其中有字句完全相同的，如"巧言令色鲜矣仁"一章，先见于《学而篇第一》，又重出于《阳货篇第十七》；"博学于文"一章，先见于《雍也篇第六》，又重出于《颜渊篇第十二》。又有基本上是重复只是详略不同的，如"君子不重"章，《学而篇第一》多出十一个字，《子罕篇第九》只载"主忠信"以下的十四个字；"父在观其志"章，《学而篇第一》多出十字，《里仁篇第四》只载"三年"以下的十二字。还有一个意思，却有各种记载的，如《里仁篇第四》说："不患莫己知，求为可知也。"《宪问篇第十四》又说："不患人之不己知，患其不能也。"《卫灵公篇第十五》

---

① 吴骞《经说》因《坊记》有"论语"之称，便认它是汉人所记，固属武断；而沈约却说《坊记》是子思所作，也欠缺有力论证。

又说："君子病无能焉，不病人之不己知也。"如果加上《学而篇第一》的"人不知而不愠，不亦君子乎"，便是重复四次。这种现象只能作一个合理的推论：孔子的言论，当时弟子各有记载，后来才汇集成书。所以《论语》一书绝不能看成某一个人的著作。

那么，《论语》的作者是一些什么人呢？其中当然有孔子的学生。今天可以窥测得到的有两章。一章在《子罕篇第九》：

牢曰："子云：吾不试，故艺。"

"牢"是人名，相传他姓琴，字子开，又字子张（这一说法最初见于王肃的伪《孔子家语》，因此王引之的《经义述闻》和刘宝楠的《论语正义》都对它怀疑，认为琴牢和琴张是不同的两个人）。不论这一传说是否可靠，但这里不称姓氏只称名，这种记述方式和《论语》的一般体例是不相吻合的。因此，便可以作这样的推论，这一章是琴牢的本人的记载，编辑《论语》的人，"直取其所记而载之耳"（日本学者安井息轩《论语集说》中语）。另一章就是《宪问篇第十四》的第一章：

宪问耻。子曰："邦有道，谷；邦无道，谷，耻也。"

"宪"是原宪，字子思，也就是《雍也篇第六》的"原思为之宰"的原思。这里也去姓称名，不称字，显然和《论语》的一

　　　　　　　　　　　　　　　　　　　论语译注

般体例不合，因此也可以推论，这是原宪自己的笔墨。

　　《论语》的篇章不但出自孔子不同学生之手，而且还出自他不同的再传弟子之手。这里面不少是曾参的学生的记载。像《泰伯篇第八》的第一章：

　　　　曾子有疾，召门弟子曰："启予足！启予手！《诗》云：战战兢兢，如临深渊，如履薄冰。而今而后，吾知免夫！小子！"

不能不说是曾参的门弟子的记载。又如《子张篇第十九》：

　　　　子夏之门人问交于子张。子张曰："子夏云何？"对曰："子夏曰：可者与之，其不可者拒之。"子张曰："异乎吾所闻：君子尊贤而容众，嘉善而矜不能。我之大贤与，于人何所不容？我之不贤与，人将拒我，如之何其拒人也？"

这一段又像子张或者子夏的学生的记载。又如《先进篇第十一》的第五章和第十三章：

　　　　子曰："孝哉闵子骞，人不间于其父母昆弟之言。"
　　　　闵子侍侧，訚訚如也；子路，行行如也；冉有、子贡，侃侃如也。子乐。

孔子称学生从来直呼其名，独独这里对闵损称字，不能不启人疑窦。有人说，这是"孔子述时人之言"，从上下文意来看，这一解释不可凭信，崔述在《论语余说》中加以驳斥是正确的。我认为这一章可能就是闵损的学生所追记的，因而有这一不经意的失实。至于《闵子侍侧》一章，不但闵子骞称"子"，而且列在子路、冉有、子贡三人之前，都是难以理解的。以年龄而论，子路最长；以仕宦而论，闵子更赶不上这三人。他凭什么能在这一段记载上居于首位而且得着"子"的尊称呢？合理的推论是，这也是闵子骞的学生把平日闻于老师之言追记下来而成的。

《论语》一书有孔子弟子的笔墨，也有孔子再传弟子的笔墨，那么，著作年代便有先有后了。这一点，从词义的运用上也适当地反映了出来。譬如"夫子"一词，在较早的年代一般指第三者，相当于"他老人家"，直到战国，才普遍用为第二人称的表敬代词，相当于"你老人家"。《论语》的一般用法都是相当于"他老人家"的，孔子学生当面称孔子为"子"，背面才称"夫子"，别人对孔子也是背面才称"夫子"，孔子称别人也是背面才称"夫子"。只是在《阳货篇第十七》中有两处例外，言偃对孔子说，"昔者偃也闻诸夫子"；子路对孔子也说，"昔者由也闻诸夫子"，都是当面称"夫子"，"夫子"用如"你老人家"，开战国时运用"夫子"一词的词义之端。崔述在《洙泗考信录》据此来断定《论语》的少数篇章的"驳杂"，固然未免武断；但《论语》的着笔有先有后，其间相距或者不止于三五十年，似乎可以由此窥测得到。

《论语》一书，既然成于很多人之手，而且这些作者的年代相去或者不止于三五十年，那么，这最后编定者是谁呢？自唐人柳宗元以来，很多学者都疑心是由曾参的学生所编定的，我看很有道理。第一，《论语》不但对曾参无一处不称"子"，而且记载他的言行和孔子其他弟子比较起来为最多。除开和孔子问答之词以外，单独记载曾参言行的，还有《学而篇》两章，《泰伯篇》五章，《颜渊篇》一章，《宪问篇》和孔子的话合并的一章，《子张篇》四章，总共十三章。第二，在孔子弟子中，不但曾参最年轻，而且有一章还记载着曾参将死之前对孟敬子的一段话。孟敬子是鲁大夫孟武伯的儿子仲孙捷的谥号①。假定曾参死在鲁元公元年（周考王五年，公元前436年。这是依《阙里文献考》"曾子年七十而卒"一语而推定的），则孟敬子之死更在其后，那么，这一事的记述者一定是在孟敬子死后才着笔的。孟敬子的年岁我们已难考定，但《檀弓》记载着当鲁悼公死时，孟敬子对答季昭子的一番话，可见当曾子年

---

① 谥法在什么时候才兴起的，古今说法不同。历代学者相信《逸周书·谥法解》的说法，说起于周初。自王国维发表了《遹敦跋》（《观堂集林》卷十八）以后，这一说法才告动摇。王氏的结论说："周初诸王若文、武、成、康、昭、穆，皆号而非谥也。"又说："则谥法之其在宗周共、懿诸王以后乎？"这一说法较可信赖。郭沫若先生则说"当在春秋中叶以后"（《金文丛考·谥法之起源》，又《两周金文辞大系初序》），这结论则尚待研究。至于疑心"谥法之兴当在战国时代"（《谥法之起源》），甚至说"起于战国中叶以后"（《文学遗产》一一七期《读了"关于周颂噫嘻篇的解释"》），那未免更使人怀疑了。郭先生的后一种结论，不但在其文中缺乏坚强的论证，而且太与古代的文献材料相矛盾。即从《论语》看（如"孔文子何以谓之文也"），从《左传》看（如文公元年、宣公十一年、襄公十三年死后议谥的记载），这些史料，都不能以"托古作伪"四字轻轻了。因而我对旧说仍作适当保留。唐人陆淳说："《史记》《世本》，厉王以前，诸人有谥者少，其后乃皆有谥。"似亦可为余说之佐证。

近七十之时，孟敬子已是鲁国执政大臣之一了。则这一段记载之为曾子弟子所记，毫无可疑。《论语》所叙的人物和事迹，再没有比这更晚的，那么，《论语》的编定者或者就是这班曾参的学生。因此，我们说《论语》的着笔当开始于春秋末期，而编辑成书则在战国初期，大概是接近于历史事实的①。

"论语"的版本和真伪

《论语》传到汉朝，有三种不同的本子：（1）《鲁论语》二十篇；（2）《齐论语》二十二篇，其中二十篇的章句很多和《鲁论语》相同，但是多出《问王》和《知道》两篇；（3）《古文论语》二十一篇，也没有《问王》和《知道》两篇，但是把《尧曰篇》的"子张问"另分为一篇，于是有了两个《子张篇》。篇次也和《齐论》、《鲁论》不一样，文字不同的计四百多字。《鲁论》和《齐论》最初各有师传，到西汉末年，安昌侯张禹先学习了《鲁论》，后来又讲习《齐论》，于是把两个本子融合为一，但是篇目以《鲁论》为根据，"采获所安"，号为《张侯论》。张禹是汉成帝的师傅，其时极为尊贵，所以他的这一个本子便为当时一般儒生所尊奉，后汉灵帝时所刻的《熹平石经》就是用的《张侯论》。《古文论语》是在汉景帝时

---

① 日本学者山下寅次有《论语编纂年代考》（附于其所著《史记编述年代考》内），谓《论语》编纂年代为公元前 479 年（孔子卒年）至前 400 年（子思卒年）之间。虽然其论证与我不同，但结论却基本一致。

由鲁恭王刘余在孔子旧宅壁中发现的，当时并没有传授。何晏《论语集解序》说："《古论》，唯博士孔安国为之训解，而世不传。"《论语集解》并经常引用了孔安国的注。但孔安国是否曾为《论语》作训解，《集解》中的孔安国说是否伪作，陈鳢的《论语古训自序》已有怀疑，沈涛的《论语孔注辨伪》认为就是何晏自己的伪造品，丁晏的《论语孔注证伪》则认为出于王肃之手。这一官司我们且不去管它。直到东汉末年，大学者郑玄以《张侯论》为依据，参照《齐论》、《古论》，作了《论语注》。在残存的郑玄《论语注》中我们还可以略略窥见鲁、齐、古三种《论语》本子的异同。然而，我们今天所用的《论语》本子，基本上就是《张侯论》。于是怀疑《论语》的人便在这里抓住它作话柄。张禹这个人实际上够不上说是一位"经师"，只是一个无耻的政客，附会王氏，保全富贵，当时便被斥为"佞臣"，所以崔述在《论语源流附考》中竟说："《公山》、《佛肸》两章安知非其有意采之以入《鲁论》为己解嘲地乎？"但是，崔述的话纵然不为无理，而《论语》的篇章仍然不能说有后人所杜撰的东西在内，顶多只是说掺杂着孔门弟子以及再传弟子之中的不同传说而已。如果我们要研究孔子，仍然只能以《论语》为最可信赖的材料。无论如何，《论语》的成书要在《左传》之前，我很同意刘宝楠在《论语正义》（《公山章》）的主张，我们应该相信《论语》来补充《左传》，不应该根据《左传》来怀疑《论语》。至于崔述用后代的封建道德作为标准，以此来范围孔子，来测量《论语》的真伪、纯驳，更是不公平和不客观的。

略谈古今"论语"注释书籍

《论语》自汉代以来，便有不少人注解它。《论语》和《孝经》是汉朝初学者必读书，一定要先读这两部书，才进而学习"五经"，"五经"就是今天的《诗经》、《尚书》（除去伪古文）、《易经》、《仪礼》和《春秋》。看来，《论语》是汉人启蒙书的一种。汉朝人所注释的《论语》，基本上全部亡佚，今日所残存的，以郑玄（127—200，《后汉书》有传）注为较多，因为敦煌和日本发现了一些唐写本残卷，估计十存六七；其他各家，在何晏（190—249）《论语集解》以后，就多半只存于《论语集解》中。现在《十三经注疏·论语注疏》就用何晏《集解》，宋人邢昺（932—1010，《宋史》有传）的《疏》。至于何晏、邢昺前后还有不少专注《论语》的书，可以参看清人朱彝尊（1629—1709，《清史稿》有传）《经义考》，纪昀（1724—1805）等的《四库全书总目提要》以及唐陆德明（550左右—630左右。新、旧《唐书》对他的生卒年并没有明确记载，此由《册府元龟》卷九十七推而估计之）《经典释文序录》和吴检斋（承仕）师的《疏证》。

我曾经说过，关于《论语》的书，真是汗牛充栋，举不胜举。读者如果认为看了《论语译注》还有进一步研究的必要，可以再看下列几种书：

　　　　　　　　　　　　　　　　　　　论语译注

（1）《论语注疏》——即何晏集解、邢昺疏，在《十三经注疏》中，除武英殿本外，其他各本多沿袭阮元南昌刻本，因它有校勘记，可以参考。其本文文字出现于校勘记的，便在那文字句右侧用小圈作标帜，便于查考。

（2）《论语集注》——宋朱熹（1130—1200）从《礼记》中抽出《大学》和《中庸》，合《论语》、《孟子》为"四书"，自己用很大功力做《集注》。固然有很多封建道德迂腐之论，朱熹本人也是个客观唯心主义者。但一则自明朝以至清末，科举考试，题目都从"四书"中出；所做文章的义理，也不能违背朱熹的见解，这叫做"代圣人立言"，影响很大。二则朱熹对于《论语》，不但讲"义理"，也注意训诂。所以这书无妨参看。

（3）刘宝楠（1791—1855）《论语正义》——清代儒生大多不满意于唐、宋人的注疏，所以陈奂（1786—1863）作《毛诗传疏》，焦循（1763—1820）作《孟子正义》。刘宝楠便依焦循作《孟子正义》之法，作《论语正义》，因病而停笔，由他的儿子刘恭冕（1821—1880）继续写定。所以这书实是刘宝楠父子二人所共著。征引广博，折中大体恰当。只因学问日益进展，当日的好书，今天便可以指出不少缺点，但参考价值仍然不小。

（4）程树德《论语集释》。此书在《例言》中已有论述，不再重复。

（5）杨树达（1885—1956）《论语疏证》。这书把三国以前所有征引《论语》或者和《论语》的有关资料都依《论语》原文疏列，有时出己意，加案语。值得参考。

例　言

一、在本书中，著者的企图是：帮助一般读者比较容易而正确地读懂《论语》，并给有志深入研究的人提供若干线索。同时，有许多读者想借自学的方式提高阅读古书的能力，本书也能起一些阶梯作用。

二、《论语》章节的分合，历代版本和各家注解本互相间稍有出入，著者在斟酌取舍之后，依照旧有体例，在各篇篇名之下，简略地记述各重要注解本的异同。

三、《论语》的本文，古今学者作了极为详尽的校勘，但本书所择取的只是必须对通行本的文字加以订正的那一部分。而在这一部分中，其有刊本足为依据的，便直接用那一刊本的文字；不然，仍用通行本的文字印出，只是在应加订正的原文之下用较小字体注出来。

四、译文在尽可能不走失原意并保持原来风格下力求流畅明白。但古人言辞简略，有时不得不加些词句。这些在原文涵义之外的词句，外用方括弧〔　〕作标志。

五、在注释中，著者所注意的是字音词义、语法规律、修辞方式、历史知识、地理沿革、名物制度和风俗习惯的考证等等，依出现先后以阿拉伯数字为标记。

六、本书虽然不纠缠于考证，但一切结论都是从细致深入的考证中提炼出来的。其中绝大多数为古今学者的研究成果，也间有著者个人千虑之一得。结论固很简单，得来却不容易。为便于读者查究，有时注明出处，有时略举参考书籍，有时也稍加论证。

七、字音词义的注释只限于生僻字、破读和易生歧义的地方，而且一般只在第一次出现时加注。注音一般用汉语拼音，有时兼用直音法，而以北京语音为标准。直音法力求避免古今音和土语方言的歧异。但以各地方言的纷歧庞杂，恐难完全避免，所以希望读者依照汉语拼音所拼成的音去读。

八、注释以及词典中所用的语法术语以及其所根据的理论，可参考我的另一本著作《文言语法》(北京出版社出版)。

九、《论语》中某地在今日何处，有时发生不同说法，著者只选择其较为可信的，其他说法不再征引。今日的地名暂依《中华人民共和国行政区划简册》，这本书是依据1975年底由公安部编成的。

十、朱熹的《论语集注》，虽然他自己也说，"至于训诂皆仔细者"(《朱子语类大全》卷十一)，但是，他究竟是个唯心主义者，也有意地利用《论语》的注释来阐述自己的哲学思想，因之不少主观片面的说法；同时，他那时的考据之学、训诂之学的水平远不及后代，所以必须纠正的地方很多。而他这本书给后代的影响特别大，至今还有许多人"积非成是"，深信不疑。因之，在某些关节处，著者对其错误说法，不能不稍加驳正。

十一、《论语》的词句，几乎每一章节都有两三种以至十多种不同的讲解。一方面，是由于古今人物引用《论语》者"断章取义"的结果。我们不必去反对"断章取义"的做法（这实在是难以避免的），但是不要认为其断章之义就是《论语》的本义。另一方面，更有许多是由于解释《论语》者"立意求高"的结果。金人王若虚在其所著《滹南遗老集》卷五中说：

> "子曰，十室之邑必有忠信如丘者焉，不如丘之好学也。"或训"焉"为"何"，而属之下句。"厩焚，子退朝，曰，伤人乎，不问马。"或读"不"为"否"而属之上句（著者案：当云另成一读）。意圣人至谦，必不肯言人之莫己若；圣人至仁，必不贱畜而无所恤也。义理之是非姑置勿论，且道世之为文者有如此语法乎？故凡解经，其论虽高，而于文势语法不顺者亦未可遽从，况未高乎？

我非常同意这种意见。因之，著者的方针是不炫博，不矜奇，像这样的讲解，一概不加论列。但也不自是，不遗美。有些讲解虽然和"译文"有所不同，却仍然值得考虑，或者可以两存，便也在注释中加以征引。也有时对某些流行的似是而非的讲解加以论辨。

十二、本书引用诸家，除仲父及师友称字并称"先生"外，余皆称名。

十三、本书初稿曾经我叔父遇夫（树达）先生逐字审读，直接加以批改，改正了不少错误。其后又承王了一（力）教授审阅，第二次稿又承冯芝生（友兰）教授审阅，两位先生都给提了宝贵意见。最后又承古籍出版社童第德先生提了许多意见。著者因此作了适当的增改。对王、冯、童三位先生，著者在此表示感谢；但很伤心的是遇夫先生已经不及看到本书的出版了。

十四、著者在撰述"译注"之先，曾经对《论语》的每一字、每一词作过研究，编著有"论语词典"一稿。其意在尽可能地弄清《论语》本文每字每词的涵义，译注才有把握。"得鱼忘筌"，译注完稿，"词典"便被弃置。最近吕叔湘先生向我建议，可以仿效苏联《普希金词典》的体例，标注每词每义的出现次数，另行出版。我接受了这一建议，把"词典"未定稿加以整理。但以为另行出版，不如附于"译注"之后，以收相辅相成的效用。详于"注释"者，"词典"仅略言之；"注释"未备者，"词典"便补充之，对读者或者有些好处。在这里，自不能不对吕先生的这一可宝贵的提议表示感谢。

十五、古今中外关于《论语》的著作真是"汗牛充栋"。仅日本学者林泰辅博士在《论语年谱》中所著录的便达三千种之多，此外还有他所不曾著录和不及著录的，又还有散见于别的书籍的大量零星考证材料。程树德的《论语集释》，征引书籍六百八十种，可说是繁富的了，然而还未免有疏略和可以商量的地方。著者以前人已有的成果为基础，着手虽然比较容易，但仍限于学力和见解，一定还有不妥以至错误之处，诚恳地希望读者指正。

著者

1956 年 7 月 16 日写讫

1957 年 3 月 26 日增改

1979 年 12 月修订

学而篇第一

共十六章

1·1 子¹曰："学而时²习³之，不亦说⁴乎？有朋⁵自远方来，不亦乐乎？人不知⁶，而不愠⁷，不亦君子⁸乎？"

【译文】

孔子说："学了，然后按一定的时间去实习它，不也高兴吗？有志同道合的人从远处来，不也快乐吗？人家不了解我，我却不怨恨，不也是君子吗？"

【注释】

1. 子——《论语》"子曰"的"子"都是指孔子而言。 2. 时——"时"字在周秦时候若作副词用，等于《孟子·梁惠王上》"斧斤以时入山林"的"以时"，"在一定的时候"或者"在适当的时候"的意思。王肃的《论语注》正是这样解释的。朱熹的《论语集注》把它解为"时常"，是用后代的词义解释古书。 3. 习——一般人把习解为"温习"，但在古书中，它还有"实习"、"演习"的意义，如《礼记·射义》的"习礼乐"、"习射"。《史记·孔子世家》："孔子去曹适宋，与弟子习礼大树下。"这一"习"字，更是演习的意思。孔子所讲的功课，一般都和当时的社会生活和政治生活密切结合。像礼（包括各种仪节）、乐（音乐）、射（射箭）、御（驾车）这些，尤其非演习、实习不可。所以这"习"字以讲为实习为好。 4. 说——音读和意义跟"悦"字相同，高兴、愉快的意思。 5. 有朋——古本有作"友朋"的。旧注说："同门曰朋。"宋翔凤《朴学斋札记》说，这里的"朋"字即指"弟子"，就是《史记·孔子世家》的"故孔子不仕，退而修《诗》、《书》、礼乐，弟子弥众，至自远方"。译文用"志同道合之人"即本此义。 6. 人不知——这一句，"知"下没有宾语，人家不知道什么呢？当时因为有说话的实际环境，不需要说出便可以了解，所以未给说出。这却给后人留下一个谜。有人说，这一句是接上一句说的，从远方来的朋友向我求教，我告诉他，他还不懂，我却不怨恨。这样，"人不知"是"人家不知道我所讲述的"了。这种说法我嫌牵强，所以仍照一般的解释。这一句和《卫灵公篇》的"君子病无能焉，不病人之不己知也"的精神相同。 7.愠——音运，yùn，怨恨。 8.君子——《论语》的"君子"，有时指"有德者"，有时指"有位者"，这里是指"有德者"。

1·2 有子[1]曰："其为人也孝弟[2]，而好犯[3]上者，鲜[4]矣；不好犯上，而好作乱者，未之有也[5]。君子务本，本立而道生。孝弟也者，其为仁之本[6]与[7]！"

【译文】

　　有子说："他的为人，孝顺爹娘，敬爱兄长，却喜欢触犯上级，这种人是很少的；不喜欢触犯上级，却喜欢造反，这种人从来没有过。君子专心致力于基础工作，基础树立了，'道'就会产生。孝顺爹娘，敬爱兄长，这就是'仁'的基础吧！"

【注释】

　　1.有子——孔子学生，姓有，名若，比孔子小四十三岁，一说小三十三岁，以小三十三岁之说较可信。《论语》记载孔子的学生一般称字，独曾参和有若称"子"（另外，冉有和闵子骞偶一称子，又当别论），因此很多人疑心《论语》就是由他们两人的学生所纂述的。但是有若称子，可能是由于他在孔子死后曾一度为孔门弟子所尊重的缘故（这一史实可参阅《礼记·檀弓上》、《孟子·滕文公上》和《史记·仲尼弟子列传》）。至于《左传》哀公八年说有若是一个"国士"，还未必是足以使他被尊称为"子"的原因。 2.孝弟——孝，奴隶社会时期所认为的子女对待父母的正确态度；弟，音读和意义跟"悌"相同，音替，tì，弟弟对待兄长的正确态度。封建时代也把"孝弟"作为维持它那时候的社会制度、社会秩序的一种基本道德力量。　3.犯——抵触，违反，冒犯。　4.鲜——音显，xiǎn，少。《论语》的"鲜"都是如此用法。　5.未之有也——"未有之也"的倒装形式。古代句法有一条这样的规律：否定句，宾语若是指代词，这指代词的宾语一般放在动词前。　6.孝弟也者，其为仁之本——"仁"是孔子的一种最高道德的名称。也有人说（宋人陈善的《扪虱新语》开始如此说，后人赞同者很多），这"仁"字就是"人"字，古书"仁""人"两字本有很多写混了的。这里是说"孝悌是做人的根本"。这一说虽然也讲得通，但不能和"本立而道生"一句相呼应，未必符合有子的原意。《管子·戒篇》说，"孝弟者，仁之祖也"，也是这意。7.与——音读和意义跟"欤"字一样，《论语》的"欤"字都写作"与"。

1·3　子曰："巧言令色¹，鲜矣仁！"

【译文】

　　孔子说："花言巧语，伪善的面貌，这种人，'仁德'是不会多的。"

【注释】

　　1.巧言令色——朱《注》云："好其言，善其色，致饰于外，务以说人。"所以译文以"花言巧语"译巧言，"伪善的面貌"译令色。

1·4　曾子¹曰："吾日三省²吾身——为人谋而不忠乎？与朋友交而不信³乎？传⁴不习⁵乎？"

曾子说："我每天多次自己反省：替别人办事是否尽心竭力了呢？同朋友往来是否诚实呢？老师传授我的学业是否复习了呢？"

【注释】

1. 曾子——孔子学生，名参（音身，shēn），字子舆，南武城（故城在今天的山东平邑县附近）人，比孔子小四十六岁（公元前505—前435）。 2. 三省——"三"字有读去声的，其实不破读也可以。"省"音醒，xǐng，自我检查，反省，内省。"三省"的"三"表示多次的意思。古代在有动作性的动词上加数字，这数字一般表示动作频率。而"三""九"等字，又一般表示次数的多，不要着实地去看待。说详汪中《述学·释三九》。这里所反省的是三件事，和"三省"的"三"只是巧合。如果这"三"字是指以下三件事而言，依《论语》的句法便应该这样说："吾日省者三。"和《宪问篇》的"君子道者三"一样。 3. 信——诚也。 4. 传——平声，chuán，动词作名词用，老师的传授。 5. 习——这"习"字和"学而时习之"的"习"一样，包括温习、实习、演习而言，这里概括地译为"复习"。

1·5 子曰："道¹千乘之国²，敬事³而信，节用而爱人⁴，使民以时⁵。"

【译文】

孔子说："治理具有一千辆兵车的国家，就要严肃认真地对待工作，信实无欺，节约费用，爱护官吏，役使老百姓要在农闲时间。"

【注释】

1. 道——动词，治理的意思。 2. 千乘之国——乘音剩，shèng，古代用四匹马拉着的兵车。春秋时代，打仗用车子，所以国家的强弱都用车辆的数目来计算。春秋初期，大国都没有千辆兵车。像《左传》僖公二十八年所记载的城濮之战，晋文公还只七百乘。但是在那时代，战争频繁，无论侵略者和被侵略者都必须扩充军备。侵略者更因为兼并的结果，兵车的发展速度更快；譬如晋国到平丘之会，据叔向的话，已有四千乘了（见《左传》昭公十三年）。千乘之国，在孔子之时已经不是大国，因此子路也说"千乘之国，摄乎大国之间"（11·26）的话了。 3. 敬事——"敬"字一般用于表示工作态度，因之常和"事"字连用，如《卫灵公篇》的"事君敬其事而后其食"。4. 爱人——古代"人"字有广狭两义。广义的"人"指一切人群；狭义的人只指士大夫以上各阶层的人。这里和"民"（使"民"以时）对言，用的是狭义。 5. 使民以时——古代以农业为主，"使民以时"即是《孟子·梁惠王上》的"不违农时"，因此用意译。

1·6 子曰："弟子¹，入²则孝，出²则悌，谨³而信，泛爱众，而亲仁⁴。行有余力，则以学文。"

【译文】

孔子说："后生小子，在父母跟前，就孝顺父母；离开自己房子，便敬爱兄长；寡言少语，说则诚实可信，博爱大众，亲近有仁德的人。这样躬行实践之后，有剩余力量，就再去学习文献。"

【注释】

1. 弟子——一般有两种意义：（甲）年纪幼小的人，（乙）学生。这里用的是第一种意义。 2. 人、出——《礼记·内则》:"由命士以上,父子皆异宫。"则知这里的"弟子"是指"命士"以上的人物而言。"入"是"入父宫","出"是"出己宫"。 3. 谨——寡言叫做谨。详见杨遇夫先生的《积微居小学金石论丛》卷一。 4. 仁——"仁"即"仁人",和《雍也篇第六》的"井有仁焉"的"仁"一样。古代的词汇经常运用这样一种规律:用某一具体人和事物的性质、特征甚至原料来代表那一具体的人和事物。

1·7 子夏[1]曰:"贤贤易色[2];事父母,能竭其力;事君,能致[3]其身;与朋友交,言而有信。虽曰未学,吾必谓之学矣。"

【译文】

子夏说:"对妻子,重品德,不重容貌;侍奉爹娘,能尽心竭力;服事君上,能豁出生命;同朋友交往,说话诚实守信。这种人,虽说没学习过,我一定说他已经学习过了。"

【注释】

1. 子夏——孔子学生,姓卜,名商,字子夏,比孔子小四十四岁(公元前507—?)。 2. 贤贤易色——这句话,一般的解释是:"用尊贵优秀品德的心来交换(或者改变)爱好美色的心。"照这种解释,这句话的意义就比较空泛。陈祖范的《经咫》、宋翔凤的《朴学斋札记》等书却说,以下三句,事父母、事君、交朋友,各指一定的人事关系;那么,"贤贤易色"也应该是指某一种人事关系而言,不能是一般的泛指。奴隶社会和封建社会把夫妻间关系看得极重,认为是"人伦之始"和"王化之基",这里开始便谈到它,是不足为奇的。我认为这话很有道理。"易"有交换、改变的意义，也有轻视（如言"轻易"）、简慢的意义。因之我便用《汉书》卷七十五《李寻传》颜师古《注》的说法，把"易色"解为"不重容貌"。　3.致——有"委弃"、"献纳"等意义，所以用"豁出生命"来译它。

1·8　子曰："君子¹不重，则不威；学则不固。主忠信²。无友不如己者³。过，则勿惮改。"

【译文】

孔子说："君子，如果不庄重，就没有威严；即使读书，所学的也不会巩固。要以忠和信两种道德为主。不要跟不如自己的人交朋友。有了过错，就不要怕改正。"

【注释】

1.君子——这一词一直贯串到末尾，因此译文将这两字作一停顿。2.主忠信——《颜渊篇》（12·10）也说"主忠信，徙义，崇德也"，可见"忠信"是道德。　3.无友不如己者——古今人对这一句发生不少怀疑，因而有一些不同的解释。译文只就字面译出。

1·9　曾子曰："慎终¹，追远²，民德归厚矣。"

【译文】

曾子说："谨慎地对待父母的死亡，追念远代祖先，自然会导致老百姓归于忠厚老实了。"

【注释】

1.慎终——郑玄的《注》:"老死曰终。"可见这"终"字是指父母的死亡。慎终的内容,刘宝楠《论语正义》引《檀弓》曾子的话是指附身(装殓)、附棺(埋葬)的事必诚必信,不要有后悔。 2.追远——具体地说是指"祭祀尽其敬"。两者译文都只就字面译出。

1·10 子禽[1]问于子贡[2]曰:"夫子[3]至于是邦也,必闻其政,求之与?抑与之与?"子贡曰:"夫子温、良、恭、俭、让以得之。夫子之求之也,其诸[4]异乎人之求之与?"

【译文】

子禽向子贡问道:"他老人家一到哪个国家,必然听得到那个国家的政事,求来的呢?还是别人自动告诉他的呢?"子贡道:"他老人家是靠温和、善良、严肃、节俭、谦逊来取得的。他老人家获得的方法,和别人获得的方法,不相同吧?"

【注释】

1.子禽——陈亢(gāng)字子禽。从《子张篇》所载的事看来,恐怕不是孔子的学生。《史记·仲尼弟子列传》也不载此人。但郑玄注《论语》和《檀弓》都说他是孔子学生,不晓得有什么根据。(臧庸的《拜经日记》说子禽就是《仲尼弟子列传》的原亢籍,简朝亮的《论语集注补疏》曾加以辩驳。) 2.子贡——孔子学生,姓端木,名赐,字子贡,卫人,比孔子小三十一岁(公元前520—?)。 3.夫子——这是古代的一种敬称,凡是做过大夫的人，都可以取得这一敬称。孔子曾为鲁国的司寇，所以他的学生称他为夫子，后来因此沿袭以称呼老师。在一定的场合下，也用以特指孔子。　4.其诸——洪颐煊《读书丛录》云：“《公羊》桓六年《传》：‘其诸以病桓与？’闵元年《传》：‘其诸吾仲孙与？’僖二十四年《传》：‘其诸此之谓与？’宣五年《传》：‘其诸为其双双而俱至者与？’十五年《传》：‘其诸则宜于此焉变矣’。‘其诸’是齐鲁间语。”案，总上诸例，皆用来表示不肯定的语气。黄家岱《嬹艺轩杂著》说“其诸”意为“或者”，大致得之。

1·11 子曰：“父在，观其¹志；父没，观其¹行²；三年³无改于父之道⁴，可谓孝矣。”

【译文】

孔子说：“当他父亲活着，〔因为他无权独立行动，〕要观察他的志向；他父亲死了，要考察他的行为；若是他对他父亲的合理部分，长期地不加改变，可以说做到孝了。”

【注释】

1.其——指儿子，不是指父亲。　2.行——去声，xìng。　3.三年——古人这种数字，有时不要看得太机械。它经常只表示一种很长的期间。4.道——有时候是一般意义的名词，无论好坏、善恶都可以叫做道。但更多时候是积极意义的名词，表示善的好的东西。这里应该这样看，所以译为“合理部分”。

1·12 有子曰："礼之用，和[1]为贵。先王之道，斯为美；小大由之。有所不行[2]，知和而和，不以礼节之，亦不可行也。"

【译文】

有子说："礼的作用，以遇事都做得恰当为可贵。过去圣明君王的治理国家，可宝贵的地方就在这里；他们小事大事都做得恰当。但是，如有行不通的地方，便为恰当而求恰当，不用一定的规矩制度来加以节制，也是不可行的。"

【注释】

1. 和——《礼记·中庸》："喜怒哀乐之未发谓之中，发而皆中节谓之和。"杨遇夫先生《论语疏证》说："事之中节者皆谓之和，不独喜怒哀乐之发一事也。《说文》云：'龢，调也。''盉，调味也。'乐调谓之龢，味调谓之盉，事之调适者谓之和，其义一也。和今言适合，言恰当，言恰到好处。"

2. 有所不行——皇侃《义疏》把这句属上，全文便如此读："礼之用，和为贵。先王之道，斯为美。小大由之，有所不行。……"他把"和"解为音乐，说："此以下明人君行化必礼乐相须。……变乐言和，见乐功也。……小大由之有所不行者，言每事小大皆用礼，而不以乐和之，则其政有所不行也。"这种句读法值得考虑，但把"和"解释为音乐，而且认为"小大由之"的"之"是指"礼"而言，都觉牵强。特为注出，以供大家考虑。

1·13 有子曰："信近于义，言可复[1]也。恭近于礼，远[2]耻辱也。因[3]不失其亲，亦可宗[4]也。"

【译文】

有子说："所守的约言符合义，说的话就能兑现。态度容貌的庄矜合于礼，就不致遭受侮辱。依靠关系深的人，也就可靠了。"

【注释】

1.复——《左传》僖公九年荀息说："吾与先君言矣，不可以贰，能欲复言而爱身乎？"又哀公十六年叶公说："吾闻胜也好复言……复言非信也。"这"复言"都是实践诺言之义。《论语》此义当同于此。朱熹《集注》云："复，践言也。"但未举论证，因之后代训诂家多有疑之者。童第德先生为我举出《左传》为证，足补古今字书之所未及。　2.远——去声，音院，yuàn，动词，使动用法，使之远离的意思。此处亦可以译为避免。　3.因——依靠，凭借。有人读为"姻"字，那"因不失其亲"便当译为"所与婚姻的人都是可亲的"，恐未必如此。　4.宗——主，可靠。一般解释为"尊敬"，不妥。

1·14　子曰："君子¹食无求饱，居无求安，敏于事而慎于言，就有道而正²焉，可谓好学也已。"

【译文】

孔子说："君子，吃食不要求饱足，居住不要求舒适，对工作勤劳敏捷，说话却谨慎，到有道的人那里去匡正自己，这样，可以说是好学了。"

【注释】

1.君子——《论语》的"君子"有时指"有位之人"，有时指"有德之人"。但有的地方究竟是指有位者，还是指有德者，很难分别。此处大概是指有德者。　　2. 正——《论语》"正"字用了很多次。当动词的,都作"匡正"或"端正"讲,这里不必例外。一般把"正"字解为"正其是非"、"判其得失",我所不取。

1·15　子贡曰:"贫而无谄,富而无骄,何如¹?"子曰:"可也;未若贫而乐²,富而好礼者也。"

　　子贡曰:"《诗》云'如切如磋,如琢如磨³',其斯之谓与?"子曰:"赐⁴也,始可与言《诗》已矣,告诸往而知来者⁵。"

【译文】

　　子贡说:"贫穷却不巴结奉承,有钱却不骄傲自大,怎么样?"孔子说:"可以了;但是还不如虽贫穷却乐于道,纵有钱却谦虚好礼哩。"

　　子贡说:"《诗经》上说:'要像对待骨、角、象牙、玉石一样,先开料,再糙锉,细刻,然后磨光。'那就是这样的意思吧?"孔子道:"赐呀,现在可以同你讨论《诗经》了,告诉你一件,你能有所发挥,举一反三了。"

【注释】

　　1. 何如——《论语》中的"何如",都可以译为"怎么样"。　　2. 贫而乐——皇侃本"乐"下有"道"字。郑玄《注》云:"乐谓志于道,不以贫为忧苦。"所以译文增"于道"两字。　　3. 如切如磋,如琢如磨——两语见于《诗经·卫风·淇奥篇》。　　4. 赐——子贡名。孔子对学生都称名。　　5. 告诸往而知来者——"诸",在这里用法同"之"一样。"往",过去的事,这里譬为已知的事;"来者",未来的事,这里譬为未知的事。译文用意译法。孔子赞美子贡能运用《诗经》作譬,表示学问道德都要提高一步看。

1·16 子曰："不患人之不己知，患不知人也。"

【译文】

孔子说："别人不了解我，我不急；我急的是自己不了解别人。"

为政篇第二

共二十四章

2·1 子曰："为政以德，譬如北辰¹居其所而众星共²之。"

【译文】

孔子说："用道德来治理国政，自己便会像北极星一般，在一定的位置上，别的星辰都环绕着它。"

【注释】

1. 北辰——由于地球自转轴正对天球北极，在地球自转和公转所反映出来的恒星周日和周年视运动中，天球北极是不动的，其他恒星则绕之旋转。我国黄河中下游流域，约为北纬36度，因之天球北极也高出北方地平线上36度。孔子所说的北辰，不是指天球北极，而是指北极星。天球北极虽然不动，其他星辰都环绕着它动，但北极星也是动的，而且转动非常快。只是因为它距离地球太远，约782光年，人们不觉得它移动罢了。距今四千年前北极在右枢（天龙座α）附近，今年则在勾陈一（小熊座α）。 2. 共——同拱，与《左传》僖公三十二年"尔墓之木拱矣"的"拱"意义相近，环抱、环绕之意。

2·2 子曰："《诗》三百¹，一言以蔽之，曰'思无邪²'。"

【译文】

孔子说："《诗经》三百篇，用一句话来概括它，就是'思想纯正'。"

1.《诗》三百——《诗经》实有三百五篇,"三百"只是举其整数。
2. 思无邪——"思无邪"一语本是《诗经·鲁颂·駉篇》之文,孔子借它来评论所有诗篇。思字在《駉篇》本是无义的语首词,孔子引用它却当思想解,自是断章取义。俞樾《曲园杂纂·说项》说这也是语辞,恐不合孔子原意。

2·3 子曰:"道¹之以政,齐之以刑,民免²而无耻;道之以德,齐之以礼,有耻且格³。"

【译文】

孔子说:"用政法来诱导他们,使用刑罚来整顿他们,人民只是暂时地免于罪过,却没有廉耻之心。如果用道德来诱导他们,使用礼教来整顿他们,人民不但有廉耻之心,而且人心归服。"

【注释】

1. 道——有人把它看成"道千乘之国"的"道"一样,治理的意思。也有人把它看成"导"字,引导的意思,我取后一说。 2. 免——先秦古书若单用一个"免"字,一般都是"免罪"、"免刑"、"免祸"的意思。
3. 格——这个字的意义本来很多,在这里有把它解为"来"的,也有解为"至"的,还有解为"正"的,更有写作"恪",解为"敬"的。这些不同的讲解都未必符合孔子原意。《礼记·缁衣篇》:"夫民,教之以德,齐之以礼,则民有格心;教之以政,齐之以刑,则民有遁心。"这话可以看作孔子此言的最早注释,较为可信。此处"格心"和"遁心"相对成文,"遁",逃避的意思。逃避的反面应该是亲近、归服、向往,所以用"人心归服"来译它。

2·4 子曰："吾十有¹五而志于学，三十而立²，四十而不惑³，五十而知天命⁴，六十而耳顺⁵，七十而从心所欲，不逾矩⁶。"

【译文】

孔子说："我十五岁，有志于学问；三十岁，[懂礼仪，]说话做事都有把握；四十岁，[掌握了各种知识，]不致迷惑；五十岁，得知天命；六十岁，一听别人言语，便可以分别真假，判明是非；到了七十岁，便随心所欲，任何念头不越出规矩。"

【注释】

1.有——同"又"。古人在整数和小一位的数字之间多用"有"字，不用"又"字。 2.立——《泰伯篇》说："立于礼。"《季氏篇》又说："不学礼，无以立。"因之译文添了"懂礼仪"几个字。"立"是站立的意思，这里是"站得住"的意思，为求上下文的流畅，意译为遇事"都有把握"。 3.不惑——《子罕篇》和《宪问篇》都有"知者不惑"的话，所以译文用"掌握了各种知识"来说明"不惑"。 4.天命——孔子不是宿命论者，但也讲天命。孔子的天命，我已有文探讨。后来的人虽然谈得很多，未必符合孔子本意。因此，这两个字暂不译出。 5.耳顺——这两个字很难讲，企图把它讲通的也有很多人，但都觉牵强。译者姑且作如此讲解。 6.从心所欲不逾矩——"从"字有作"纵"字的，皇侃《义疏》也读为"纵"，解为放纵。柳宗元《与杨晦之书》说"孔子七十而纵心"，不但"从"字写作"纵"，而且以"心"字绝句，"所欲"属下读。"七十而纵心，所欲不逾矩"。但"纵"字古人多用于贬义，如《左传》昭公十年"我实纵欲"，柳读难从。

2·5 孟懿子[1]问孝。子曰："无违[2]。"

樊迟[3]御，子告之曰："孟孙问孝于我，我对曰，无违。"樊迟曰："何谓也？"子曰："生，事之以礼[4]；死，葬之以礼，祭之以礼。"

【译文】

孟懿子向孔子问孝道。孔子说："不要违背礼节。"

不久，樊迟替孔子赶车子，孔子便告诉他说："孟孙向我问孝道，我答覆说，不要违背礼节。"樊迟道："这是什么意思？"孔子道："父母活着，依规定的礼节侍奉他们；死了，依规定的礼节埋葬他们，祭祀他们。"

【注释】

1.孟懿子——鲁国的大夫，三家之一，姓仲孙，名何忌，"懿"是谥号。他父亲是孟僖子仲孙貜。《左传》昭公七年说，孟僖子将死，遗嘱要他向孔子学礼。 2.无违——黄式三《论语后案》说："《左传》桓公二年云'昭德塞违'、'灭德立违'、'君违，不忘谏之以德'，六年《传》云'有嘉德而无违心'，襄公二十六年《传》云'正其违而治其烦'……古人凡背礼者谓之违。"因此，我把"违"译为"违礼"。王充《论衡·问孔篇》曾经质问孔子，为什么不讲"无违礼"，而故意省略讲为"无违"，难道不怕人误会为"毋违志"吗？由此可见"违"字的这一含义在后汉时已经不被人所了解了。 3.樊迟——孔子学生，名须，字子迟，比孔子小四十六岁。〔《史记·仲尼弟子列传》作小三十六岁，《孔子家语》作小四十六岁。若从《左传》哀公十一年所记载的樊迟的事考之，可能《史记》的"三"系三（古四字）之误。〕4.生，事之以礼——"生"和下句"死"都是表示时间的节缩语，所以自成一逗。古代的礼仪有一定的差等，天子、诸侯、大夫、士、庶人各不相同。鲁国的三家是大夫，不但有时用鲁公（诸侯）之礼，甚至有时用天子之礼。

这种行为当时叫做"僭",是孔子所最痛心的。孔子这几句答语,或者是针对这一现象发出的。

2·6 孟武伯¹问孝。子曰:"父母唯其²疾之忧。"

【译文】

孟武伯向孔子请教孝道。孔子道:"做爹娘的只是为孝子的疾病发愁。"

【注释】

1. 孟武伯——仲孙彘,孟懿子的儿子,"武"是谥号。 2. 其——第三人称表示领位的代名词,相当于"他的"、"他们的"。但这里所指代的是父母呢,还是儿女呢?便有两说。王充《论衡·问孔篇》说:"武伯善忧父母,故曰,唯其疾之忧。"《淮南子·说林训》说:"忧父之疾者子,治之者医。"高诱《注》云:"父母唯其疾之忧,故曰忧之者子。"可见王充、高诱都以为"其"字是指代父母而言。马融却说:"言孝子不妄为非,唯疾病然后使父母忧。"把"其"字指代孝子。两说都可通,而译文采取马融之说。

2·7 子游¹问孝。子曰:"今之孝者,是谓能养²。至于³犬马,皆能有养⁴;不敬,何以别乎?"

【译文】

子游问孝道。孔子说:"现在的所谓孝,就是说能够养活爹娘便行了。至于狗马都能够得到饲养;若不存心严肃地孝顺父母,那养活爹娘和饲养狗马怎样去分别呢？"

1. 子游——孔子学生，姓言，名偃，字子游，吴人，小于孔子四十五岁。 2. 养——"养父母"的"养"从前人都读去声，音漾，yàng。 3. 至于——张相的《诗词曲语辞汇释》把"至于"解作"即使"、"就是"。在这一段中固然能够讲得文从字顺，可是"至于"的这一种用法，在先秦古书中仅此一见，还难于据以肯定。我认为这一"至于"和《孟子·告子上》的"惟耳亦然。至于声，天下期于师旷，是天下之耳相似也。惟目亦然。至于子都，天下莫不知其姣也"的"至于"用法相似。都可用"谈到"、"讲到"来译它。不译也可。 4. 至于犬马，皆能有养——这一句很有些不同的讲法。一说是犬马也能养活人，人养活人，若不加以敬，便和犬马的养活人无所分别。这一说也通。还有一说是犬马也能养活它自己的爹娘（李光地《论语札记》、翟灏《四书考异》），可是犬马在事实上是不能够养活自己爹娘的，所以这说不可信。还有人说，犬马是比喻小人之词（刘宝楠《论语正义》引刘宝树说），可是用这种比喻的修辞法，在《论语》中找不出第二个相似的例子，和《论语》的文章风格不相侔，更不足信。

2·8 子夏问孝。子曰："色难¹。有事，弟子²服其劳；有酒食³，先生馔⁴，曾⁵是以为孝乎？"

子夏问孝道。孔子道："儿子在父母前经常有愉悦的容色，是件难事。有事情，年轻人效劳；有酒有肴，年长的人吃喝，难道这竟可认为是孝么？"

1. 色难——这句话有两说，一说是儿子侍奉父母时的容色。《礼记·祭义篇》说："孝子之有深爱者必有和气，有和气者必有愉色，有愉色者必有婉容。"可以做这两个字的注脚。另一说是侍奉父母的容色，后汉的经学家包咸、马融都如此说。但是，若原意果如此的话，应该说为"侍色为难"，不该简单地说为"色难"，因之我不采取。 2. 弟子、先生——刘台拱《论语骈枝》云：《论语》言'弟子'者七，其二皆年幼者，其五谓门人。言'先生'者二，皆谓年长者。"马融说："先生谓父兄也。"亦通。 3. 食——旧读去声，音嗣，sì，食物。不过现在仍如字读 shí，如"主食"、"副食"、"面食"。 4. 馔——音撰，zhuàn，吃喝。《鲁论》作"馂"。馂，食余也。那么这句便当如此读："有酒，食先生馂。"而如此翻译："有酒，幼辈吃其剩余。"5. 曾——音层，céng，副词，竟也。

2·9 子曰："吾与回[1]言终日，不违，如愚。退而省其私[2]，亦足以发，回也不愚。"

【译文】

孔子说："我整天和颜回讲学，他从不提反对意见和疑问，像个蠢人。等他退回去自己研究，却也能发挥，可见颜回并不愚蠢。"

【注释】

1. 回——颜回，孔子最得意的学生，鲁国人，字子渊，小孔子三十岁（《史记·仲尼弟子列传》如此。但根据毛奇龄《论语稽求篇》和崔适《论语足征记》的考证，《史记》的"三十"应为"四十"之误，颜渊实比孔子小四十岁，公元前511—前480）。 2. 退而省其私——朱熹的《集注》以为孔子退而省颜回的私，"则见其日用动静语默之间皆足以发明夫子之道"。用颜回的实践来证明他能发挥孔子之道，说也可通。

2·10 子曰："视其所以¹，观其所由²，察其所安³。人焉廋哉⁴? 人焉廋哉?"

【译文】

孔子说："考查一个人所结交的朋友；观察他为达到一定目的所采用的方式方法；了解他的心情，安于什么，不安于什么。那么，这个人怎样隐藏得住呢? 这个人怎样隐藏得住呢?"

【注释】

1. 所以——"以"字可以当"用"讲，也可以当"与"讲。如果解释为"用"，便和下句"所由"的意思重复，因此我把它解释为"与"，和《微子篇第十八》"而谁以易之"的"以"同义。有人说"以犹为也"。"视其所以"即《大戴礼·文王官人篇》的"考其所为"，也通。 2. 所由——"由"，"由此行"的意思。《学而篇第一》的"小大由之"，《雍也篇第六》的"行不由径"，《泰伯篇第八》的"民可使由之"的"由"都如此解。"所由"是指所从由的道路，因此我用方式方法来译述。 3. 所安——"安"就是《阳货篇第十七》孔子对宰予说的"女安，则为之"的"安"。一个人未尝不错做一两件坏事，如果因此而心不安，仍不失为好人。因之译文多说了几句。 4. 人焉廋哉——焉，何处；廋，音搜，sōu，隐藏，藏匿。这句话机械地翻译，便是："这个人到哪里去隐藏呢。"《史记·魏世家》述说李克的观人方法是"居视其所亲，富视其所与，达视其所举，穷视其所不为，贫视其所不取"。虽较具体，却无此深刻。

2·11 子曰：“温故而知新¹，可以为师矣。”

【译文】

孔子说：“在温习旧知识时，能有新体会、新发现，就可以做老师了。”

【注释】

1.温故而知新——皇侃《义疏》说，“温故”就是“月无忘其所能”，“知新”就是“日知其所亡”（19·5），也通。

2·12 子曰：“君子不器¹。”

【译文】

孔子说：“君子不像器皿一般［，只有一定的用途］。”

【注释】

1.古代知识范围狭窄，孔子认为应该无所不通。后人还曾说，一事之不知，儒者之耻。虽然有人批评孔子“博学而无所成名”（9·2），但孔子仍说“君子不器”。

2·13 子贡问君子。子曰：“先行其言而后从之。”

【译文】

　　子贡问怎样才能做一个君子。孔子道："对于你要说的话，先实行了，再说出来［，这就够说是一个君子了］。"

2·14　子曰："君子周而不比[1]，小人比而不周。"

【译文】

　　孔子说："君子是团结，而不是勾结；小人是勾结，而不是团结。"

【注释】

　　1.周、比——"周"是以当时所谓道义来团结人，"比"则是以暂时共同利害互相勾结。"比"旧读去声 bì。

2·15　子曰："学而不思则罔[1]，思而不学则殆[2]。"

【译文】

　　孔子说："只是读书，却不思考，就会受骗；只是空想，却不读书，就会缺乏信心。"

【注释】

　　1.罔——诬罔的意思。"学而不思"则受欺，似乎是《孟子·尽心下》"尽信书则不如无书"的意思。　2.殆——《论语》的"殆"（dài）有两个意义，下文第十八章"多见阙殆"的"殆"当"疑惑"解（说本王引之《经义述闻》),《微子篇》"今之从政者殆而"的"殆"当危险解。这里两个意义都讲得过去,译文取前一义。古人常以"罔""殆"对文,如《诗经·小雅·节南山》云:"弗问弗仕,勿罔君子;式夷式已,无小人殆。"("无小人殆"即"无殆小人",因韵脚而倒装。)旧注有以"罔然无所得"释"罔",以"精神疲殆"释"殆"的,似乎难以圆通。

2·16 子曰:"攻¹乎异端²,斯³害也已⁴。"

【译文】

孔子说:"批判那些不正确的议论,祸害就可以消灭了。"

【注释】

1. 攻——《论语》共用四次"攻"字,像《先进篇》的"小子鸣鼓而攻之",《颜渊篇》的"攻其恶,无攻人之恶"的三个"攻"字都当"攻击"解,这里也不应例外。很多人却把它解为"治学"的"治"。 2. 异端——孔子之时,自然还没有诸子百家,因之很难译为"不同的学说",但和孔子相异的主张、言论未必没有,所以以译为"不正确的议论"。 3. 斯——连词,"这就"的意思。 4. 已——应该看为动词,止也。因之我译为"消灭"。如果把"攻"字解为"治",那么"斯"字得看作指代词,"这"的意思;"也已"得看作语气词。全文便如此译:"从事于不正确的学术研究,这是祸害哩。"一般的讲法是如此的,虽能文从字顺,但和《论语》词法和句法都不合。

2·17 子曰:"由¹!诲女知之乎!知之为知之,不知为不知,是知也²。"

【译文】

孔子说："由！教给你对待知或不知的正确态度吧！知道就是知道，不知道就是不知道，这就是聪明智慧。"

【注释】

1. 由——孔子学生，仲由，字子路，卞（故城在今山东平邑县东北仲村）人，小于孔子九岁（公元前542—前480）。 2. 是知也——《荀子·子道篇》也载了这一段话，但比这详细。其中有两句道："言要则知，行至则仁。"因之读"知"为"智"。如果"知"如字读，便该这样翻译：这就是对待知或不知的正确态度。

2·18 子张¹学干禄²。子曰："多闻阙疑，慎言其余，则寡尤；多见阙殆³，慎行其余，则寡悔。言寡尤，行⁴寡悔，禄在其中矣。"

【译文】

子张向孔子学求官职得俸禄的方法。孔子说："多听，有怀疑的地方，加以保留；其余足以自信的部分，谨慎地说出，就能减少错误。多看，有怀疑的地方，加以保留；其余足以自信的部分，谨慎地实行，就能减少懊悔。言语的错误少，行动的懊悔少，官职俸禄就在这里面了。"

【注释】

1. 子张——孔子学生颛孙师，字子张，陈人，小于孔子四十八岁（公元前503—？）。 2. 干禄——干，求也；禄，旧时官吏的俸给。 3. 阙殆——和"阙疑"同义。上文作"阙疑"，这里作"阙殆"，"疑"和"殆"是同义词，所谓"互文"见义。 4.行——名词，去声，xìng。

2·19 哀公[1]问曰："何为则民服？"孔子对曰[2]："举直错诸枉[3]，则民服；举枉错诸直，则民不服。"

【译文】

鲁哀公问道："要做些什么事才能使百姓服从呢？"孔子答道："把正直的人提拔出来，放在邪曲的人之上，百姓就服从了；若是把邪曲的人提拔出来，放在正直的人之上，百姓就会不服从。"

【注释】

1.哀公——鲁君，姓姬，名蒋，定公之子，继定公而即位，在位二十八年（公元前494—前467）。"哀"是谥号。 2.孔子对曰——《论语》的行文体例是，臣下对答君上的询问一定用"对曰"，这里孔子答覆鲁君之问，所以用"孔子对曰"。 3.错诸枉——"错"有放置的意思，也有废置的意思。一般人把它解为废置，说是"废置那些邪恶的人"（把"诸"字解为"众"）。这种解法和古汉语语法规律不相合。因为"枉"、"直"是以虚代实的名词，古文中的"众"、"诸"这类数量形容词，一般只放在真正的实体词之上，不放在这种以虚代实的词之上。这一规律，南宋人孙季和（名应时）便已明白。王应麟《困学纪闻》曾引他的话说："若诸家解，何用二'诸'字？"这二"诸"字只能看做"之于"的合音，"错"当"放置"解。"置之于枉"等于说"置之于枉人之上"，古代汉语"于"字之后的方位词有时可以省略。朱亦栋《论语札记》解此句不误。

2·20 季康子¹问："使民敬、忠以²劝，如之何？"子曰："临之以庄，则敬；孝慈，则忠；举善而教不能，则劝。"

【译文】

季康子问道："要使人民严肃认真，尽心竭力和互相勉励，应该怎么办呢？"孔子说："你对待人民的事情严肃认真，他们对待你的政令也会严肃认真了；你孝顺父母，慈爱幼小，他们也就会对你尽心竭力了；你提拔好人，教育能力弱的人，他们也就会劝勉了。"

【注释】

1. 季康子——季孙肥，鲁哀公时正卿，当时政治上最有权力的人。"康"是谥号。 2. 以——连词，与"和"同。

2·21 或谓孔子曰："子奚不为政？"子曰："《书》云¹：'孝乎惟孝，友于兄弟，施²于有政³。'是亦为政，奚其为为政？"

【译文】

有人对孔子道："你为什么不参与政治？"孔子道："《尚书》上说：'孝呀，只有孝顺父母，友爱兄弟，把这种风气影响到政治上去。'这也就是参与政治了呀，为什么定要做官才算参与政治呢？"

【注释】

1. 《书》云——以下三句是《尚书》的逸文，作《伪古文尚书》的便从这里采入《君陈篇》。 2. 施——这里应该当"延及"讲，从前人解为"施行"，不妥。 3. 施于有政——"有"字无义，加于名词之前，这是古代构词法的一种形态，详拙著《文言语法》。杨遇夫先生说："政谓卿相大臣，以职言，不以事言。"（说详《增订积微居小学金石论丛·论语子奚不为政解》）那么，这句话便当译为"把这种风气影响到卿相大臣上去"。

2·22 子曰："人而无信[1]，不知其可也。大车无輗，小车无軏[2]，其何以行之哉？"

【译文】

孔子说："作为一个人，却不讲信誉，不知那怎么可以。譬如大车子没有安横木的輗，小车子没有安横木的軏，如何能走呢？"

【注释】

1. 人而无信——这"而"字不能当"如果"讲。不说"人无信"，而说"人而无信"者，表示"人"字要作一读。古书多有这种句法，译文似能表达其意。 2. 輗、軏——輗音倪，ní；軏音月，yuè。古代用牛力的车叫大车，用马力的车叫小车。两者都要把牲口套在车辕上。车辕前面有一道横木，就是驾牲口的地方。那横木，大车上的叫做鬲，小车上的叫做衡。鬲、衡两头都有关键（活销），輗就是鬲的关键，軏就是衡的关键。车子没有它，自然无法套住牲口，那怎么能走呢？

2·23 子张问："十世可知也[1]？"子曰："殷因于夏礼，所损益，可知也；周因于殷礼，所损益，可知也。其或继周者，虽百世，可知也。"

【译文】

　　子张问："今后十代［的礼仪制度］可以预先知道吗？"孔子说："殷朝沿袭夏朝的礼仪制度，所废除的，所增加的，是可以知道的；周朝沿袭殷朝的礼仪制度，所废除的，所增加的，也是可以知道的。那么，假定有继承周朝而当政的人，就是以后一百代，也是可以预先知道的。"

【注释】

　　1.十世可知也——从下文孔子的答语看来，便足以断定子张是问今后十代的礼仪制度，而不是泛问，所以译文加了几个字。这"也"字同"耶"，表疑问。

　　2·24　子曰："非其鬼¹而祭²之，谄³也。见义不为，无勇也。"

【译文】

　　孔子说："不是自己应该祭祀的鬼神，却去祭祀他，这是献媚。眼见应该挺身而出的事情，却袖手旁观，这是怯懦。"

【注释】

　　1.鬼——古代人死都叫"鬼"，一般指已死的祖先而言，但也偶有泛指的。　2.祭——祭是吉祭，和凶祭的奠不同（人初死，陈设饮食以安其灵魂，叫做奠）。祭鬼的目的一般是祈福。　3.谄——音产，chǎn，谄媚，阿谀。

八佾篇第三

共二十六章

3·1 孔子谓季氏¹，"八佾²舞于庭，是可忍³也，孰不可忍也？"

【译文】

孔子谈到季氏，说："他用六十四人在庭院中奏乐舞蹈，这都可以狠心做出来，什么事不可以狠心做出来呢？"

【注释】

1. 季氏——根据《左传》昭公二十五年的记载和《汉书·刘向传》，这季氏可能是指季平子，即季孙意如。据《韩诗外传》，似以为季康子，马融《注》则以为季桓子，恐皆不足信。　2. 八佾——佾音逸，yì。古代舞蹈奏乐，八个人为一行，这一行叫一佾。八佾是八行，八八六十四人，只有天子才能用。诸侯用六佾，即六行，四十八人。大夫用四佾，三十二人。四佾才是季氏所应该用的。　3. 忍——一般人把它解为"容忍"、"忍耐"，不好；因为孔子当时并没有讨伐季氏的条件和意志，而且季平子削弱鲁公室，鲁昭公不能忍，出走到齐，又到晋，终于死在晋国之乾侯。这可能就是孔子所"孰不可忍"的事。《贾子·道术篇》："恻隐怜人谓之慈，反慈为忍。"这"忍"字正是此意。

3·2 三家¹者以《雍》²彻。子曰："'相³维辟公，天子穆穆'，奚取于三家之堂？"

【译文】

仲孙、叔孙、季孙三家，当他们祭祀祖先时候，〔也用天子的礼，〕唱着

《雍》这篇诗来撤除祭品。孔子说："[《雍》诗上有这样的话：] '助祭的是诸侯，天子严肃静穆地在那儿主祭。'这两句话，用在三家祭祖的大厅上在意义上取它哪一点呢？"

【注释】

1. 三家——鲁国当政的三卿。　2.《雍》——也写作"雝"，《诗经·周颂》的一篇。　3. 相——去声，音向，xiàng，助祭者。

3·3　子曰："人而不仁，如礼何？人而不仁，如乐何？"

【译文】

孔子说："做了人，却不仁，怎样来对待礼仪制度呢？做了人，却不仁，怎样来对待音乐呢？"

3·4　林放[1]问礼之本。子曰："大哉问！礼，与其奢也，宁俭；丧，与其易[2]也，宁戚。"

【译文】

林放问礼的本质。孔子说："你的问题意义重大呀！就一般礼仪说，与其铺张浪费，宁可朴素俭约；就丧礼说，与其仪文周到，宁可过度悲哀。"

【注释】

1. 林放——鲁人。　2. 易——《礼记·檀弓上》云："子路曰：'吾闻诸夫子：丧礼，与其哀不足而礼有余也，不若礼不足而哀有余也。'"可以看做"与其易也，宁戚"的最早的解释。"易"有把事情办妥的意思，如《孟子·尽心上》"易其田畴"，因此这里译为"仪文周到"。

3·5 子曰："夷狄之有君¹，不如诸夏之亡²也。"

【译文】

孔子说："文化落后国家虽然有个君主，还不如中国没有君主哩。"

【注释】

1.夷狄之有君……亡也——杨遇夫先生《论语疏证》说，夷狄有君指楚庄王、吴王阖庐等。君是贤明之君。句意是夷狄还有贤明之君，不像中原诸国却没有。说亦可通。　2.亡——同"无"。在《论语》中，"亡"下不用宾语，"无"下必有宾语。

3·6 季氏旅¹于泰山。子谓冉有²曰："女弗能救与？"对曰："不能。"子曰："呜呼！曾谓泰山不如林放乎？"

【译文】

季氏要去祭祀泰山。孔子对冉有说道："你不能阻止吗？"冉有答道："不能。"孔子道："哎呀！竟可以说泰山之神还不及林放〔懂礼，居然接受这不合规矩的祭祀〕吗？"

【注释】

1. 旅——动词，祭山。在当时，只有天子和诸侯才有祭祀"名山大川"的资格。季氏只是鲁国的大夫，竟去祭祀泰山，因之孔子认为是"僭礼"。

2. 冉有——孔子学生冉求，字子有，小于孔子二十九岁（公元前522—？）。当时在季氏之下做事，所以孔子责备他。

3·7 子曰："君子无所争。必也射乎！揖让而升，下而饮。其争也君子[1]。"

【译文】

孔子说："君子没有什么可争的事情。如果有所争，一定是比箭吧！〔但是当射箭的时候，〕相互作揖然后登堂；〔射箭完毕，〕走下堂来，然后〔作揖〕喝酒。那一种竞赛是很有礼貌的。"

【注释】

1. 其争也君子——这是讲古代射礼，详见《仪礼·乡射礼》和《大射仪》。登堂而射，射后计算谁中靶多，中靶少的被罚饮酒。

3·8 子夏问曰："'巧笑倩[1]兮，美目盼[2]兮，素以为绚[3]兮。'何谓也？"子曰："绘事后素。"

曰："礼后[4]乎？"子曰："起[5]予者商也！始可与言《诗》已矣。"

子夏问道："'有酒窝的脸笑得美呀，黑白分明的眼流转得媚呀，洁白的底子上画着花卉呀。'这几句诗是什么意思？"孔子道："先有白色底子，然后画花。"

子夏道："那么，是不是礼乐的产生在［仁义］以后呢？"孔子道："卜商呀，你真是能启发我的人。现在可以同你讨论《诗经》了。"

【注释】

1.倩——音欠，qiàn，面颊长得好。　2.盼——黑白分明。　3.绚——音炫，xuàn，有文采，译文为着协韵，故用"画着花卉"以代之。这三句诗，第一句第二句见于《诗经·卫风·硕人》。第三句可能是逸句，王先谦《三家诗义集疏》以为《鲁诗》有此一句。　4.礼后——"礼"在什么之后呢，原文没说出。根据儒家的若干文献，译文加了"仁义"两字。　5.起——友人孙子书（楷第）先生云："凡人病困而愈谓之起，义有滞碍隐蔽，通达之，亦谓之起。"说见杨遇夫先生《汉书窥管》卷九引文。

3·9　子曰："夏礼，吾能言之，杞[1]不足征也；殷礼，吾能言之，宋[2]不足征也。文献[3]不足故也。足，则吾能征之矣。"

【译文】

孔子说："夏代的礼，我能说出来，它的后代杞国不足以作证；殷代的礼，我能说出来，它的后代宋国不足以作证。这是他们的历史文件和贤者不够的缘故。若有足够的文件和贤者，我就可以引来作证了。"

1.杞——国名，夏禹的后代。周武王时候的故城即今日河南的杞县。其后因为国家弱小，依赖别国的力量来延长国命，屡经迁移。　2.宋——国名，商汤的后代，故城在今日河南商丘县南。国土最大的时候，有现在河南商丘以东，江苏徐州以西之地。战国时为齐、魏、楚三国所共灭。　3.文献——《论语》的"文献"和今天所用的"文献"一词的概念有不同之处。《论语》的"文献"包括历代的历史文件和当时的贤者两项（朱《注》云："文，典籍也；献，贤也。"）。今日"文献"一词只指历史文件而言。

3·10　子曰："禘¹自既灌²而往者，吾不欲观之矣。"

【译文】

孔子说："禘祭的礼，从第一次献酒以后，我就不想看了。"

【注释】

1.禘——这一禘礼是指古代一种极为隆重的大祭之礼，只有天子才能举行。不过周成王曾因为周公旦对周朝有过莫大的功勋，特许他举行禘祭。以后鲁国之君都沿此惯例，"僭"用这一禘礼，因此孔子不想看。　2.灌——本作"祼"，祭祀中的一个节目。古代祭祀，用活人以代受祭者，这活人便叫"尸"。尸一般用幼小的男女。第一次献酒给尸，使他（她）闻到"郁鬯"（一种配合香料煮成的酒）的香气，叫做祼。

3·11　或问禘之说。子曰："不知也¹；知其说者之于天下也，其如示²诸斯乎！"指其掌。

【译文】

有人向孔子请教关于禘祭的理论。孔子说："我不知道；知道的人对于治理天下，会好像把东西摆在这里一样容易罢！"一面说，一面指着手掌。

【注释】

1.不知也——禘是天子之礼，鲁国举行，在孔子看来，是完全不应该的。但孔子又不想明白指出，只得说"不欲观"，"不知也"，甚至说"如果有懂得的人，他对于治理天下是好像把东西放在手掌上一样的容易"。　2.示——假借字，同"置"，摆、放的意义。或曰同"视"，犹言"了如指掌"。

3·12　祭如在，祭神如神在。子曰："吾不与祭，如不祭¹。"

【译文】

孔子祭祀祖先的时候，便好像祖先真在那里；祭神的时候，便好像神真在那里。孔子又说："我若是不能亲自参加祭祀，是不请别人代理的。"

【注释】

1.吾不与祭，如不祭——这是一般的句读法。"与"读去声，音预，yù，参预的意思。"如不祭"译文是意译。另外有人主张"与"字仍读上声，赞同的意思，而且在这里一读，便是"吾不与，祭如不祭"。译文便应改为："若是我所不同意的祭礼，祭了同没祭一般。"我不同意此义，因为孔丘素来不赞成不合所谓礼的祭祀，如"非其鬼而祭之，谄也"，（2·24）孔丘自不会参加他所不赞同的祭祀。

　　　　　　　　　　　　　　　　　　　　论语译注

3·13　王孙贾[1]问曰：“与其媚于奥，宁媚于灶[2]，何谓也？”子曰：“不然；获罪于天，无所祷也[3]。”

【译文】

　　王孙贾问道：“‘与其巴结房屋里西南角的神，宁可巴结灶君司命’，这两句话是什么意思？”孔子道：“不对；若是得罪了上天，祈祷也没用。”

【注释】

　　1. 王孙贾——卫灵公的大臣。　2. 与其媚于奥，宁媚于灶——这两句疑是当时俗语。屋内西南角叫奥，弄饭的设备叫灶，古代都以为那里有神，因而祭它。　3. 王孙贾和孔子的问答都用的比喻，他们的正意何在，我们只能揣想。有人说，奥是一室之主，比喻卫君；又在室内，也可以比喻卫灵公的宠姬南子；灶则是王孙贾自比。这是王孙贾暗示孔子，“你与其巴结卫公或者南子，不如巴结我”。因此孔子答覆他：“我若做了坏事，巴结也没有用处；我若不做坏事，谁都不巴结。”又有人说，这不是王孙贾暗示孔子的话，而是请教孔子的话。奥指卫君，灶指南子、弥子瑕，位职虽低，却有权有势。意思是说，“有人告诉我，与其巴结国君，不如巴结有势力的左右像南子、弥子瑕。你以为怎样？”孔子却告诉他：“这话不对；得罪了上天，那无所用其祈祷，巴结谁都不行。”我以为后一说比较近情理。

3·14　子曰：“周监于二代[1]，郁郁乎文哉！吾从周。”

【译文】

　　孔子说：“周朝的礼仪制度是以夏商两代为根据，然后制定的，多么丰富多彩呀！我主张周朝的。”

【注释】

1. 二代——夏、商两朝。

3·15 子入太庙[1]，每事问。或曰：“孰谓鄹人之子[2]知礼乎？入太庙，每事问。”子闻之，曰：“是礼也。”

【译文】

孔子到了周公庙，每件事情都发问。有人便说：“谁说叔梁纥的这个儿子懂得礼呢？他到了太庙，每件事都要向别人请教。”孔子听到了这话，便道：“这正是礼呀。”

【注释】

1. 太庙——古代开国之君叫太祖，太祖之庙便叫做太庙。周公旦是鲁国最初受封之君，因之这太庙就是周公的庙。　　2. 鄹人之子——鄹音邹，zōu，又作郰，地名。《史记·孔子世家》：“孔子生鲁昌平乡郰邑。”有人说，这地就是今天的山东省曲阜县东南十里的西邹集。“鄹人”指孔子父亲叔梁纥。叔梁纥曾经做过鄹大夫，古代经常把某地的大夫称为某人，因之这里也把鄹大夫叔梁纥称为“鄹人”。

3·16 子曰：“射不主皮[1]，为[2]力不同科[3]，古之道也。”

【译文】

孔子说："比箭，不一定要穿破箭靶子，因为各人的气力大小不一样，这是古时的规矩。"

【注释】

1. 射不主皮——"皮"代表箭靶子。古代箭靶子叫"侯"，有用布做的，也有用皮做的。当中画着各种猛兽或者别的东西，最中心的又叫做"正"或者"鹄"。孔子在这里所讲的射应该是演习礼乐的射，而不是军中的武射，因此以中不中为主，不以穿破皮侯与否为主。《仪礼·乡射礼》云"礼射不主皮"，盖本此。　　2. 为——去声，wèi，因为。　　3. 同科——同等。

3·17　子贡欲去[1]告朔之饩羊[2]。子曰："赐也！尔爱[3]其羊，我爱其礼。"

【译文】

子贡要把鲁国每月初一告祭祖庙的那只活羊去而不用。孔子道："赐呀！你可惜那只羊，我可惜那种礼。"

【注释】

1. 去——从前读为上声，因为它在这里作为及物动词，而且和"来去"的"去"意义不同。　　2. 告朔之饩羊——"告"，从前人读梏，gù，入声。"朔"，每月的第一天，初一。"饩"，音戏，xì。"告朔饩羊"，古代的一种制度。每年秋冬之交，周天子把第二年的历书颁给诸侯。这历书包括那年有无闰月，每月初一是哪一天，因之叫"颁告朔"。诸侯接受了这一历书，藏于祖庙。每逢初一，便杀一只活羊祭于庙，然后回到朝廷听政。这祭庙叫做"告朔"，听政叫做"视朔"，或者"听朔"。到子贡的时候，每月初一，鲁君不但不亲临祖庙，而且也不听政，只是杀一只活羊"虚应故事"罢了。所以子贡认为不必留此形式，不如干脆连羊也不杀。孔子却认为尽管这是残存的形式，也比什么也不留好。　3. 爱——可惜的意思。

3·18　子曰："事君尽礼，人以为谄也。"

【译文】

孔子说："服事君主，一切依照做臣子的礼节做去，别人却以为他在谄媚哩。"

3·19　定公[1]问："君使臣，臣事君，如之何？"孔子对曰："君使臣以礼，臣事君以忠。"

【译文】

鲁定公问："君主使用臣子，臣子服事君主，各应该怎么样？"孔子答道："君主应该依礼来使用臣子，臣子应该忠心地服事君主。"

【注释】

1. 定公——鲁君，名宋，昭公之弟，继昭公而立，在位十五年（公元前509—前495）。"定"是谥号。

　　　　　　　　　　　　　　　　　　　　论语译注

3·20 子曰：“《关雎》[1]，乐而不淫[2]，哀而不伤。”

【译文】

孔子说：“《关雎》这诗，快乐而不放荡，悲哀而不痛苦。”

【注释】

1.《关雎》——《诗经》的第一篇。但这篇诗并没有悲哀的情调，因此刘台拱的《论语骈枝》说：“《诗》有《关雎》，《乐》亦有《关雎》，此章据《乐》言之。古之乐章皆三篇为一。……乐而不淫者，《关雎》、《葛覃》也；哀而不伤者，《卷耳》也。” 2.淫——古人凡过分以至于到失当的地步叫淫，如言“淫祀”（不应该祭祀而去祭祀的祭礼）、“淫雨”（过久的雨水）。

3·21 哀公问社[1]于宰我[2]。宰我对曰：“夏后氏以松，殷人以柏，周人以栗，曰，使民战栗。”子闻之，曰：“成事不说，遂事不谏，既往不咎。”

【译文】

鲁哀公向宰我问，作社主用什么木。宰我答道：“夏代用松木，殷代用柏木，周代用栗木，意思是使人民战战栗栗。”孔子听到了这话，[责备宰我]说：“已经做了的事不便再解释了，已经完成的事不便再挽救了，已经过去的事不便再追究了。”

【注释】

1.社——土神叫社，不过哀公所问的社，从宰我的答话中可以推知是指社主而言。古代祭祀土神，要替他立一个木制的牌位，这牌位叫主，而认为这一木主，便是神灵之所凭依。如果国家有对外战争，还必须载这一木主而行。详见俞正燮《癸巳类稿》。有人说"社"是指立社所栽的树，未必可信。

2. 宰我——孔子学生，名予，字子我。

3·22 子曰："管仲¹之器小哉！"

或曰："管仲俭乎？"曰："管氏有三归²，官事不摄³，焉得俭？"

"然则管仲知礼乎？"曰："邦君树塞门⁴，管氏亦树塞门。邦君为两君之好⁵，有反坫⁶，管氏亦有反坫。管氏而⁷知礼，孰不知礼？"

【译文】

孔子说："管仲的器量狭小得很呀！"

有人便问："他是不是很节俭呢？"孔子道："他收取了人民的大量的市租，他手下的人员，[一人一职，]从不兼差，如何能说是节俭呢？"

那人又问："那末，他懂得礼么？"孔子又道："国君宫殿门前立了一个塞门，管氏也立了个塞门；国君设宴招待外国的君主，在堂上有放置酒杯的设备，管氏也有这样的设备。假若说他懂得礼节，那谁不懂得礼节呢？"

【注释】

1. 管仲——春秋时齐国人，名夷吾，做了齐桓公的宰相，使他称霸诸侯。　2. 三归——"三归"的解释还有：（甲）国君一娶三女，管仲也娶了三国之女（《集解》引包咸说，皇侃《义疏》等）；（乙）三处家庭（俞樾《群经平议》）；（丙）地名，管仲的采邑（梁玉绳《瞥记》）；（丁）藏泉币的府库

（武亿《群经义证》）。我认为这些解释都不正确。郭嵩焘《养知书屋文集》卷一《释三归》云："此盖《管子》九府轻重之法，当就《管子》书求之。《山至数篇》曰，'则民之三有归于上矣'。三归之名，实本于此。是所谓三归者，市租之常例之归之公者也。桓公既霸，遂以赏管仲。《汉书·地理志》、《食货志》并云，桓公用管仲设轻重以富民，身在陪臣，而取三归。其言较然明显。《韩非子》云，'使子有三归之家'，《说苑》作'赏之市租'。三归之为市租，汉世儒者犹能明之，此一证也。《晏子春秋》辞三归之赏，而云厚受赏以伤国民之义，其取之民无疑也，此又一证也。"这一说法很有道理。我还再举两个间接证据。（甲）《战国策》一说："齐桓公宫中七市，女闾七百，国人非之。管仲故为三归之家以掩桓公，非自伤于民也。"似亦以三归为市租。（乙）《三国志·魏志·武帝纪》建安十五年令曰："若必廉士而后可用，则齐桓其何以霸？"亦以管仲不是清廉之士，当指三归。　3. 摄——兼职。　4. 树塞门——树，动词，立也。塞门，用以间隔内外视线的一种东西，形式和作用可以同今天的照壁相比。　5. 好——古读去声，友好。　6. 反坫——坫音店，diàn，用以放置器物的设备，用土筑成的，形似土堆，筑于两楹（厅堂前部东西各有一柱）之间。详全祖望《经史问答》。　7. 而——假设连词，假如，假若。

3·23　子语[1]鲁大师[2]乐，曰："乐其可知也：始作，翕[3]如也；从[4]之，纯如也，皦[5]如也，绎如也，以成。"

【译文】

孔子把演奏音乐的道理告给鲁国的太师，说道："音乐，那是可以晓得的：开始演奏，翕翕地热烈；继续下去，纯纯地和谐，皦皦地清晰，绎绎地不绝，这样，然后完成。"

【注释】

1.语——去声，yù，告诉。　2.大师——大音泰，tài，乐官之长。
3.翕——音西，xī。　4.从——去声，zòng。　5.皦——音皎，jiǎo。

3·24　仪封人¹请见²，曰："君子之至于斯也，吾未尝不得见也。"从者³见之²。出曰："二三子何患于丧⁴乎？天下之无道也久矣，天将以夫子为木铎⁵。"

【译文】

仪这个地方的边防官请求孔子接见他，说道："所有到了这个地方的有道德学问的人，我从没有不和他见面的。"孔子的随行学生请求孔子接见了他。他辞出以后，对孔子的学生们说："你们这些人为什么着急没有官位呢？天下黑暗日子也长久了，〔圣人也该有得意的时候了，〕上天会要把他老人家做人民的导师哩。"

【注释】

1.仪封人——仪，地名。有人说当在今日的开封市内，未必可靠。封人，官名。《左传》有颖谷封人、祭封人、萧封人、吕封人，大概是典守边疆的官。说本方观旭《论语偶记》。　2.请见、见之——两个"见"字从前都读去声，音现，xiàn。"请见"是请求接见的意思，"见之"是使孔子接见了他的意思。何焯《义门读书记》云："古者相见必由绍介，逆旅之中无可因缘，故称平日未尝见绝于贤者，见气类之同，致词以代绍介，故从者因而通之。夫子亦不拒其请，与不见孺悲异也。"　3.从者——"从"去声，zòng。4.丧——去声，sàng，失掉官位。　5.木铎——铜质木舌的铃子。古代公家有什么事要宣布，便摇这铃，召集大家来听。

3·25　子谓《韶》[1]，"尽美[2]矣，又尽善[2]也"。谓《武》[3]，"尽美矣，未尽善也"。

【译文】

　　孔子论到《韶》，说："美极了，而且好极了。"论到《武》，说："美极了，却还不够好。"

【注释】

　　1.《韶》——舜时的乐曲名。　2. 美、善——"美"可能指声音言，"善"可能指内容言。舜的天子之位是由尧"禅让"而来，故孔子认为"尽善"。周武王的天子之位是由讨伐商纣而来，尽管是正义战，依孔子意，却认为"未尽善"。　3.《武》——周武王时乐曲名。

3·26　子曰："居上不宽，为礼不敬，临丧不哀，吾何以观之哉？"

【译文】

　　孔子说："居于统治地位不宽宏大量，行礼的时候不严肃认真，参加丧礼的时候不悲哀，这种样子我怎么看得下去呢？"

里仁篇第四

共二十六章

4·1 子曰："里¹仁为美。择不处²仁，焉得知³？"

【译文】

孔子说："住的地方，要有仁德这才好。选择住处，没有仁德，怎么能是聪明呢？"

【注释】

1.里——这里可以看为动词。居住也。　2.处——上声，音杵，chǔ，居住也。　3.知——《论语》的"智"字都如此写。这一段话，究竟孔子是单纯地指"择居"而言呢，还是泛指，"择邻"、"择业"、"择友"等等都包括在内呢？我们已经不敢肯定。《孟子·公孙丑上》云："孟子曰：'矢人岂不仁于函人哉？矢人惟恐不伤人，函人惟恐伤人。巫、匠亦然。故术不可不慎也。孔子曰，里仁为美。择不处仁，焉得智？'"便是指择业。因此译文于"仁"字仅照字面翻译，不实指为仁人。

4·2 子曰："不仁者不可以久处约，不可以长处乐。仁者安仁，知者利仁。"

【译文】

孔子说："不仁的人不可以长久地居于穷困中，也不可以长久地居于安乐中。有仁德的人安于仁〔，实行仁德便心安，不实行仁德心便不安〕；聪明人利用仁〔，他认识到仁德对他长远而巨大的利益，他便实行仁德〕。"

4·3 子曰：“唯仁者能好人，能恶人[1]。”

【译文】

孔子说：“只有仁人才能够喜爱某人，厌恶某人。”

【注释】

1.唯仁者能好人，能恶人——《后汉书·孝明八王传注》引《东观汉记》说：和帝赐彭城王恭诏曰：“孔子曰，‘惟仁者能好人，能恶人’。——贵仁者所好恶得其中也。”我认为“贵仁者所好恶得其中”，正可说明这句。

4·4 子曰：“苟志于仁矣，无恶也。”

【译文】

孔子说：“假如立定志向实行仁德，总没有坏处。”

4·5 子曰：“富与贵，是人之所欲也；不以其道得之，不处也。贫与贱，是人之所恶也；不以其道得之[1]，不去也。君子去仁，恶乎[2]成名？君子无终食之间违[3]仁，造次必于是，颠沛必于是。”

【译文】

孔子说：“发大财，做大官，这是人人所盼望的；不用正当的方法去得到它，君子不接受。穷困和下贱，这是人人所厌恶的；不用正当的方法去抛掉它，君子不摆脱。君子抛弃了仁德，怎样去成就他的声名呢？君子没有吃完一餐饭的时间离开仁德，就是在仓猝匆忙的时候一定和仁德同在，就是在颠沛流离的时候一定和仁德同在。"

【注释】

1. 贫与贱……不以其道得之——"富与贵"可以说"得之"，"贫与贱"却不是人人想"得之"的。这里也讲"不以其道得之"，"得之"应该改为"去之"。译文只就这一整段的精神加以诠释，这里为什么也讲"得之"，可能是古人的不经意处，我们不必再在这上面做文章了。　2. 恶乎——恶音乌，wū，何处。"恶乎"即"于何处"，译文意译为"怎样"。　3. 违——离开，和《公冶长篇第五》的"弃而违之"的"违"同义。

4·6 子曰："我未见好仁者，恶不仁者。好仁者，无以尚¹之；恶不仁者，其为仁矣²，不使不仁者加乎其身。有能一日用其力于仁矣乎？我未见力不足者。盖³有之矣，我未之见也。"

【译文】

孔子说："我不曾见到过爱好仁德的人和厌恶不仁德的人。爱好仁德的人，那是再好也没有的了；厌恶不仁德的人，他行仁德，只是不使不仁德的东西加在自己身上。有谁能在某一天使用他的力量于仁德呢？我没见过力量不够的。大概这样的人还是有的，我不曾见到罢了。"

1. 尚——动词，超过之意。 2. 矣——这个"矣"字用法同"也"，表示停顿。 3. 盖——副词，大概之意。

4·7 子曰："人之过也，各于其党。观过，斯知仁¹矣。"

【译文】

孔子说："〔人是各种各样的，人的错误也是各种各样的。〕什么样的错误就是由什么样的人犯的。仔细考察某人所犯的错误，就可以知道他是什么样式的人了。"

【注释】

1. 仁——同"人"。《后汉书·吴祐传》引此文正作"人"（武英殿本却又改作"仁"，不可为据）。

4·8 子曰："朝闻道，夕死可矣。"

【译文】

孔子说："早晨得知真理，要我当晚死去，都可以。"

4·9 子曰："士志于道，而耻恶衣恶食者，未足与议也。"

孔子说："读书人有志于真理，但又以自己吃粗粮穿破衣为耻辱，这种人，不值得同他商议了。"

4·10 子曰："君子之于天下也，无适¹也，无莫¹也，义之与比²。"

【译文】

孔子说："君子对于天下的事情，没规定要怎样干，也没规定不要怎样干，只要怎样干合理恰当，便怎样干。"

【注释】

1. 适、莫——这两字讲法很多，有的解为"亲疏厚薄"，"无适无莫"便是"情无亲疏厚薄"。有的解为"敌对与羡慕"，"无适（读为敌）无莫（读为慕）"便是"无所为仇，无所欣羡"。我则用朱熹《集注》的说法。
2. 比——去声，bì，挨着，靠拢，为邻。从孟子和以后的一些儒家看来，孔子"毋必，毋固"（9·4），通权达变，"可以仕则仕，可以止则止，可以久则久，可以速则速"（《孟子·公孙丑上》），唯义是从，叫做"圣之时"，或者可以做这章的解释。

4·11 子曰："君子怀德，小人怀土¹；君子怀刑²，小人怀惠。"

【译文】

孔子说:"君子怀念道德,小人怀念乡土;君子关心法度,小人关心恩惠。"

【注释】

1. 土——如果解为田土,亦通。　2. 刑——古代法律制度的"刑"作"刑",刑罚的"刑"作"荆",从刀井,后来都写作"刑"了。这"刑"字应该解释为法度。

4·12　子曰:"放¹于利而行,多怨。"

【译文】

孔子说:"依据个人利益而行动,会招致很多的怨恨。"

【注释】

1. 放——旧读上声,音仿,fǎng,依据。

4·13　子曰:"能以礼让为国乎? 何有¹? 不能以礼让为国,如礼何²?"

【译文】

孔子说:"能够用礼让来治理国家吗? 这有什么困难呢? 如果不能用礼让来治理国家,又怎样来对待礼仪呢?"

1.何有——这是春秋时代的常用语，在这里是"有何困难"的意思。黄式三《论语后案》、刘宝楠《论语正义》都说："何有，不难之词。" 2.如礼何——依孔子的意见，国家的礼仪必有其"以礼让为国"的本质，它是内容和形式的统一体。如果舍弃它的内容，徒拘守那些仪节上的形式，孔子说，是没有什么作用的。

4·14 子曰："不患无位，患所以立 ¹。不患莫己知，求为可知也。"

【译文】

孔子说："不发愁没有职位，只发愁没有任职的本领；不怕没有人知道自己，去追求足以使别人知道自己的本领好了。"

【注释】

1.患所以立——"立"和"位"古通用，这"立"字便是"不患无位"的"位"字。《春秋》桓公二年"公即位"，《石经》作"公即立"可以为证。

4·15 子曰："参乎！吾道一以贯 ¹ 之。"曾子曰："唯。"
子出，门人问曰："何谓也？"曾子曰："夫子之道，忠恕 ² 而已矣。"

【译文】

孔子说："参呀！我的学说贯穿着一个基本观念。"曾子说："是。"

孔子走出去以后，别的学生便问曾子道："这是什么意思？"曾子道："他老人家的学说，只是忠和恕罢了。"

【注释】

1. 贯——贯穿、统贯。阮元《揅经室集》有《一贯说》，认为《论语》的"贯"字都是"行"、"事"的意义，未必可信。　2. 忠恕——"恕"，孔子自己下了定义："己所不欲，勿施于人。""忠"则是"恕"的积极一面，用孔子自己的话，便应该是："己欲立而立人，己欲达而达人。"

4·16　子曰："君子[1]喻于义，小人[1]喻于利。"

【译文】

孔子说："君子懂得的是义，小人懂得的是利。"

【注释】

1. 君子、小人——这里的"君子"是指在位者，还是指有德者，还是两者兼指，孔子原意不得而知。《汉书·杨恽传·报孙会宗书》曾引董仲舒的话说："明明求仁义常恐不能化民者，卿大夫之意也；明明求财利常恐困乏者，庶人之事也。"只能看作这一语的汉代经师的注解，不必过信。

4·17　子曰："见贤思齐焉，见不贤而内自省也。"

【译文】

孔子说："看见贤人，便应该想向他看齐；看见不贤的人，便应该自己反省〔，有没有同他类似的毛病〕。"

4·18 子曰："事父母几¹谏，见志不从，又敬不违²，劳³而不怨。"

【译文】

孔子说："侍奉父母，〔如果他们有不对的地方，〕得轻微婉转地劝止，看到自己的心意没有被听从，仍然恭敬地不触犯他们，虽然忧愁，但不怨恨。"

【注释】

1.几——平声，音机，jī，轻微，婉转。　2.违——触忤，冒犯。3.劳——忧愁。说见王引之《经义述闻》。

4·19 子曰："父母在，不远游，游必有方。"

【译文】

孔子说："父母在世，不出远门，如果要出远门，必须有一定的去处。"

4·20 子曰："三年无改于父之道，可谓孝矣¹。"

【注释】

1.见《学而篇第一》。

4·21 子曰:"父母之年,不可不知也。一则以喜,一则以惧。"

【译文】

孔子说:"父母的年纪不能不时时记在心里:一方面因〔其高寿〕而喜欢,另一方面又因〔其寿高〕而有所恐惧。"

4·22 子曰:"古者言之不出,耻¹躬之不逮²也。"

【译文】

孔子说:"古时候言语不轻易出口,就是怕自己的行动赶不上。"

【注释】

1.耻——动词的意动用法,以为可耻的意思。 2.逮——音代,dài,及,赶上。

4·23 子曰:"以约¹失之者鲜矣。"

【译文】

孔子说:"因为对自己节制、约束而犯过失的,这种事情总不会多。"

【注释】

1.约——《论语》的"约"字不外两个意义:(甲)穷困,(乙)约束。至于节俭的意义,虽然已见于《荀子》,却未必适用于这里。

4·24 子曰:"君子欲讷[1]于言而敏于行[2]。"

【译文】

孔子说:"君子言语要谨慎迟钝,工作要勤劳敏捷。"

【注释】

1.讷——读 nè,语言迟钝。 2.讷于言而敏于行——这句和《学而篇》的"敏于事而慎于言"意思一样,所以译文加"谨慎"两字,同时也把"行"字译为"工作"。

4·25 子曰:"德不孤,必有邻[1]。"

【译文】

孔子说:"有道德的人不会孤单,一定会有［志同道合的人来和他做］伙伴。"

1. 德不孤，必有邻——《易·系辞上》说："方以类聚，物以群分。"又《乾·文言》说："子曰：同声相应，同气相求。"这都可以作为"德不孤"的解释。

4·26 子游曰："事君数[1]，斯辱矣；朋友数[1]，斯疏矣。"

子游说："对待君主过于烦琐，就会招致侮辱；对待朋友过于烦琐，就会反被疏远。"

1. 数——音朔，shuò，密，屡屡。这里依上下文意译为"烦琐"。《颜渊篇第十二》说："子贡问友。子曰：'忠告而善道之，不可则止，无自辱焉。'"也正是这个意思。

公冶长篇第五

共二十八章

（何晏《集解》把第十章"子曰，始吾于人也"以下又分一章，故题
为二十九章；朱熹《集注》把第一、第二两章并为一章，故题为二十七
章。）

5·1　子谓公冶长¹，"可妻²也。虽在缧绁³之中，非其罪也"。以其子⁴妻之。

【译文】

　　孔子说公冶长，"可以把女儿嫁给他。他虽然曾被关在监狱之中，但不是他的罪过"。便把自己的女儿嫁给他。

【注释】

　　1.公冶长——孔子学生，齐人。　2.妻——动词，去声，qì。　3.缧绁——缧同"累"，léi；绁音泄，xiè。缧绁，拴罪人的绳索，这里指代监狱。　4.子——儿女，此处指的是女儿。

5·2　子谓南容¹，"邦有道，不废；邦无道，免于刑戮"。以其兄之子妻之²。

【译文】

　　孔子说南容，"国家政治清明，［总有官做，］不被废弃；国家政治黑暗，也不致被刑罚"。于是把自己的侄女嫁给他。

【注释】

　　1.南容——孔子学生南宫适，字子容。　2.兄之子——孔子之兄叫孟皮，见《史记·孔子世家·索隐》引《家语》。这时孟皮可能已死，所以孔子替他女儿主婚。

5·3 子谓子贱[1]，"君子哉若人！鲁无君子者，斯焉取斯？"

【译文】

孔子评论宓子贱，说："这人是君子呀！假若鲁国没有君子，这种人从哪里取来这种好品德呢？"

【注释】

1.子贱——孔子学生宓不齐，字子贱，少于孔子三十岁（公元前521—？）。

5·4 子贡问曰："赐也何如？"子曰："女，器也。"曰："何器也？"曰："瑚琏[1]也。"

【译文】

子贡问道："我是一个怎样的人？"孔子道："你好比是一个器皿。"子贡道："什么器皿？"孔子道："宗庙里盛黍稷的瑚琏。"

【注释】

1.瑚琏——音胡连，又音胡 hú 辇 niǎn，即匼殷，古代祭祀时盛粮食的器皿，方形的叫匼，圆形的叫殷，是相当尊贵的。

5·5 或曰："雍[1]也仁而不佞[2]。"子曰："焉用佞？御人以口给[3]，屡憎于人。不知其仁[4]，焉用佞？"

【译文】

有人说："冉雍这个人有仁德，却没有口才。"孔子道："何必要口才呢？强嘴利舌地同人家辩驳，常常被人讨厌。冉雍未必仁，但为什么要有口才呢？"

【注释】

1.雍——孔子学生冉雍，字仲弓。 2.佞——音泞，nìng，能言善说，有口才。 3.口给——给，足也。"口给"犹如后来所说"言词不穷"、"辩才无碍"。 4.不知其仁——孔子说不知，不是真的不知，只是否定的另一方式，实际上说冉雍还不能达到"仁"的水平。下文第八章"孟武伯问子路仁乎，子曰，不知也"，这"不知"也是如此。

5·6 子使漆雕开¹仕。对曰："吾斯之未能信²。"子说。

【译文】

孔子叫漆雕开去做官。他答道："我对这个还没有信心。"孔子听了很欢喜。

【注释】

1.漆雕开——"漆雕"是姓，"开"是名，孔子学生，字子开。 2.吾斯之未能信——这句是"吾未能信斯"的倒装形式，"之"是用来倒装的词。

5·7 子曰："道不行，乘桴¹浮于海。从²我者，其由与？"子路闻之喜。子曰："由也好勇过我，无所取材³。"

孔子道："主张行不通了,我想坐个木簰到海外去,跟随我的恐怕只有仲由吧!"子路听到这话,高兴得很。孔子说:"仲由这个人太好勇敢了,好勇的精神大大超过了我,这就没有什么可取的呀!"

【注释】

1. 桴——音孚,fú,古代把竹子或者木头编成簰,以当船用,大的叫筏,小的叫桴,也就是现在的木簰。 2. 从——动词,旧读去声,跟随。3. 材——同"哉",古字有时通用。有人解作木材,说是孔子以为子路真要到海外去,便说,"没地方去取得木材"。这种解释一定不符合孔子原意。也有人把"材"看做"剪裁"的"裁",说是"子路太好勇了,不知道节制、检点",这种解释不知把"取"字置于何地,因之也不采用。

5·8 孟武伯问子路仁乎?子曰:"不知也。"又问。子曰:"由也,千乘之国,可使治其赋¹也,不知其仁也。"

"求也何如?"子曰:"求也,千室之邑²,百乘之家³,可使为之⁴宰⁵也,不知其仁也。"

"赤也何如?"子曰:"赤也,束带立于朝,可使与宾客⁶言也,不知其仁也。"

【译文】

孟武伯向孔子问子路有没有仁德。孔子道:"不晓得。"他又问。孔子道:"仲由啦,如果有一千辆兵车的国家,可以叫他负责兵役和军政的工作。至于他有没有仁德,我不晓得。"

孟武伯继续问:"冉求又怎么样呢?"孔子道:"求啦,千户人口的私邑,可以叫他当县长；百辆兵车的大夫封地，可以叫他当总管。至于他有没有仁德，我不晓得。"

"公西赤又怎么样呢？"孔子道："赤啦，穿着礼服，立于朝廷之中，可以叫他接待外宾，办理交涉。至于他有没有仁德，我不晓得。"

【注释】

1. 赋——兵赋，古代的兵役制度。这里自也包括军政工作而言。2. 邑——《左传》庄公二十八年云："凡邑，有宗庙先王之主曰都，无曰邑。"又《公羊传》桓公元年云："田多邑少称田，邑多田少称邑。"可见"邑"就是古代庶民聚居之所，不过有一些田地罢了。 3. 家——古代的卿大夫由国家封以一定的地方，由他派人治理，并且收用当地的租税，这地方便叫采地或者采邑。"家"便是指这种采邑而言。 4. 之——用法同"其"，他的。5. 宰——古代一县的县长叫做"宰"，大夫家的总管也叫做"宰"。所以"原思为之宰"（6·5）的"宰"为"总管"，而"季氏使闵子骞为费宰"（6·9）的"宰"是"县长"。 6. 宾客——"宾""客"两字散文则通，对文有异。一般是贵客叫宾，因之天子诸侯的客人叫宾；一般客人叫客，《易经·需卦·爻辞》"有不速之客三人来"的"客"正是此意。这里则把"宾客"合为一词了。

5·9 子谓子贡曰："女与回也孰愈？"对曰："赐也何敢望回？回也闻一以知十，赐也闻一以知二。"子曰："弗如也；吾与¹女弗如也。"

【译文】

孔子对子贡道："你和颜回，哪一个强些？"子贡答道："我么，怎敢和回相比？他啦，听到一件事，可以推演知道十件事；我咧，听到一件事，只能推知两件事。"孔子道："赶不上他；我同意你的话，是赶不上他。"

【注释】

1. 与——动词，同意，赞同。这里不应该看作连词。

5·10 宰予昼寝。子曰："朽木不可雕也，粪土之墙不可杇¹也；于予与何诛²？"子曰³："始吾于人也，听其言而信其行；今吾于人也，听其言而观其行。于予与改是。"

【译文】

宰予在白天睡觉。孔子说："腐烂了的木头雕刻不得，粪土似的墙壁粉刷不得；对于宰予么，不值得责备呀。"又说："最初，我对人家，听到他的话，便相信他的行为；今天，我对人家，听到他的话，却要考察他的行为。从宰予的事件以后，我改变了态度。"

【注释】

1. 杇——音乌，wū，泥工抹墙的工具叫杇，把墙壁抹平也叫杇。这里依上文的意思译为"粉刷"。 2. 何诛——机械地翻译是"责备什么呢"，这里是意译。 3. 子曰——以下的话虽然也是针对"宰予昼寝"而发出，却是孔子另一个时候的言语，所以又加"子曰"两字以示区别。古人有这种修辞条例，俞樾《古书疑义举例》卷二"一人之辞而加曰字例"曾有所阐述（但未引证此条），可参阅。

5·11 子曰："吾未见刚者。"或对曰："申枨[1]。"子曰："枨也欲，焉得刚？"

【译文】

孔子道："我没见过刚毅不屈的人。"有人答道："申枨是这样的人。"孔子道："申枨啦，他欲望太多，哪里能够刚毅不屈？"

【注释】

1. 申枨——枨音橙，chéng。《史记·仲尼弟子列传》有申党，古音"党"和"枨"相近，那么"申枨"就是"申党"。

5·12 子贡曰："我不欲人之加[1]诸我也，吾亦欲无加诸人。"子曰："赐也，非尔所及也。"

【译文】

子贡道："我不想别人欺侮我，我也不想欺侮别人。"孔子说："赐，这不是你能做到的。"

【注释】

1. 加——驾凌，凌辱。

5·13 子贡曰："夫子之文章[1]，可得而闻也；夫子之言性[2]与天道[3]，不可得而闻也。"

【译文】

子贡说："老师关于文献方面的学问，我们听得到；老师关于天性和天道的言论，我们听不到。"

【注释】

1. 文章——孔子是古代文化的整理者和传播者，这里的"文章"该是指有关古代文献的学问而言。在《论语》中可以考见的有诗、书、史、礼等等。 2. 性——人的本性。古代不可能有阶级观点，因之不知道人的阶级性。而对人的自然的性，孟子、荀子都有所主张，孔子却只说过"性相近也，习相远也"（17·2）一句话。 3. 天道——古代所讲的天道一般是指自然和人类社会吉凶祸福的关系。但《左传》昭公十八年郑国子产的话说："天道远，人道迩，非所及也。"却是对自然和人类社会的吉凶有必然关系的否认。《左传》昭公二十六年又有晏婴的话："天道不谄。"虽然是用人类的美德来衡量自然之神，反对禳灾，也是对当时迷信习惯的破除。这两人都与孔子同时而年龄较大，而且为孔子所称道。孔子不讲天道，对自然和人类社会的关系取存而不论的态度，不知道是否受这种思想的影响。

5·14 子路有闻，未之能行，唯恐有[1]闻。

【译文】

子路有所闻，还没有能够去做，只怕又有所闻。

【注释】

1. 有——同"又"。

5·15　子贡问曰："孔文子¹何以谓之'文'也？"子曰："敏而好学，不耻下问，是以谓之'文'也。"

【译文】

子贡问道："孔文子凭什么谥他为'文'？"孔子道："他聪敏灵活，爱好学问，又谦虚下问，不以为耻，所以用'文'字做他的谥号。"

【注释】

1. 孔文子——卫国的大夫孔圉。考孔文子死于鲁哀公十五年，或者在此稍前；孔子卒于十六年夏四月，那么，这次问答一定在鲁哀公十五年到十六年初的一段时间内。

5·16　子谓子产¹有君子之道四焉：其行己也恭，其事上也敬，其养民也惠，其使民也义。

【译文】

孔子评论子产，说他有四种行为合于君子之道：他自己的容颜态度庄严恭敬，他对待君上负责认真，他教养人民有恩惠，他役使人民合于道理。

【注释】

1. 子产——公孙侨，字子产，郑穆公之孙，为春秋时郑国的贤相，在郑简公、郑定公之时执政二十二年。其时，于晋国当悼公、平公、昭公、顷公、定公五世，于楚国当共王、康王、郏敖、灵王、平王五世，正是两国争强、战争不息的时候。郑国地位冲要，而周旋于这两大强国之间，子产却能不低声下气，也不妄自尊大，使国家得到尊敬和安全，的确是古代中国的一位杰出的政治家和外交家。

5·17 子曰："晏平仲¹善与人交，久而敬之²。"

【译文】

孔子说："晏平仲善于和别人交朋友，相交越久，别人越发恭敬他。"

【注释】

1. 晏平仲——齐国的贤大夫，名婴。《史记》卷六十二有他的传记。现在所传的《晏子春秋》，当然不是晏婴自己的作品，但亦是西汉以前的书。
2. 久而敬之——《魏著作郎韩显宗墓志》"善与人交，人亦久而敬焉"，即本《论语》，义与别本《论语》作"久而人敬之"者相合。故我以"之"字指晏平仲自己。若以为是指相交之人，译文便当这样："相交越久，越发恭敬别人。"

5·18 子曰："臧文仲¹居蔡²，山节藻棁³，何如其知⁴也？"

【译文】

孔子说："臧文仲替一种叫蔡的大乌龟盖了一间屋，有雕刻着像山一样的斗栱和画着藻草的梁上短柱，这个人的聪明怎么这样呢？"

1. 臧文仲——鲁国的大夫臧孙辰（？—公元前617年）。 2. 居蔡——古代人把大乌龟叫作"蔡"。《淮南子·说山训》说："大蔡神龟，出于沟壑。"高诱《注》说："大蔡，元龟之所出地名，因名其龟为大蔡，臧文仲所居蔡是也。"古代人迷信卜筮，卜卦用龟，筮用蓍草。用龟，认为越大越灵。蔡便是这种大龟。臧文仲宝藏着它，使它住在讲究的地方。居，作及物动词用，使动用法，使之居住的意思。 3. 山节藻梲——节，柱上斗栱；"梲"音啄，zhuō，梁上短柱。 4. 知——同"智"。

5·19 子张问曰："令尹子文¹三仕²为令尹，无喜色；三已²之，无愠色。旧令尹之政，必以告新令尹。何如？"子曰："忠矣。"曰："仁矣乎？"曰："未知³；——焉得仁？"

"崔子弑齐君⁴，陈文子⁵有马十乘，弃而违之。至于他邦，则曰：'犹吾大夫崔子也。'违之。之一邦，则又曰：'犹吾大夫崔子也。'违之。何如？"子曰："清矣。"曰："仁矣乎？"曰："未知³；——焉得仁？"

子张问道："楚国的令尹子文三次做令尹的官，没有高兴的颜色；三次被罢免，没有怨恨的颜色。[每次交代，]一定把自己的一切政令全部告诉接位的人。这个人怎么样？"孔子道："可算尽忠于国家了。"子张道："算不算仁呢？"孔子道："不晓得；——这怎么能算是仁呢？"

子张又问："崔杼无理地杀掉齐庄公，陈文子有四十匹马，舍弃不要，离开齐国。到了另一个国家，说道：'这里的执政者同我们的崔子差不多。'又离开。又到了一国，又说道：'这里的执政者同我们的崔子差不多。'于是又离开。这个人怎么样？"孔子道："清白得很。"子张道："算不算仁呢？"孔子道："不晓得；——这怎么能算是仁呢？"

【注释】

1. 令尹子文——楚国的宰相叫做令尹。子文即斗穀（穀音构）於菟（音乌徒）。根据《左传》，子文于鲁庄公三十年开始做令尹，到僖公二十三年让位给子玉，其中相距二十八年。在这二十八年中可能有几次被罢免又被任命，《国语·楚语下》说"昔子文三舍令尹，无一日之积"，也就可以证明。2. 三仕——"三仕"和"三已"的"三"不一定是实数，可能只是表示那事情的次数之多。　3. 未知——和上文第五章"不知其仁"、第八章"不知也"的"不知"相同，不是真的"不知"，只是否定的另一方式，孔子停了一下，又说"焉得仁"，因此用破折号表示。　4. 崔子弑齐君——崔子，齐国的大夫崔杼；齐君，齐庄公，名光。弑，古代在下的人杀掉在上的人叫做弑。"崔子弑齐君"的事见《左传》襄公二十五年。　5. 陈文子——也是齐国的大夫，名须无。可是《左传》没有记载他离开的事，却记载了他以后在齐国的行为很多，可能是一度离开，终于回到本国了。

5·20　季文子¹三思²而后行。子闻之，曰："再³，斯可矣。"

【译文】

季文子每件事考虑多次才行动。孔子听到了，说："想两次也就可以了。"

【注释】

1. 季文子——鲁国的大夫季孙行父，历仕鲁国文公、宣公、成公、襄公诸代。孔子生于襄公二十二年，文子死在襄公五年（？—公元前 568 年）。孔子说这话的时候，文子死了很久了。　2. 三思——这一"三"字更其不是实实在在的"三"。　3. 再——"再"在古文中一般只当副词用，其下承上文省去了动词"思"字。唐《石经》作"再思"，"思"字不省。凡事三思，一般总是利多弊少，为什么孔子却不同意季文子这样做呢？宦懋庸《论语稽》说，"文子生平盖祸福利害之计太明，故其美恶两不相掩，皆三思之病也。其思之至三者，特以世故太深，过为谨慎；然其流弊将至利害徇一己之私矣"云云。若以《左传》所载文子先后行事证明，此话不为无理。

5·21　子曰："甯武子[1]，邦有道，则知；邦无道，则愚[2]。其知可及也，其愚不可及也。"

【译文】

孔子说："甯武子在国家太平时节，便聪明；在国家昏暗时节，便装傻。他那聪明，别人赶得上；那装傻，别人就赶不上了。"

【注释】

1. 甯武子——卫国的大夫，姓甯，名俞。　2. 愚——孔安国以为这"愚"是"佯愚似实"，故译为"装傻"。

5·22　子在陈[1]，曰："归与！归与！吾党之小子狂简，斐然成章，不知所以裁之[2]。"

　　　　　　　　　　　　　　　　　　　　　　　论语译注

孔子在陈国，说："回去吧！回去吧！我们那里的学生们志向高大得很，文彩又都斐然可观，我不知道怎样去指导他们。"

【注释】

1.陈——国名，姓妫。周武王灭殷以后，求得舜的后代叫妫满的封于陈。春秋时拥有现在河南开封以东，安徽亳县以北一带地方。都于宛丘，即今天的河南淮阳县。春秋末为楚所灭。 2.不知所以裁之——《史记·孔子世家》作"吾不知所以裁之"。译文也认为这一句的主语不是承上文"吾党之小子"而省略，而是省略了自称代词。"裁"，剪裁。布要剪裁才能成衣，人要教育才能成才，所以译为"指导"。

5·23 子曰："伯夷、叔齐¹不念旧恶²，怨是用希。"

【译文】

孔子说："伯夷、叔齐这两兄弟不记念过去的仇恨，别人对他们的怨恨也就很少。"

【注释】

1.伯夷、叔齐——孤竹君的两个儿子，父亲死了，互相让位，而都逃到周文王那里。周武王起兵讨伐商纣，他们拦住车马劝阻。周朝统一天下，他们以吃食周朝的粮食为可耻，饿死于首阳山。《史记》卷六十一有传。2.恶——嫌隙，仇恨。

5·24 子曰："孰谓微生高¹直？或乞醯²焉，乞诸其邻而与之。"

【译文】

孔子说："谁说微生高这个人直爽？有人向他讨点醋，〔他不说自己没有，〕却到邻人那里转讨一点给人。"

【注释】

1.微生高——《庄子》、《战国策》诸书载有尾生高守信的故事，说这人和一位女子相约，在桥梁之下见面。到时候，女子不来，他却老等，水涨了都不走，终于淹死。"微"、"尾"古音相近，字通，因此很多人认为微生高就是尾生高。　2.醯——音西，xī，醋。

5·25 子曰："巧言、令色、足¹恭，左丘明²耻之，丘亦耻之。匿怨而友其人，左丘明耻之，丘亦耻之。"

【译文】

孔子说："花言巧语，伪善的容貌，十足的恭顺，这种态度，左丘明认为可耻，我也认为可耻。内心藏着怨恨，表面上却同他要好，这种行为，左丘明认为可耻，我也认为可耻。"

【注释】

1.足——"足"字旧读去声，zù。　2.左丘明——历来相传左丘明为《左传》的作者，又因为司马迁在《报任安书》中说过："左丘失明，厥有

《国语》。"又说他是《国语》的作者。这一问题，经过很多人的研究，我则以为下面的两点结论是可以肯定的：（甲）《国语》和《左传》的作者不是一人；（乙）两书都不可能是和孔子同时甚或较早于孔子（因为孔子这段言语把左丘明放在自己之前，而且引以自重）的左丘明所作。

5·26 颜渊季路侍[1]。子曰："盍[2]各言尔志？"

子路曰："愿车马衣轻轻字当删裘与朋友共敝之而无憾[3]。"

颜渊曰："愿无伐善，无施[4]劳。"

子路曰："愿闻子之志。"

子曰："老者安之，朋友信之，少者怀之[5]。"

【译文】

孔子坐着，颜渊、季路两人站在孔子身边。孔子道："何不各人说说自己的志向？"

子路道："愿意把我的车马衣服同朋友共同使用坏了也没有什么不满。"

颜渊道："愿意不夸耀自己的好处，不表白自己的功劳。"

子路向孔子道："希望听到您的志向。"

孔子道："〔我的志向是，〕老者使他安逸，朋友使他信任我，年轻人使他怀念我。"

【注释】

1. 侍——《论语》有时用一"侍"字，有时用"侍侧"两字，有时用"侍坐"两字。若单用"侍"字，便是孔子坐着，弟子站着。若用"侍坐"，便是孔子和弟子都坐着。至于"侍侧"，则或坐或立，不加肯定。　2. 盍——"何不"的合音字。　3. 愿车马衣轻裘与朋友共敝之而无憾——这句的"轻"

字是后人加上去的，有很多证据可以证明唐以前的本子并没有这一"轻"字。详见刘宝楠《论语正义》。这一句有两种读法。一种从"共"字断句，把"共"字作谓词。一种作一句读，"共"字看作副词，修饰"敝"字。这两种读法所表现的意义并无显明的区别。　4. 施——《淮南子·诠言训》："功盖天下，不施其美。"这两个"施"字意义相同，《礼记·祭统》注云："施犹著也。"即表白的意思。　5. 信之、怀之——译文把"信"和"怀"同"安"一样看作动词的使动用法。如果把它看作一般用法，那这两句便应该如此翻译："对朋友有信任，年轻人便关心他"。

5·27　子曰："已矣乎，吾未见能见其过而内自讼者也。"

【译文】

　　孔子说："算了吧！我没有看见过能够看到自己的错误便自我责备的哩。"

5·28　子曰："十室之邑，必有忠信如丘者焉，不如丘之好学也。"

【译文】

　　孔子说："就是十户人家的地方，一定有像我这样又忠心又信实的人，只是赶不上我的喜欢学问罢了。"

雍也篇第六

共三十章

（朱熹《集注》把第一、第二和第四、第五各并为一章，故作二十八章。）

6·1 子曰："雍也可使南面¹。"

【译文】

孔子说："冉雍这个人，可以让他做一部门或一地方的长官。"

【注释】

1.南面——古代早就知道坐北朝南的方向是最好的，因此也以这个方向的位置最为尊贵，无论天子、诸侯、卿大夫，当他作为长官出现的时候，总是南面而坐的。说见王引之《经义述闻》和凌廷堪《礼经释例》。

6·2 仲弓问子桑伯子¹。子曰："可也简²。"
仲弓曰："居敬而行简，以临其民，不亦可乎？居简而行简，无乃³大⁴简乎？"子曰："雍之言然。"

【译文】

仲弓问到子桑伯子这个人。孔子道："他简单得好。"

仲弓道："若存心严肃认真，而以简单行之，[抓大体，不烦琐，]来治理百姓，不也可以吗？若存心简单，又以简单行之，不是太简单了吗？"孔子道："你这番话正确。"

【注释】

1.子桑伯子——此人已经无可考。有人以为就是《庄子》的子桑户，又有人以为就是秦穆公时的子桑（公孙枝），都未必可靠。既然称"伯子"，很大可能是卿大夫。仲弓说"以临其民"，也要是卿大夫才能临民。　2.简——

《说苑》有子桑伯子的一段故事，说他"不衣冠而处"，孔子却认为他"质美而无文"，因之有人认为这一"简"字是指其"无文"而言。但此处明明说他"可也简"，而《说苑》孔子却说，"吾将说而文之"，似乎不能如此解释。朱熹以为"简"之所以"可"，在于"事不烦而民不扰"，颇有道理，故译文加了两句。　3.无乃——相当于"不是"，但只用于反问句。　4.大——同"太"。

6·3　哀公问："弟子孰为好学？"孔子对曰："有颜回者好学，不迁怒，不贰过。不幸短命[1]死矣，今也则亡，未闻好学者也。"

【译文】

鲁哀公问："你的学生中，哪个好学？"孔子答道："有一个叫颜回的人好学，不拿别人出气；也不再犯同样的过失。不幸短命死了，现在再没有这样的人了，再也没听过好学的人了。"

【注释】

1.短命——《公羊传》把颜渊的死列在鲁哀公十四年（公元前481年），其时孔子年七十一，依《史记·仲尼弟子列传》，颜渊少于孔子三十岁，则死时年四十一。但据《孔子家语》等书，颜回卒时年仅三十一，因此毛奇龄《论语稽求篇》谓《史记》"少孔子三十岁，原是四十之误"。

6·4　子华[1]使[2]于齐，冉子[3]为其母请粟[4]。子曰："与之釜[5]。"

请益。曰：“与之庾⁶。”

冉子与之粟五秉⁷。

子曰：“赤之适齐也，乘肥马⁸，衣⁹轻裘。吾闻之也：君子周¹⁰急不继富。”

【译文】

公西赤被派到齐国去作使者，冉有替他母亲向孔子请求小米。孔子道："给他六斗四升。"

冉有请求增加。孔子道："再给他二斗四升。"

冉有却给了他八十石。

孔子道："公西赤到齐国去，坐着由肥马驾的车辆，穿着又轻又暖的皮袍。我听说过：君子只是雪里送炭，不去锦上添花。"

【注释】

1. 子华——孔子学生，姓公西，名赤，字子华，比孔子小四十二岁。　2. 使——旧读去声，出使。　3. 冉子——《论语》中，孔子弟子称"子"的不过曾参、有若、闵子骞和冉有几个人，因之这冉子当然就是冉有。　4. 粟——小米（详《新建设》杂志1954年12月号胡静《我国古代农艺史上的几个问题》）。一般的说法，粟是指未去壳的谷粒，去了壳就叫做米。但在古书中也有把米唤做粟的。见沈彤《周官禄田考》。　5. 釜——音府，fǔ，古代量名，容当时的量器六斗四升，约合今天的容量一斗二升八合。6. 庾——音羽，yǔ，古代量名，容当日的二斗四升，约合今日的四升八合。7. 秉——音丙，bǐng，古代量名，十六斛。五秉则是八十石。古代以十斗为斛，所以译为八十石。南宋的贾似道才改为五斗一斛，一石两斛，沿用到民国初年，现今已经废除这一量名了。周秦的八十斛合今天的十六石。　8. 乘肥马——不能解释为"骑肥马"，因为孔子时穿着大袖子宽腰身的衣裳，是不便于骑马的。直到战国时的赵武灵王才改穿少数民族服装，学习少数民族的骑着马射箭，以便利于作战。在所有"经书"中找不到骑马的文字，只有《曲礼》有"前有车骑"一语，但《曲礼》的成书在战国以后。　9.衣——去声，动词，当"穿"字解。　10.周——后人写作"賙"，救济。

6·5 原思¹为之²宰，与之粟九百³，辞。子曰："毋！以与尔邻里乡党⁴乎！"

【译文】

原思任孔子家的总管，孔子给他小米九百，他不肯受。孔子道："别辞！有多的，给你地方上〔的穷人〕吧！"

【注释】

1.原思——孔子弟子原宪，字子思。　2.之——用法同"其"，他的，指孔子而言。　3.九百——下无量名，不知是斛是斗，还是别的。习惯上常把最通用的度、量、衡的单位省略不说，古今大致相同。不过这一省略，可把我们迷糊了。　4.邻里乡党——都是古代地方单位的名称，五家为邻，二十五家为里，万二千五百家为乡，五百家为党。

6·6 子谓仲弓，曰："犁牛¹之子骍²且角³，虽欲勿用⁴，山川其⁵舍诸⁶？"

孔子谈到冉雍，说："耕牛的儿子长着赤色的毛，整齐的角，虽然不想用它作牺牲来祭祀，山川之神难道会舍弃它吗？"

【注释】

1. 犁牛——耕牛。古人的名和字，意义一定互相照应。从孔子学生冉耕字伯牛、司马耕字子牛的现象看来，足以知道生牛犁田的方法当时已经普遍实行。从前人说，耕牛制度开始于汉武帝时的赵过，那是由于误解《汉书·食货志》的缘故。 2. 骍——赤色。周朝以赤色为贵，所以祭祀的时候也用赤色的牲畜。 3. 角——意思是两角长得周正。这是古人用词的简略处。 4. 用——义同《左传》"用牲于社"之"用"，杀之以祭也。据《史记·仲尼弟子列传》说，仲弓的父亲是贱人；仲弓却是"可使南面"的人才，因此孔子说了这番话。古代供祭祀的牺牲不用耕牛，而且认为耕牛之子也不配作牺牲。孔子的意思是，耕牛所产之子如果够得上作牺牲的条件，山川之神一定会接受这种祭享。那么，仲弓这样的人才，为什么因为他父亲"下贱"而舍弃不用呢？ 5. 其——意义同"岂"。 6. 诸——"之乎"两字的合音字。

6·7 子曰："回也，其心三月[1]不违仁，其余则日月[1]至焉而已矣。"

【译文】

孔子说："颜回呀，他的心长久地不离开仁德，别的学生么，只是短时期偶然想起一下罢了。"

1. 三月、日月——这种词语必须活看，不要被字面所拘束，因此译文用"长久地"译"三月"，用"短时期""偶然"来译"日月"。

6·8 季康子问："仲由可使从政也与？"子曰："由也果，于从政乎何有？"

曰："赐也可使从政也与？"曰："赐也达，于从政乎何有？"

曰："求也可使从政也与？"曰："求也艺，于从政乎何有？"

【译文】

季康子问孔子："仲由这人，可以使用他治理政事么？"孔子道："仲由果敢决断，让他治理政事有什么困难呢？"

又问："端木赐可以使用他治理政事么？"孔子道："端木赐通情达理，让他治理政事有什么困难呢？"

又问："冉求可以使用他治理政事么？"孔子道："冉求多才多艺，让他治理政事有什么困难呢？"

6·9 季氏使闵子骞[1]为费[2]宰。闵子骞曰："善为我辞焉！如有复我者，则吾必在汶上[3]矣。"

季氏叫闵子骞作他采邑费地的县长。闵子骞对来人说道："好好地替我辞掉吧！若是再来找我的话，那我一定会逃到汶水之北去了。"

【注释】

1. 闵子骞——孔子学生闵损，字子骞，比孔子小十五岁（公元前 536—？）。 2. 费——旧音秘，bì，故城在今山东平邑东南七十里。 3. 汶上——汶音问，wèn，水名，就是山东的大汶河。桂馥《札朴》云："水以阳为北，凡言某水上者，皆谓水北。""汶上"暗指齐国之地。

6·10 伯牛[1]有疾，子问之，自牖执其手，曰："亡之[2]，命矣夫！斯人也而有斯疾也！斯人也而有斯疾也！"

【译文】

伯牛生了病，孔子去探问他，从窗户里握着他的手，道："难得活了，这是命呀！这样的人竟有这样的病！这样的人竟有这样的病！"

【注释】

1. 伯牛——孔子学生冉耕字伯牛。 2. 亡之——这"之"字不是代词，不是"亡"（死亡之意）的宾语，因为"亡"字在这里不应该有宾语，只是凑成一个音节罢了。古代常有这种形似宾语而实非宾语的"之"字，详拙著《文言语法》。

6·11 子曰："贤哉，回也！一箪[1]食，一瓢饮，在陋巷，人不堪其忧，回也不改其乐。贤哉，回也！"

【译文】

　　孔子说："颜回多么有修养呀！一竹筐饭，一瓜瓢水，住在小巷子里，别人都受不了那穷苦的忧愁，颜回却不改变他自有的快乐。颜回多么有修养呀！"

【注释】

　　1. 箪——音单，dān，古代盛饭的竹器，圆形。

　　6·12　冉求曰："非不说子之道，力不足也。"子曰："力不足者[1]，中道而废。今女画[2]。"

【译文】

　　冉求道："不是我不喜欢您的学说，是我力量不够。"孔子道："如果真是力量不够，走到半道会再走不动了。现在你却没有开步走。"

【注释】

　　1. 力不足者——"者"这一表示停顿的语气词，有时兼表假设语气，详《文言语法》。　2. 画——停止。

　　6·13　子谓子夏曰："女为君子儒！无为小人儒！"

【译文】

孔子对子夏道："你要去做个君子式的儒者，不要去做那小人式的儒者！"

6·14 子游为武城¹宰。子曰："女得人焉耳²乎？"曰："有澹台灭明者³，行不由径，非公事，未尝至于偃之室也。"

【译文】

子游做武城县县长。孔子道："你在这儿得到什么人才没有？"他道："有一个叫澹台灭明的人，走路不插小道，不是公事，从不到我屋里来。"

【注释】

1. 武城——鲁国的城邑，在今山东费县西南。 2. 耳——通行本作"尔"，兹依唐《石经》、宋《石经》、皇侃《义疏》本作"耳"。 3. 有澹台灭明者——澹台灭明字子羽，《史记·仲尼弟子列传》也把他列入弟子。但从这里子游的答话语气来看，说这话时还没有向孔子受业。因为"有……者"的提法，是表示这人是听者以前所不知道的。若果如《史记》所记，澹台灭明在此以前便已经是孔子学生，那子游这时的语气应该与此不同。

6·15 子曰："孟之反¹不伐，奔而殿，将入门，策其马，曰：'非敢后也，马不进也。'"

【译文】

孔子说："孟之反不夸耀自己，〔在抵御齐国的战役中，〕右翼的军队溃退了，他走在最后，掩护全军，将进城门，便鞭打着马匹，一面说道：'不是我敢于殿后，是马匹不肯快走的缘故。'"

【注释】

1.孟之反——《左传》哀公十一年作"孟之侧"，译文参照《左传》所叙述的事实有所增加。

6·16 子曰："不有¹祝鮀²之佞，而³有宋朝⁴之美，难乎免于今之世矣。"

【译文】

孔子说："假使没有祝鮀的口才，而仅有宋朝的美丽，在今天的社会里怕不易避免祸害了。"

【注释】

1.不有——这里用以表示假设语气，"假若没有"的意思。　2.祝鮀——卫国的大夫，字子鱼，《左传》定公四年曾记载着他的外交辞令。　3.而——王引之《经义述闻》云："而犹与也，言有祝鮀之佞与有宋朝之美也。"很多人同意这种讲法，但我终嫌"不有祝鮀之佞，与有宋朝之美"为语句不顺，王氏此说恐非原意。　4.宋朝——宋国的公子朝，《左传》定公十四年曾记载着他因为美丽而惹起乱子的事情。

6·17 子曰："谁能出不由户？何莫由斯道也？"

【译文】

孔子说："谁能够走出屋外不从房门经过？为什么没有人从我这条路行走呢？"

6·18 子曰："质胜文则野，文胜质则史。文质彬彬¹，然后君子。"

【译文】

孔子说："朴实多于文采，就未免粗野；文采多于朴实，又未免虚浮。文采和朴实，配合适当，这才是个君子。"

【注释】

1.文质彬彬——此处形容人既文雅又朴实，后来多用来指人文雅有礼貌。

6·19 子曰："人之生也¹直，罔²之生也幸而免。"

【译文】

孔子说："人的生存由于正直，不正直的人也可以生存，那是他侥幸地免于祸害。"

　　1. 也——语气词，表"人之生"是一词组作主语，这里无妨作一停顿，下文"直"是谓语。　2. 罔——诬罔的人，不直的人。

6·20　子曰："知之者不如好之者，好之者不如乐之者。"

【译文】

　　孔子说："〔对于任何学问和事业，〕懂得它的人不如喜爱它的人，喜爱它的人又不如以它为乐的人。"

6·21　子曰："中人以上，可以语上也；中人以下，不可以语上也。"

【译文】

　　孔子说："中等水平以上的人，可以告诉他高深学问；中等水平以下的人，不可以告诉他高深学问。"

6·22　樊迟问知。子曰："务民之义，敬鬼神而远之[1]，可谓知矣。"

　　问仁。曰："仁者先难[2]而后获，可谓仁矣。"

　　樊迟问怎么样才算聪明。孔子道："把心力专一地放在使人民走向'义'上，严肃地对待鬼神，但并不打算接近他，可以说是聪明了。"

　　又问怎么样才叫做有仁德。孔子道："仁德的人付出一定的力量，然后收获果实，可以说是仁德了。"

【注释】

　　1. 远之——"远"作及物动词，去声，yuàn，疏远，不去接近的意思。譬如祈祷、淫祀，在孔子看来都不是"远之"。　　2. 先难——《颜渊篇第十二》又有一段答樊迟的话，其中有两句道："先事后得，非崇德与？"和这里"先难而后获，可谓仁矣"是一个意思，所以我把"难"字译为"付出一定的力量"。孔子对樊迟两次说这样的话，是不是樊迟有坐享其成的想法，那就不得而知了。

6·23　子曰："知者乐水，仁者乐山。知者动，仁者静。知者乐，仁者寿。"

【译文】

　　孔子说："聪明人乐于水，仁人乐于山。聪明人活动，仁人沉静。聪明人快乐，仁人长寿。"

6·24　子曰："齐一变，至于鲁；鲁一变，至于道。"

孔子说："齐国〔的政治和教育〕一有改革，便达到鲁国的样子；鲁国〔的政治和教育〕一有改革，便进而合于大道了。"

6·25 子曰："觚[1]不觚，觚哉！觚哉！"

【译文】

孔子说："觚不像个觚，这是觚吗！这是觚吗！"

【注释】

1.觚——音孤，gū，古代盛酒的器皿，腹部作四条棱角，足部也作四条棱角。每器容当时容量二升（或曰三升）。孔子为什么说这话，后人有两种较为近于情理的猜想：（甲）觚有棱角，才能叫做觚。可是做出棱角比做圆的难，孔子所见的觚可能只是一个圆形的酒器，而不是上圆下方（有四条棱角）的了。但也名为觚，因之孔子慨叹当日事物名实不符，如"君不君，臣不臣，父不父，子不子"之类。（乙）觚和孤同音，寡少的意思。只能容酒两升（或者三升）的叫觚，是叫人少饮不要沉湎之意。可能当时的觚实际容量已经大大不止此数，由此孔子发出感慨。（古代酿酒，不懂得蒸酒的技术，因之酒精成分很低，而升又小，两三升酒是微不足道的。《史记·滑稽列传》载淳于髡的话，最多能够饮一石，可以想见了。）

6·26 宰我问曰："仁者，虽告之曰：'井有仁[1]焉。'其从之也？"子曰："何为其然也？君子可逝[2]也，不可陷也；可欺[3]也，不可罔[3]也。"

　　宰我问道："有仁德的人，就是告诉他：'井里掉下一位仁人啦。'他是不是会跟着下去呢？"孔子道："为什么你要这样做呢？君子可以叫他远远走开不再回来，却不可以陷害他；可以欺骗他，却不可以愚弄他。"

【注释】

　　1. 仁——即"仁人"的意思，和《学而篇第一》"泛爱众而亲仁"的"仁"用法相同。　　2. 逝——古代"逝"字的意义和"往"字有所不同，"往"而不复返才用"逝"字。译文即用此义。俞樾《群经平议》读"逝"为"折"说："逝与折古通用。君子杀身成仁则有之矣，故可得而摧折，然不可以非理陷害之，故可折而不可陷。"亦通。　　3. 欺、罔——《孟子·万章上》有这样一段话，和这一段结合，正好说明"欺"和"罔"的区别。那段的原文是："昔者有馈生鱼于郑子产，子产使校人畜之池。校人烹之，反命曰：'始舍之，圉圉焉；少则洋洋焉；攸然而逝。'子产曰：'得其所哉！得其所哉！'校人出，曰：'孰谓子产知？予既烹而食之，曰，得其所哉，得其所哉。'故君子可欺以其方，难罔以非其道。"那么，校人的欺骗子产，是"欺其方"，而宰我的假设便是"罔以非其道"了。

6·27　子曰："君子博学于文，约之以礼[1]，亦可以弗畔[2]矣夫！"

【译文】

　　孔子说："君子广泛地学习文献，再用礼节来加以约束，也就可以不至于离经叛道了。"

1.博学于文，约之以礼——《子罕篇第九》云："颜渊喟然叹曰：'夫子循循然善诱人，博我以文，约我以礼。'"这里的"博学于文，约之以礼"和《子罕篇》的"博我以文，约我以礼"是不是完全相同呢？如果完全相同，则"约之以礼"的"之"是指代"君子"而言。这是一般人的说法。但毛奇龄的《论语稽求篇》却说："博约是两事，文礼是两物，然与'博我以文，约我以礼'不同。何也？彼之博约是以文礼博约回；此之博约是以礼约文，以约约博也。博在文，约文又在礼也。"毛氏认为"约之以礼"的"之"是指代"文"，正是我们平常所说的"由博返约"的意思。 2.畔——同"叛"。

6·28 子见南子¹，子路不说。夫子矢之曰："予所²否者，天厌之！天厌之！"

【译文】

孔子去和南子相见，子路不高兴。孔子发誓道："我假若不对的话，天厌弃我罢！天厌弃我罢！"

【注释】

1.南子——卫灵公夫人，把持着当日卫国的政治，而且有不正当的行为，名声不好。《史记·孔子世家》对"子见南子"的情况有生动的描述。2.所——如果，假若。假设连词，但只用于誓词中。详阎若璩《四书释地》。

6·29 子曰："中庸¹之为德也，其至矣乎！民²鲜久矣。"

【译文】

孔子说:"中庸这种道德,该是最高的了,大家已经是长久地缺乏它了。"

【注释】

1. 中庸——这是孔子的最高道德标准。"中",折中,无过,也无不及,调和;"庸",平常。孔子拈出这两个字,就表示他的最高道德标准,其实就是折中的和平常的东西。后代的儒家又根据这两个字作了一篇题为"中庸"的文章,西汉人戴圣收入《礼记》,南宋人朱熹又取入"四书"。司马迁说是子思所作,未必可靠。从其文字和内容看,可能是战国至秦的作品,难免不和孔子的"中庸"有相当距离。　2. 民——这"民"字不完全指老百姓,因以"大家"译之。

6·30 子贡曰:"如有博施¹于民而能济众,何如?可谓仁乎?"子曰:"何事于仁!必也圣乎!尧舜²其犹病诸!夫³仁者,己欲立而立人,己欲达而达人。能近取譬,可谓仁之方也已。"

【译文】

子贡道:"假若有这么一个人,广泛地给人民以好处,又能帮助大家生活得很好,怎么样?可以说是仁道了吗?"孔子道:"哪里仅是仁道!那一定是圣德了!尧舜或者都难以做到哩!仁是什么呢?自己要站得住,同时也使别人站得住;自己要事事行得通,同时也使别人事事行得通。能够就眼下的事实选择例子一步步去做,可以说是实践仁道的方法了。"

【注释】

　　1.施——旧读去声。　2.尧舜——传说中的上古两位帝王，也是孔子心目中的榜样。　3.夫——音扶，fú，文言中的提挈词。

述而篇第七

共三十八章

（朱熹《集注》把第九、第十两章并作一章，所以题为三十七章。）

7·1 子曰："述而不作，信而好古¹，窃比于我老彭²。"

【译文】

孔子说："阐述而不创作，以相信的态度喜爱古代文化，我私自和我那老彭相比。"

【注释】

1. 作，好古——下文第二十八章说："盖有不知而作之者，我无是也。"这个"作"，大概也是"不知而作"的涵义，很难说孔子的学说中没有创造性。又第二十章说，"好古，敏以求之"，也可为这个"好古"的证明。2. 老彭——人名。有人说是老子和彭祖两人，有人说是殷商时代的彭祖一人，又有人说孔子说"我的老彭"，其人一定和孔子相当亲密，未必是古人。《大戴礼·虞戴德篇》有"商老彭"，不知即此人不。

7·2 子曰："默而识¹之，学而不厌，诲人不倦，何有于我哉²？"

【译文】

孔子说："〔把所见所闻的〕默默地记在心里，努力学习而不厌弃，教导别人而不疲倦，这些事情我做到了哪些呢？"

【注释】

1. 识——音志，zhì，记住。 2. 何有于我哉——"何有"在古代是一常用语，在不同场合表示不同意义。像《诗·邶风·谷风》"何有何亡？黾勉求之"的"何有"便是"有什么"的意思，译文就是用的这一意义。也有人说，《论语》的"何有"都是"不难之辞"，那么，这句话便该译为"这些事情对我有什么困难呢"。这种译法便不是孔子谦虚之词，而和下文第二十八章的"多闻，择其善者而从之，多见而识之"以及"抑为之不厌，诲人不倦"的态度相同了。

7·3 子曰："德之不修，学之不讲，闻义不能徙，不善不能改，是吾忧也。"

【译文】

孔子说："品德不培养；学问不讲习；听到义在那里，却不能亲身赴之；有缺点不能改正，这些都是我的忧虑哩！"

7·4 子之燕居，申申[1]如也，夭夭[2]如也。

【译文】

孔子在家闲居，很整齐的，很和乐而舒展的。

【注释】

1. 申申——整敕之貌。　2. 夭夭——和舒之貌。

7·5 子曰："甚矣吾衰也！久矣吾不复梦见周公[1]！"

孔子说："我衰老得多么厉害呀！我好长时间没再梦见周公了！"

【注释】

1.周公——姓姬，名旦，周文王的儿子，武王的弟弟，成王的叔父，鲁国的始祖，又是孔子心目中最敬服的古代圣人之一。

7·6　子曰："志于道，据于德，依于仁，游于艺[1]。"

【译文】

孔子说："目标在'道'，根据在'德'，依靠在'仁'，而游憩于礼、乐、射、御、书、数六艺之中。"

【注释】

1.游于艺——《礼记·学记》曾说："不兴其艺，不能乐学。故君子之于学也，藏焉，修焉，息焉，游焉。夫然，故安其学而亲其师，乐其友而信其道，是以虽离师辅而不反也。"可以阐明这里的"游于艺"。

7·7　子曰："自行束脩[1]以上，吾未尝无诲焉。"

【译文】

孔子说："只要是主动地给我一点见面薄礼，我从没有不教诲的。"

1.束脩——脩是干肉，又叫脯。每条脯叫一脡（挺），十脡为一束。束脩就是十条干肉，古代用来作初次拜见的礼物。但这一礼物是菲薄的。

7·8 子曰："不愤¹不启，不悱²不发³。举一隅不以三隅反，则不复也。"

【译文】

孔子说："教导学生，不到他想求明白而不得的时候，不去开导他；不到他想说出来却说不出的时候，不去启发他。教给他东方，他却不能由此推知西、南、北三方，便不再教他了。"

【注释】

1.愤——心求通而未得之意。　2.悱——音斐，fěi，口欲言而未能之貌。　3.不启，不发——这是孔子自述其教学方法，必须受教者先发生困难，有求知的动机，然后去启发他。这样，教学效果自然好些。

7·9 子食于有丧者之侧，未尝饱也。

【译文】

孔子在死了亲属的人旁边吃饭，不曾吃饱过。

7·10 子于是日哭，则不歌。

【译文】

孔子在这一天哭泣过，就不再唱歌。

7·11 子谓颜渊曰："用之则行，舍之则藏，惟我与尔有是夫！"

子路曰："子行三军，则谁与¹？"

子曰："暴虎冯河²，死而无悔者，吾不与也。必也临事而惧，好谋而成者也。"

【译文】

孔子对颜渊道："用我呢，就干起来；不用呢，就藏起来。只有我和你才能这样吧！"

子路道："您若率领军队，找谁共事？"

孔子道："赤手空拳和老虎搏斗，不用船只去渡河，这样死了都不后悔的人，我是不和他共事的。〔我所找他共事的，〕一定是面临任务便恐惧谨慎，善于谋略而能完成的人哩！"

【注释】

1.子行三军，则谁与——"行"字古人用得很活，行军犹言行师。《易经·谦卦·上六》云"利用行师征邑国"，又《复卦·上六》"用行师终有大败"，行师似有出兵之意。这种活用，一直到中古都如此。如"子夜歌"的"欢行白日心，朝东暮还西"。"与"，动词，偕同的意思。子路好勇，看见孔子夸奖颜渊，便发此问。 2.暴虎冯河——冯音凭，píng。徒手搏虎曰暴虎，徒足涉河曰冯河。"冯河"两字最初见于《易·泰卦·爻辞》，又见于《诗·小雅·小旻》。"暴虎"也见于《诗经·郑风·大叔于田》和《小雅·小旻》，可见都是很早就有的俗语。"河"不一定是专指黄河，古代也有用作通名，泛指江河的。

7·12 子曰："富而¹可求也，虽执鞭之士²，吾亦为之。如不可求，从吾所好。"

【译文】

孔子说："财富如果可以求得的话，就是做市场的守门卒我也干。如果求它不到，还是我干我的罢。"

【注释】

1.而——用法同"如"，假设连词。但是用在句中的多，即有用在句首的，那句也多半和上一句有密切的关连，独立地用在句首的极少见。 2.执鞭之士——根据《周礼》，有两种人拿着皮鞭，一种是古代天子以及诸侯出入之时，有二至八人拿着皮鞭使行路之人让道。一种是市场的守门人，手执皮鞭来维持秩序。这里讲的是求财，市场是财富所聚集之处，因此译为"市场的守门卒"。

7·13 子之所慎：齐¹，战，疾²。

孔子所小心慎重的事有三样：斋戒，战争，疾病。

【注释】

1.齐——同"斋"。古代于祭祀之前，一定先要做一番身心的整洁工作，这一工作便叫做"斋"或者"斋戒"。《乡党篇第十》说孔子"齐必变食，居必迁坐"。　2.战，疾——上文说到孔子作战必求"临事而惧，好谋而成"的人，因为它关系国家的存亡安危；《乡党篇》又描写孔子病了，不敢随便吃药，因为它关系个人的生死。这都是孔子不能不谨慎的地方。

7·14　子在齐闻《韶》，三月不知肉味，曰："不图为乐之至于斯也。"

【译文】

孔子在齐国听到《韶》的乐章，很长时间尝不出肉味，于是道："想不到欣赏音乐竟到了这种境界。"

7·15　冉有曰："夫子为[1]卫君[2]乎？"子贡曰："诺；吾将问之。"

入，曰："伯夷、叔齐何人也？"曰："古之贤人也。"曰："怨乎？"曰："求仁而得仁，又何怨？"

出，曰："夫子不为也。"

【译文】

　　冉有道：“老师赞成卫君吗？”子贡道：“好罢；我去问问他。”

　　子贡进到孔子屋里，道：“伯夷、叔齐是什么样的人？”孔子道：“是古代的贤人。”子贡道：“〔他们两人互相推让，都不肯做孤竹国的国君，结果都跑到国外，〕是不是后来又怨悔呢？”孔子道：“他们求仁德，便得到了仁德，又怨悔什么呢？”

　　子贡走出，答覆冉有道：“老师不赞成卫君。”

【注释】

　　1. 为——动词，去声，本意是帮助，这里译为“赞成”，似乎更合原意。
2. 卫君——指卫出公辄。辄是卫灵公之孙，太子蒯聩之子。太子蒯聩得罪了卫灵公的夫人南子，逃在晋国。灵公死，立辄为君。晋国的赵简子又把蒯聩送回，借以侵略卫国。卫国抵御晋兵，自然也拒绝了蒯聩的回国。从蒯聩和辄是父子关系的一点看来，似乎是两父子争夺卫君的位置，和伯夷、叔齐两兄弟的互相推让，终于都抛弃了君位相比，恰恰成一对照。因之下文子贡引以发问，借以试探孔子对出公辄的态度。孔子赞美伯夷、叔齐，自然就是不赞成出公辄了。

　　7·16　　子曰：“饭疏食¹饮水²，曲肱³而枕⁴之，乐亦在其中矣。不义而富且贵，于我如浮云。”

【译文】

　　孔子说：“吃粗粮，喝冷水，弯着胳膊做枕头，也有着乐趣。干不正当的事而得来的富贵，我看来好像浮云。”

【注释】

1.疏食——有两个解释:(甲)粗粮。古代以稻粱为细粮,以稷为粗粮。见程瑶田《通艺录·九谷考》。(乙)糙米。 2.水——古代常以"汤"和"水"对言,"汤"的意义是热水,"水"就是冷水。 3.肱——音宫,gōng,胳膊。 4.枕——这里用作动词,旧读去声。

7·17 子曰:"加我数年,五十以学《易》¹,可以无大过矣。"

【译文】

孔子说:"让我多活几年,到五十岁的时候去学习《易经》,便可以没有大过错了。"

【注释】

1.《易》——古代一部用以占筮的书,其中的《卦辞》和《爻辞》是孔子以前的作品。

7·18 子所雅言¹,《诗》、《书》、执礼,皆雅言也。

【译文】

孔子有用普通话的时候,读《诗》,读《书》,行礼,都用普通话。

【注释】

1. 雅言——当时中国所通行的语言。春秋时代各国语言不能统一，不但可以想象得到，即从古书中也可以找到证明。当时较为通行的语言便是"雅言"。

7·19 叶公¹问孔子于子路，子路不对。子曰："女奚不曰，其为人也，发愤忘食，乐以忘忧，不知老之将至云尔²。"

【译文】

叶公向子路问孔子为人怎么样，子路不回答。孔子对子路道："你为什么不这样说：他的为人，用功便忘记吃饭，快乐便忘记忧愁，不晓得衰老会要到来，如此罢了。"

【注释】

1. 叶——旧音摄，shè，地名，当时属楚，今河南叶县南三十里有古叶城。叶公是叶地方的县长，楚君称王，那县长便称公。此人叫沈诸梁，字子高，《左传》定公、哀公之间有一些关于他的记载，在楚国当时还算是一位贤者。 2. 云尔——云，如此；尔同"耳"，而已，罢了。

7·20 子曰："我非生而知之者，好古，敏以求之者也。"

【译文】

孔子说："我不是生来就有知识的人，而是爱好古代文化，勤奋敏捷去求得来的人。"

7·21 子不语怪，力，乱，神。

【译文】

孔子不谈怪异、勇力、叛乱和鬼神。

7·22 子曰："三人行，必有我师焉：择其善者而从之，其不善者而改之[1]。"

【译文】

孔子说："几个人一块走路，其中便一定有可以为我所取法的人：我选取那些优点而学习，看出那些缺点而改正。"

【注释】

1. 子曰……改之——子贡说孔子没有特定的老师（见19·22），意思就是随处都有老师，和这章可以互相证明。《老子》说："善人，不善人之师；不善人，善人之资。"未尝不是这个道理。

7·23 子曰："天生德于予，桓魋[1]其如予何[2]？"

【译文】

孔子说:"天在我身上生了这样的品德,那桓魋将把我怎样?"

【注释】

1.桓魋——魋音颓,tuí。桓魋,宋国的司马向魋,因为是宋桓公的后代,所以又叫桓魋。 2.桓魋其如予何——《史记·孔子世家》有一段这样的记载:"孔子去曹,适宋,与弟子习礼大树下。宋司马桓魋欲杀孔子,拔其树。孔子去,弟子曰:'可以速矣!'孔子曰:'天生德于予,桓魋其如予何?'"

7·24 子曰:"二三子以我为隐乎?吾无隐乎尔。吾无行而不与二三子者,是丘也。"

【译文】

孔子说:"你们这些学生以为我有所隐瞒吗?我对你们是没有隐瞒的。我没有一点不向你们公开,这就是我孔丘的为人。"

7·25 子以四教:文,行[1],忠,信。

【译文】

孔子用四种内容教育学生:历代文献,社会生活的实践,对待别人的忠心,与人交际的信实。

1. 行——作名词用，旧读去声。

7·26 子曰："圣人，吾不得而见之矣；得见君子者，斯可矣。"

子曰："善人，吾不得而见之矣；得见有恒¹者，斯可矣。亡而为有，虚而为盈，约而为泰²，难乎有恒矣。"

【译文】

孔子说："圣人，我不能看见了；能看见君子，就可以了。"

又说："善人，我不能看见了；能看见有一定操守的人，就可以了。本来没有，却装做有；本来空虚，却装做充足；本来穷困，却要豪华，这样的人便难于保持一定操守了。"

【注释】

1. 有恒——这个"恒"字和《孟子·梁惠王上》的"无恒产而有恒心"的"恒"是一个意义。　2. 泰——这"泰"字和《国语·晋语》的"恃其富宠，以泰于国"、《荀子·议兵篇》的"用财欲泰"的"泰"同义，用度豪华而不吝惜的意思。

7·27 子钓而不纲¹，弋²不射宿³。

【译文】

孔子钓鱼，不用大绳横断流水来取鱼，用带生丝的箭射鸟，不射归巢的鸟。

【注释】

1. 纲——网上的大绳叫纲，用它来横断水流，再用生丝系钓，着于纲上来取鱼，这也叫纲。"不纲"的"纲"是动词。　2. 弋——音亦，yì，用带生丝的矢来射。　3. 宿——歇宿了的鸟。

7·28　子曰："盖有不知而作之者，我无是也。多闻，择其善者而从之；多见而识之；知之次也[1]。"

【译文】

孔子说："大概有一种自己不懂却凭空造作的人，我没有这种毛病。多多地听，选择其中好的加以接受；多多地看，全记在心里。这样的知，是仅次于'生而知之'的。"

【注释】

1. 次——《论语》的"次"一共用了八次，都是当"差一等"、"次一等"讲。《季氏篇第十六》云："孔子曰：'生而知之者，上也；学而知之者，次也。'"这里的"知之次也"正是"学而知之者，次也"的意思。孔子自己也说他是学而知之（好古，敏以求之）的人，所以译文加了几个字。

7·29　互乡[1]难与言，童子见，门人惑。子曰："与其进也，不与其退也，唯何甚？人洁己以进，与其洁也，不保²其往也。"

【译文】

　　互乡这地方的人难于交谈，一个童子得到孔子的接见，弟子们疑惑。孔子道："我们赞成他的进步，不赞成他的退步，何必做得太过？别人把自己弄得干干净净而来，便应当赞成他的干净，不要死记住他那过去。"

【注释】

　　1.互乡——地名，现在已不详其所在。　　2.保——守也，所以译为"死记住"。

　　7·30　子曰："仁远乎哉？我欲仁，斯仁至矣。"

【译文】

　　孔子道："仁德难道离我们很远吗？我要它，它就来了。"

　　7·31　陈司败¹问昭公²知礼乎，孔子曰："知礼。"
　　孔子退，揖巫马期³而进之，曰："吾闻君子不党，君子亦党乎？君取于吴⁴，为同姓⁵，谓之吴孟子⁶。君而知礼，孰不知礼？"
　　巫马期以告。子曰："丘也幸，苟有过⁷，人必知之。"

也，不与其退也，唯何甚？人洁己以进，与其洁也，不保[2]其往也。"

【译文】

　　互乡这地方的人难于交谈，一个童子得到孔子的接见，弟子们疑惑。孔子道："我们赞成他的进步，不赞成他的退步，何必做得太过？别人把自己弄得干干净净而来，便应当赞成他的干净，不要死记住他那过去。"

【注释】

　　1.互乡——地名，现在已不详其所在。　　2.保——守也，所以译为"死记住"。

　　7·30　子曰："仁远乎哉？我欲仁，斯仁至矣。"

【译文】

　　孔子道："仁德难道离我们很远吗？我要它，它就来了。"

　　7·31　陈司败[1]问昭公[2]知礼乎，孔子曰："知礼。"
　　孔子退，揖巫马期[3]而进之，曰："吾闻君子不党，君子亦党乎？君取于吴[4]，为同姓[5]，谓之吴孟子[6]。君而知礼，孰不知礼？"
　　巫马期以告。子曰："丘也幸，苟有过[7]，人必知之。"

【译文】

陈司败向孔子问鲁昭公懂不懂礼，孔子道："懂礼。"

孔子走了出来，陈司败便向巫马期作了个揖，请他走近自己，然后说道："我听说君子无所偏袒，难道孔子竟偏袒吗？鲁君从吴国娶了位夫人，吴和鲁是同姓国家，〔不便叫她做吴姬，〕于是叫她做吴孟子。鲁君若是懂得礼，谁不懂得礼呢？"

巫马期把这话转告给孔子。孔子道："我真幸运，假若有错误，人家一定给指出来。"

【注释】

1. 陈司败——人名。有人说"司败"是官名，也有人说是人名，究竟是什么样的人，今天已经无法知道。 2. 昭公——鲁昭公，名裯，襄公庶子，继襄公而为君。"昭"是谥号，陈司败之问若在昭公死后，则"昭公知礼乎"可能是原来的语言。如果他这次发问尚在昭公生时，那"昭公"字眼当是后人的记述。我们已无从判断，所以这句不加引号。 3. 巫马期——孔子的学生，姓巫马，名施，字子期，小于孔子三十岁。 4. 君取于吴——"取"这里用作"娶"字。吴，当时的国名，拥有今天淮水、泗水以南以及浙江的嘉兴、湖州等地。哀公时，为越王勾践所灭。 5. 为同姓——鲁为周公之后，姬姓；吴为太伯之后，也是姬姓。 6. 吴孟子——春秋时代，国君夫人的称号一般是所生长之国名加她的本姓。鲁娶于吴，这位夫人便应该称为吴姬。但"同姓不婚"是周朝的礼法，鲁君夫人的称号而把"姬"字标明出来，便是很显明地表示出鲁君违背了"同姓不婚"的礼制，因之改称为"吴孟子"。"孟子"可能是这位夫人的字。《左传》哀公十二年亦书曰："昭夫人孟子卒。"7. 苟有过——根据《荀子·子道篇》关于孔子的另一段故事，和《史记·仲尼弟子列传》对这一事"臣不可言君亲之恶，为讳者礼也"的解释，则孔子对鲁昭公所谓不合礼的行为不是不知，而是不说，最后只得归过于自己。

7·32 子与人歌而善，必使反之，而后和之。

【译文】

孔子同别人一道唱歌，如果唱得好，一定请他再唱一遍，然后自己又和他。

7·33 子曰："文，莫[1]吾犹人也。躬行君子，则吾未之有得。"

【译文】

孔子说："书本上的学问，大约我同别人差不多。在生活实践中做一个君子，那我还没有成功。"

【注释】

1. 文，莫——以前人都把"文莫"两字连读，看成一个双音词，但又不能得出恰当的解释。吴检斋（承仕）先生在《亡莫无虑同词说》（载于前北京中国大学《国学丛编》第一期第一册）中以为"文"是一词，指孔子所谓的"文章"；"莫"是一词，"大约"的意思。关于"莫"字的说法在先秦古籍中虽然缺乏坚强的论证，但解释本文却比所有各家来得较为满意，因之为译者所采用。朱熹《集注》亦云，"莫，疑辞"，或为吴说所本。

7·34 子曰："若圣[1]与仁，则吾岂敢？抑为之不厌，诲人不倦，则可谓云尔已矣。"公西华曰："正唯弟子不能学也。"

孔子说道:"讲到圣和仁,我怎么敢当?不过是学习和工作总不厌倦,教导别人总不疲劳,就是如此如此罢了。"公西华道:"这正是我们学不到的。"

【注释】

1.圣——《孟子·公孙丑上》载子贡对这事的看法说:"学不厌,智也;教不倦,仁也。仁且智,夫子既圣矣。"可见当时的学生就已把孔子看成圣人。

7·35 子疾病¹,子路请祷。子曰:"有诸?"子路对曰:"有之;《诔》²曰:'祷尔于上下神祇³。'"子曰:"丘之祷久矣。"

【译文】

孔子病重,子路请求祈祷。孔子道:"有这回事吗?"子路答道:"有的;《诔文》说过:'替你向天神地祇祈祷。'"孔子道:"我早就祈祷过了。"

【注释】

1.疾病——"疾病"连言,是重病。 2.诔——音耒,lěi,本应作讄,祈祷文。和哀悼死者的"诔"不同。 3.祇——音祁,qí,地神。

7·36 子曰:"奢则不孙¹,俭则固²。与其不孙也,宁固。"

孔子说：“奢侈豪华就显得骄傲，省俭朴素就显得寒伧。与其骄傲，宁可寒伧。”

【注释】

1.孙——同“逊”。 2.固——固陋，寒伧。

7·37 子曰：“君子坦荡荡，小人长戚戚。”

【译文】

孔子说：“君子心地平坦宽广，小人却经常局促忧愁。”

7·38 子温而厉，威而不猛，恭而安。

【译文】

孔子温和而严厉，有威仪而不凶猛，庄严而安详。

泰伯篇第八

共二十一章

8·1 子曰："泰伯 [1]，其可谓至德也已矣。三以天下 [2] 让，民无得而称焉。"

【译文】

孔子说："泰伯，那可以说是品德极崇高了。屡次地把天下让给季历，老百姓简直找不出恰当的词语来称赞他。"

【注释】

1.泰伯——亦作"太伯"，周朝祖先古公亶父的长子。古公有三子，太伯、仲雍、季历。季历的儿子就是姬昌（周文王）。据传说，古公预见到昌的圣德，因此想打破惯例，把君位不传长子太伯，而传给幼子季历，从而传给昌。太伯为着实现他父亲的意愿，便偕同仲雍出走至勾吴（为吴国的始祖），终于把君位传给季历和昌。昌后来扩张国势，竟有天下的三分之二，到他儿子姬发（周武王），便灭了殷商，统一天下。　2.天下——当古公、泰伯之时，周室仅是一个小的部落，谈不上"天下"。这"天下"两字可能即指其当时的部落而言。也有人说，是预指以后的周部落统一了中原的天下而言。

8·2 子曰："恭而无礼则劳 [1]，慎而无礼则葸 [2]，勇而无礼则乱，直而无礼则绞 [3]。君子笃于亲，则民兴于仁；故旧不遗，则民不偷 [4]。"

【译文】

孔子说："注重容貌态度的端庄，却不知礼，就未免劳倦；只知谨慎，却不知礼，就流于畏葸懦弱；专凭敢作敢为的胆量，却不知礼，就会盲动闯祸；心直口快，却不知礼，就会尖刻刺人。在上位的人能用深厚感情对待亲族，那老百姓就会走向仁德；在上位的人不遗弃他的老同事、老朋友，那老百姓就不致对人冷淡无情。"

【注释】

1. 礼——这里指的是礼的本质。　2. 葸——音喜，xǐ，胆怯，害怕。 3. 绞——尖刻刺人。　4. 偷——淡薄，这里指人与人的感情而言。

8·3 曾子有疾，召门弟子曰："启¹予足！启予手！《诗》云²：'战战兢兢，如临深渊，如履³薄冰。'而今而后，吾知免夫！小子！"

【译文】

曾参病了，把他的学生召集拢来，说道："看看我的脚！看看我的手！《诗经》上说：'小心呀！谨慎呀！好像面临深深水坑之旁，好像行走薄薄冰层之上。'从今以后，我才晓得自己是可以免于祸害刑戮的了！学生们！"

【注释】

1. 启——《说文》有"晵"字，云："省视也。"王念孙《广雅疏证》（《释诂》）说，《论语》的这"启"字就是《说文》的"晵"字。　2.《诗》云——三句诗见《诗经·小雅·小旻篇》。　3. 履——《易·履卦·爻辞》："眇能视，跛能履。"履，步行也。

8·4 曾子有疾，孟敬子¹问之。曾子言曰："鸟之将死，其鸣也哀；人之将死，其言也善。君子所贵乎道者三：动容貌，斯远暴慢^{2}矣；正颜色，斯近信矣；出辞气，斯远鄙倍^{3}矣。笾豆之事^4，则有司^{5}存。"

【译文】

　　曾参病了，孟敬子探问他。曾子说："鸟要死了，鸣声是悲哀的；人要死了，说出的话是善意的。在上位的人待人接物有三方面应该注重：严肃自己的容貌，就可以避免别人的粗暴和懈怠；端正自己的脸色，就容易使人相信；说话的时候，多考虑言辞和声调，就可以避免鄙陋粗野和错误。至于礼仪的细节，自有主管人员。"

【注释】

　　1. 孟敬子——鲁国大夫仲孙捷。　2. 暴慢——暴是粗暴无礼，慢是懈怠不敬。　3. 鄙倍——鄙是粗野鄙陋；倍同"背"，不合理，错误。　4. 笾豆之事——笾音边，biān，古代的一种竹器，高脚，上面圆口，有些像碗，祭祀时用以盛果实等食品。豆也是古代一种像笾一般的器皿，木料做的，有盖，用以盛有汁的食物，祭祀时也用它。这里"笾豆之事"系代表礼仪中的一切具体细节。　5. 有司——主管其事的小吏。

8·5 曾子曰："以能问于不能，以多问于寡；有若无，实若虚；犯而不校——昔者吾友^{1}尝从事于斯矣。"

【译文】

　　曾子说："有能力却向无能力的人请教，知识丰富却向知识缺少的人请教；有学问像没学问一样，满腹知识像空无所有一样；纵被欺侮，也不计较——从前我的一位朋友便曾这样做了。"

【注释】

1.吾友——历来的注释家都以为是指颜回。

8·6 曾子曰："可以托六尺¹之孤，可以寄百里之命，临大节而不可夺也——君子人与？君子人也。"

【译文】

曾子说："可以把幼小的孤儿和国家的命脉都交付给他，面临安危存亡的紧要关头，却不动摇屈服——这种人，是君子人吗？是君子人哩。"

【注释】

1.六尺——古代尺短，六尺约合今日一百三十八厘米，市尺四尺一寸四分。身长六尺的人还是小孩，一般指十五岁以下的人。

8·7 曾子曰："士不可以不弘毅¹，任重而道远。仁以为己任，不亦重乎？死而后已，不亦远乎？"

【译文】

曾子说："读书人不可以不刚强而有毅力，因为他负担沉重，路程遥远。以实现仁德于天下为己任，不也沉重吗？到死方休，不也遥远吗？"

1.弘毅——就是"强毅"。章太炎（炳麟）先生《广论语骈枝》说："《说文》：'弘，弓声也。'后人借'强'为之，用为'彊'义。此'弘'字即今之'强'字也。《说文》：'毅，有决也。'任重须彊，不彊则力绌；致远须决，不决则志渝。"

8·8 子曰："兴于《诗》，立于礼，成于乐¹。"

【译文】

孔子说："诗篇使我振奋，礼使我能在社会上站得住，音乐使我的所学得以完成。"

【注释】

1.成于乐——孔子所谓"乐"的内容和本质都离不开"礼"，因此常常"礼乐"连言。他本人也很懂音乐，因此把音乐作为他的教学工作的一个最后阶段。

8·9 子曰："民可使由之，不可使知之。"¹

【译文】

孔子说："老百姓，可以使他们照着我们的道路走去，不可以使他们知道那是为什么。"

1. 子曰……知之——这两句与"民可以乐成，不可与虑始"（《史记·滑稽列传补》所载西门豹之言，《商君列传》作"民不可与虑始，而可与乐成"）意思大致相同，不必深求。后来有些人觉得这种说法不很妥当，于是别生解释，意在为孔子这位"圣人"回护，虽煞费苦心，反失孔子本意。如刘宝楠《正义》以为"上章是夫子教弟子之法，此'民'字亦指弟子"。不知上章"兴于《诗》"三句与此章旨意各别，自古以来亦未曾有以"民"代"弟子"者。宦懋庸《论语稽》则云："对于民，其可者使其自由之，而所不可者亦使知之。或曰，舆论所可者则使共由之，其不可者亦使共知之。"则原文当读为"民可，使由之；不可，使知之"。恐怕古人无此语法。若是古人果是此意，必用"则"字，甚至"使"下再用"之"字以重指"民"，作"民可，则使（之）由之；不可，则使（之）知之"，方不致晦涩而误解。

8·10 子曰："好勇疾贫，乱也。人而不仁，疾之已甚，乱也。"

【译文】

孔子说："以勇敢自喜却厌恶贫困，是一种祸害。对于不仁的人，痛恨太甚，也是一种祸害。"

8·11 子曰："如有周公之才之美，使骄且吝，其余不足观也已。"

【译文】

孔子说："假如才能的美妙真比得上周公，只要骄傲而吝啬，别的方面也就不值得一看了。"

8·12　子曰："三年学，不至[1]于谷[2]，不易得也。"

【译文】

孔子说："读书三年并不存做官的念头，这是难得的。"

【注释】

1. 至——这"至"字和《雍也篇第六》"回也，其心三月不违仁，其余则日月至焉而已矣"的"至"用法相同，指意念之所至。　2. 谷——古代以谷米为俸禄（作用相当于今日的工资），所以"谷"有"禄"的意义。《宪问篇第十四》的"邦有道，谷；邦无道，谷"的"谷"正与此同。

8·13　子曰："笃信[1]好学，守死善道。危邦不入，乱邦不居[2]。天下有道则见[3]，无道则隐。邦有道，贫且贱焉，耻也；邦无道，富且贵焉，耻也。"

【译文】

孔子说："坚定地相信我们的道，努力学习它，誓死保全它。不进入危险的国家，不居住祸乱的国家。天下太平，就出来工作；不太平，就隐居。政治清明，自己贫贱，是耻辱；政治黑暗，自己富贵，也是耻辱。"

　　　　　　　　　　　　　　　　　　　　论语译注

【注释】

1. 笃信——《子张篇第十九》：“执德不弘，信道不笃，焉能为有？焉能为亡？”这一“笃信”应该和“信道不笃”的“笃”意思一样。　2. 危邦，乱邦——包咸云：“臣弑君，子弑父，乱也；危者，将乱之兆也。”　3. 见——同“现”。

8·14　子曰：“不在其位，不谋其政。”

【译文】

孔子说：“不居于那个职位，便不考虑它的政务。”

8·15　子曰：“师挚之始¹，《关雎》之乱²，洋洋乎盈耳哉！”

【译文】

孔子说：“当太师挚开始演奏的时候，当结尾演奏《关雎》之曲的时候，满耳朵都是音乐呀！”

【注释】

1. 师挚之始——“始”是乐曲的开端，古代奏乐，开始叫做“升歌”，一般由太师演奏。师挚是鲁国的太师，名挚，由他演奏，所以说“师挚之始”。　2.《关雎》之乱——“始”是乐的开端，“乱”是乐的结束。由“始”到“乱”，叫做“一成”。“乱”是“合乐”，犹如今日的合唱。当合奏之时，奏《关雎》的乐章，所以说"《关雎》之乱"。

8·16 子曰："狂而不直，侗而不愿，悾悾而不信，吾不知之矣。"

【译文】

孔子说："狂妄而不直率，幼稚而不老实，无能而不讲信用，这种人我是不知道其所以然的。"

8·17 子曰："学如不及，犹恐失之。"

【译文】

孔子说："做学问好像［追逐什么似的，］生怕赶不上；［赶上了，］还生怕丢掉了。"

8·18 子曰："巍巍乎，舜禹¹之有天下也而不与²焉！"

【译文】

孔子说："舜和禹真是崇高得很呀！贵为天子，富有四海，［却整年地为百姓勤劳，］一点也不为自己。"

【注释】

1.禹——夏朝开国之君。据传说，受虞舜的禅让而即帝位。又是中国主持水利工程最早的有着功勋的人物。 2.与——音预，yù，参与，关连。这里含着"私有"、"享受"的意思。

8·19 子曰："大哉尧之为君也！巍巍乎！唯天为大，唯尧则之。荡荡乎，民无能名焉。巍巍乎其有成功也，焕乎其有文章！"

【译文】

孔子说："尧真是了不得呀！真高大得很呀！只有天最高最大，只有尧能够学习天。他的恩惠真是广博呀！老百姓简直不知道怎样称赞他。他的功绩实在太崇高了，他的礼仪制度也真够美好了！"

8·20 舜有臣五人而天下治。武王曰："予有乱臣¹十人。"孔子曰："才难，不其然乎？唐虞之际，于斯为盛。有妇人焉，九人而已。三分天下有其二²，以服事殷。周之德，其可谓至德也已矣。"

【译文】

舜有五位贤臣，天下便太平。武王也说过："我有十位能治理天下的臣子。"孔子因此说道："〔常言道：〕'人才不易得。'不是这样吗？唐尧和虞舜之间以及周武王说那话的时候，人才最兴盛。然而武王十位人才之中还有一位妇女，实际上只是九位罢了。周文王得了天下的三分之二，仍然向商纣称臣，周朝的道德，可以说是最高的了。"

【注释】

1. 乱臣——《说文》："乱，治也。"《尔雅·释诂》同。《左传》昭公二十四年引《大誓》说："余有乱臣十人，同心同德。"则"乱臣"就是"治国之臣"。近人周谷城（《古史零证》）认为"乱"有"亲近"的意义，则"乱臣"相当于《孟子·梁惠王下》"王无亲臣矣"的"亲臣"，虽然言之亦能成理，但和下文"才难"之意不吻合，恐非孔子原意。 2. 三分天下有其二——《逸周书·程典篇》说："文王合九州之侯，奉勤于商。"相传当时分九州，文王得六州，是有三分之二。

8·21 子曰："禹，吾无间然矣。菲饮食而致孝乎鬼神，恶衣服而致美乎黻冕¹，卑宫室而尽力乎沟洫²。禹，吾无间然矣。"

【译文】

孔子说："禹，我对他没有批评了。他自己吃得很坏，却把祭品办得极丰盛；穿得很坏，却把祭服做得极华美；住得很坏，却把力量完全用于沟渠水利。禹，我对他没有批评了。"

【注释】

1. 黻冕——黻音弗，fú，祭祀时穿的礼服；冕音免，miǎn，古代大夫以上的人的帽子都叫冕，后来只有帝王的帽子才叫冕。这里指祭祀时的礼帽。
2. 沟洫——就是沟渠，这里指农田水利而言。

子罕篇第九

共三十一章

（朱熹《集注》把第六、第七两章合并为一章，所以作三十章。）

9·1 子罕¹言利与命与仁。

【译文】

孔子很少［主动］谈到功利、命运和仁德。

【注释】

1.罕——副词，少也，只表示动作频率。而《论语》一书，讲"利"的六次，讲"命"的八九次，若以孔子全部语言比较起来，可能还算少的。因之子贡也说过："夫子之言性与天道，不可得而闻也。"（《公冶长篇第五》）至于"仁"，在《论语》中讲得最多，为什么还说"孔子罕言"呢？于是对这一句话便生出别的解释了。金人王若虚（《误谬杂辨》）、清人史绳祖（《学斋占毕》）都以为这句应如此读："子罕言利，与命，与仁。""与"，许也。意思是"孔子很少谈到利，却赞成命，赞成仁"。黄式三（《论语后案》）则认为"罕"读为"轩"，显也。意思是"孔子很明显地谈到利、命和仁"。遇夫先生（《论语疏证》）又以为"所谓罕言仁者，乃不轻许人以仁之意，与罕言利命之义似不同。试以圣人评论仲弓、子路、冉有、公西华、令尹子文、陈文子之为人及克伐怨欲不行之德，皆云不知其仁，更参之以《儒行》之说，可以证明矣"。我则以为《论语》中讲"仁"虽多，但是一方面多半是和别人问答之词，另一方面，"仁"又是孔门的最高道德标准，正因为少谈，孔子偶一谈到，便有记载。不能以记载的多便推论孔子谈得也多。孔子平生所言，自然千万倍于《论语》所记载的，《论语》出现孔子论"仁"之处若用来和所有孔子平生之言相比，可能还是少的。诸家之说未免对于《论语》一书过于拘泥，恐怕不与当时事实相符，所以不取。于省吾读"仁"为"尼"，即"夷狄"之"夷"，未必确。

9·2 达巷党¹人曰："大哉孔子！博学而无所成名。"子闻之，谓门弟子曰："吾何执？执御乎？执射乎？吾执御矣。"

【译文】

达街的一个人说："孔子真伟大！学问广博，可惜没有足以树立名声的专长。"孔子听了这话，就对学生们说："我干什么呢？赶马车呢？做射击手呢？我赶马车好了。"

【注释】

1.达巷党——《礼记·杂记》有"余从老聃助葬于巷党"的话，可见"巷党"两字为一词，"里巷"的意思。

9·3 子曰："麻冕¹，礼也；今也纯²，俭³，吾从众。拜下⁴，礼也；今拜乎上，泰也。虽违众，吾从下。"

【译文】

孔子说："礼帽用麻料来织，这是合于传统的礼的；今天大家都用丝料，这样省俭些，我同意大家的做法。臣见君，先在堂下磕头，然后升堂又磕头，这是合于传统的礼的。今天大家都免除了堂下的磕头，只升堂后磕头，这是倨傲的表现。虽然违反大家，我仍然主张要先在堂下磕头。"

【注释】

1.麻冕——一种礼帽，有人说就是缁布冠（古人一到二十岁，便举行加帽子的仪式，叫"冠礼"。第一次加的便是缁布冠），未必可信。　2.纯——

黑色的丝。　3.俭——绩麻做礼帽，依照规定，要用二千四百缕经线。麻质较粗，必须织得非常细密，这很费工。若用丝，丝质细，容易织成，因而省俭些。　4.拜下——指臣子对君主的行礼，先在堂下磕头，然后升堂再磕头。《左传》僖公九年和《国语·齐语》都记述齐桓公不听从周襄王的辞让，终于下拜的事。到孔子时，下拜的礼似乎废弃了。

9·4　子绝四——毋意，毋必，毋固，毋我。

【译文】

孔子一点也没有四种毛病——不悬空揣测，不绝对肯定，不拘泥固执，不唯我独是。

9·5　子畏于匡[1]，曰："文王既没，文不在兹乎？天之将丧斯文也，后死者[2]不得与[3]于斯文也；天之未丧斯文也，匡人其如予何？"

【译文】

孔子被匡地的群众所拘禁，便道："周文王死了以后，一切文化遗产不都在我这里吗？天若是要消灭这种文化，那我也不会掌握这些文化了；天若是不要消灭这种文化，那匡人将把我怎么样呢？"

【注释】

1.子畏于匡——《史记·孔子世家》说，孔子离开卫国，准备到陈国去，经过匡。匡人曾经遭受过鲁国阳货的掠夺和残杀，而孔子的相貌很像阳货，便以为孔子就是过去曾经残害过匡地的人，于是囚禁了孔子。"畏"是拘囚的意思，《荀子·赋篇》云："比干见刳，孔子拘匡。"《史记·孔子世家》作"拘焉五日"，可见这一"畏"字和《礼记·檀弓》"死而不吊者三，畏、厌、溺"的"畏"相同，说见俞樾《群经平议》。今河南省长垣县西南十五里有匡城，可能就是当日孔子被囚之地。　2. 后死者——孔子自谓。　3. 与——音预，yù。

9·6　太宰¹问于子贡曰："夫子圣者与？何其多能也？"子贡曰："固天纵之将圣，又多能也。"

子闻之，曰："太宰知我乎！吾少也贱，故多能鄙事。君子多乎哉？不多也。"

【译文】

太宰向子贡问道："孔老先生是位圣人吗？为什么这样多才多艺呢？"子贡道："这本是上天让他成为圣人，又使他多才多艺。"

孔子听到，便道："太宰知道我呀！我小时候穷苦，所以学会了不少鄙贱的技艺。真正的君子会有这样多的技巧吗？是不会的。"

【注释】

1. 太宰——官名。这位太宰已经不知是哪一国人以及姓甚名谁了。

9·7　牢¹曰："子云，'吾不试²，故艺'。"

【译文】

牢说："孔子说过，我不曾被国家所用，所以学得一些技艺。"

【注释】

1.牢——郑玄说是孔子学生，但《史记·仲尼弟子列传》无此人。王肃伪撰之《孔子家语》说"琴张，一名牢，字子开，亦字子张，卫人也"，尤其不可信。说本王引之，详王念孙《读书杂志》卷四之三。　2.试——《论衡·正说篇》云："尧曰：'我其试哉！'说《尚书》曰：'试者用也。'"这"试"字也应当"用"字解。

9·8 子曰："吾有知乎哉？无知也。有鄙夫问于我，空空如也。我叩其两端而竭焉。"

【译文】

孔子说："我有知识吗？没有哩。有一个庄稼汉问我，我本是一点也不知道的。我从他那个问题的首尾两头去盘问，〔才得到很多意思，〕然后尽量地告诉他。"

9·9 子曰："凤鸟[1]不至，河不出图[1]，吾已矣夫！"

【译文】

孔子说："凤凰不飞来了，黄河也没有图画出来了，我这一生恐怕是完了吧！"

1.凤鸟、河图——古代传说,凤凰是一种神鸟,祥瑞的象征,出现就是表示天下太平。又说,圣人受命,黄河就出现图画。孔子说这几句话,不过借此比喻当时天下无清明之望罢了。

9·10 子见齐衰¹者、冕衣裳者²与瞽者,见之,虽少,必作;过之,必趋³。

【译文】

孔子看见穿丧服的人、穿戴着礼帽礼服的人以及瞎了眼睛的人,相见的时候,他们虽然年轻,孔子一定站起来;走过的时候,一定快走几步。

【注释】

1.齐衰——齐音咨,zī;衰音崔,cuī。齐衰,古代丧服,用熟麻布做的,其下边缝齐(斩衰则用粗而生的麻布,左右及下边也都不缝)。齐衰又有齐衰三年、齐衰期(一年)、齐衰五月、齐衰三月几等;看死了什么人,便服多长日子的孝。这里讲齐衰,自然也包括斩衰而言。斩衰是最重的孝服,儿子对父亲,臣下对君上才斩衰三年。 2.冕衣裳者——即衣冠整齐的贵族。冕是高等贵族所戴的礼帽,后来只有皇帝所戴才称冕。衣是上衣,裳是下衣,相当现代的裙。古代男子上穿衣,下着裙。 3.作、趋——作,起;趋,疾行。这都是一种敬意的表示。

9·11 颜渊喟然叹曰:"仰之弥高,钻之弥坚。瞻之在前,忽焉在后。夫子循循然善诱人,博我以文,约我以礼,欲罢不能。既竭吾才，如有所立卓尔。虽欲从之，末由也已。"

【译文】

颜渊感叹着说："老师之道，越抬头看，越觉得高；越用力钻研，越觉得深。看看，似乎在前面，忽然又到后面去了。〔虽然这样高深和不容易捉摸，可是〕老师善于有步骤地诱导我们，用各种文献来丰富我的知识，又用一定的礼节来约束我的行为，使我想停止学习都不可能。我已经用尽我的才力，似乎能够独立地工作。要想再向前迈进一步，又不知怎样着手了。"

9·12 子疾病，子路使门人为臣[1]。病间，曰："久矣哉，由之行诈也！无臣而为有臣。吾谁欺？欺天乎！且予与其死于臣之手也，无宁[2]死于二三子之手乎！且予纵不得大葬，予死于道路乎？"

【译文】

孔子病得厉害，子路便命孔子的学生组织治丧处。很久以后，孔子的病渐渐好了，就道："仲由干这种欺假的勾当竟太长久了呀！我本不该有治丧的组织，却一定要使人组织治丧处。我欺哄谁呢？欺哄上天吗？我与其死在治丧的人的手里，宁肯死在你们学生的手里，不还好些吗？即使不能热热闹闹地办理丧葬，我会死在路上吗？"

【注释】

1. 为臣——和今天的组织治丧处有相似之处，所以译文用来比傅。但也有不同之处。相似之处是死者有一定的社会地位才给他组织治丧处。古代，诸侯之死才能有"臣";孔子当时,可能有许多卿大夫也"僭"行此礼。不同之处是治丧处人死以后才组织,才开始工作。"臣"却不然,死前便工作,死者的衣衾手足的安排以及剪须诸事都由"臣"去处理。所以孔子这里也说"死于臣之手"的话。 2.无宁——"无"为发语词,无义。《左传》隐公十一年云:"无宁兹许公复奉其社稷。"杜预的《注》说:"无宁,宁也。"

9·13 子贡曰:"有美玉于斯,韫椟而藏诸?求善贾[1]而沽诸?"子曰:"沽之哉!沽之哉!我待贾者也。"

【译文】

子贡道:"这里有一块美玉,把它放在柜子里藏起来呢?还是找一个识货的商人卖掉呢?"孔子道:"卖掉!卖掉!我是在等待识货者哩。"

【注释】

1.贾——音古,gǔ,商人。又同"价",价钱。如果取后一义,"善贾"便是"好价钱","待贾"便是"等好价钱"。不过,与其说孔子是等价钱的人,不如说他是等识货者的人。

9·14 子欲居九夷[1]。或曰:"陋,如之何?"子曰:"君子居之,何陋之有[2]?"

【译文】

孔子想搬到九夷去住。有人说:"那地方非常简陋,怎么好住?"孔子道：“有君子去住，就不简陋了。”

【注释】

1.九夷——九夷就是淮夷。《韩非子·说林上篇》云：“周公旦攻九夷而商盖伏。”商盖就是商奄，则九夷本居鲁国之地，周公曾用武力降服他们。春秋以后，盖臣属楚、吴、越三国，战国时又专属楚。以《说苑·君道篇》、《淮南子·齐俗训》、《战国策·秦策》与《魏策》、李斯《上秦始皇书》诸说九夷者考之，九夷实散居于淮、泗之间，北与齐、鲁接壤（说本孙诒让《墨子间诂·非攻篇》）。　2.何陋之有——直译是“有什么简陋呢”，此用意译。

9·15　子曰：“吾自卫反鲁¹，然后乐正，《雅》、《颂》各得其所²。”

【译文】

孔子说：“我从卫国回到鲁国，才把音乐［的篇章］整理出来，使《雅》归《雅》，《颂》归《颂》，各有适当的安置。”

【注释】

1.自卫反鲁——根据《左传》，事在鲁哀公十一年冬。　2.《雅》、《颂》各得其所——“雅”和“颂”一方面是《诗经》内容分类的类名，一方面也是乐曲分类的类名。篇章内容的分类，可以由今日的《诗经》考见；乐曲的分类，因为古乐早已失传，便无可考证了。孔子的正《雅》、《颂》，究竟是正其篇章呢？还是正其乐曲呢？或者两者都正呢？《史记·孔子世家》和《汉书·礼乐志》则以为主要的是正其篇章，因为我们已经得不到别的材料，只得依从此说。孔子只“正乐”，调整《诗经》篇章的次序，太史公在《孔子世家》中因而说孔子曾把三千余篇的古诗删为三百余篇，是不可信的。

9·16 子曰："出则事公卿，入则事父兄[1]，丧事不敢不勉，不为酒困，何有于我哉[2]？"

【译文】

孔子说："出外便服事公卿，入门便服事父兄，有丧事不敢不尽礼，不被酒所困扰，这些事我做到了哪些呢？"

【注释】

1. 父兄——孔子父亲早死，说这话时候，或者他哥孟皮还在，"父兄"二字，只"兄"字有义，古人常有这用法。"父兄"或者在此引申为长者之义。
2. 何有于我哉——如果把"何有"看为"不难之词"，那一句便当译为"这些事对我有什么困难呢"。全文由自谦之词变为自述之词了。

9·17 子在川上，曰："逝者如斯夫！不舍[1]昼夜。"

【译文】

孔子在河边，叹道："消逝的时光像河水一样呀！日夜不停地流去。"

【注释】

1. 舍——上、去两声都可以读。上声，同捨；去声，也作动词，居住，停留。孔子这话不过感叹光阴之奔驶而不复返罢了，未必有其他深刻的意义。

《孟子·离娄下》、《荀子·宥坐篇》、《春秋繁露·山川颂》对此都各有阐发，很难说是孔子本意。

9·18 子曰："吾未见好德如好色者也。"

【译文】

孔子说："我没有看见过这样的人，喜爱道德赛过喜爱美貌。"

9·19 子曰："譬如为山，未成一篑，止，吾止也。譬如平地，虽覆一篑，进，吾往也。"[1]

【译文】

孔子说："好比堆土成山，只要再加一筐土便成山了，如果懒得做下去，这是我自己停止的。又好比在平地上堆土成山，纵是刚刚倒下一筐土，如果决心努力前进，还是要自己坚持呵！"

【注释】

1. 子曰……往也——这一章也可以这样讲解："好比堆土成山，只差一筐土了，如果〔应该〕停止，我便停止。好比平地堆土成山，纵是刚刚倒下一筐土，如果〔应该〕前进，我便前进。"依照前一讲解，便是"为仁由己"的意思；依照后一讲解，便是"唯义与比"的意思。

9·20 子曰："语之而不惰者，其回也与！"

【译文】

孔子说："听我说话始终不懈怠的，大概只有颜回一个人吧！"

9·21 子谓颜渊，曰："惜乎！吾见其进也，未见其止也。"

【译文】

孔子谈到颜渊，说道："可惜呀〔他死了〕！我只看见他不断地进步，从没看见他停留。"

9·22 子曰："苗而不秀[1]者有矣夫！秀而不实者有矣夫！"

【译文】

孔子说："庄稼生长了，却不吐穗开花的，有过的罢！吐穗开花了，却不凝浆结实的，有过的罢！"

【注释】

1.秀——"秀"字从禾，则只是指禾黍的吐花。《诗经·大雅·生民》云："实发实秀，实坚实好。""发"和"秀"是指庄稼的生长和吐穗开花；"坚"

和"好"是指谷粒的坚实和壮大。这都是"秀"的本义。现在还把庄稼的吐穗开花叫做"秀穗"。因此译文点明是指庄稼而言。汉人唐人多以为孔子这话是为颜回短命而发。但颜回只是"秀而不实"（祢衡《颜子碑》如此说），则"苗而不秀"又指谁呢？孔子此言必有为而发，但究竟何所指，则不必妄测。

9·23 子曰："后生可畏，焉知来者之不如今也？四十、五十而无闻焉，斯亦不足畏也已。"

【译文】

孔子说："年少的人是可怕的，怎能断定他的将来赶不上现在的人呢？一个人到了四五十岁还没有什么名望，也就值不得惧怕了。"

9·24 子曰："法语之言，能无从乎？改之为贵。巽与之言，能无说乎？绎之为贵。说而不绎，从而不改，吾末如之何也已矣。"

【译文】

孔子说："严肃而合乎原则的话，能够不接受吗？改正错误才可贵。顺从己意的话，能够不高兴吗？分析一下才可贵。盲目高兴，不加分析；表面接受，实际不改，这种人我是没有办法对付他的了。"

9·25 子曰："主忠信，毋友不如己者，过则勿惮改[1]。"

【注释】

1. 见《学而篇第一》。

9·26 子曰："三军¹可夺帅也，匹夫不可夺志也。"

【译文】

孔子说："一国军队，可以使它丧失主帅；一个男子汉，却不能强迫他放弃主张。"

【注释】

1. 三军——周朝的制度，诸侯中的大国可以拥有军队三军。因此便用"三军"作军队的通称。

9·27 子曰："衣¹敝缊²袍，与衣¹狐貉者立，而不耻者，其由也与？'不忮不求，何用不臧³？'"子路终身诵之。子曰："是道也，何足以臧？"

【译文】

孔子说道："穿着破烂的旧丝绵袍子和穿着狐貉裘的人一道站着，不觉得惭愧的，恐怕只有仲由罢！《诗经》上说：'不嫉妒，不贪求，为什么不会好？'"子路听了，便老念着这两句诗。孔子又道："仅仅这个样子，怎样能够好得起来？"

1.衣——去声，动词，当"穿"字解。　2.缊——音运，yùn，旧絮。古代没有草棉，所有"絮"字都是指丝绵。一曰，乱麻也。　3.不忮不求，何用不臧——两句见于《诗经·邶风·雄雉篇》。

9·28　子曰："岁寒，然后知松柏之后凋¹也。"

【译文】

孔子说："天冷了，才晓得松柏树是最后落叶的。"

【注释】

1.凋——凋零，零落。

9·29　子曰："知者不惑，仁者不忧，勇者不惧。"

【译文】

孔子说："聪明的人不致疑惑，仁德的人经常乐观，勇敢的人无所畏惧。"

9·30　子曰："可与共学，未可与适道；可与适道，未可与立¹；可与立，未可与权。"

孔子说："可以同他一道学习的人，未必可以同他一道取得某种成就；可以同他一道取得某种成就的人，未必可以同他一道事事依礼而行；可以同他一道事事依礼而行的人，未必可以同他一道通权达变。"

【注释】

1. 立——《论语》的"立"经常包含着"立于礼"的意思，所以这里译为"事事依礼而行"。

9·31 "唐棣之华，偏其反而。岂不尔思？室是远而。"子曰："未之思也，夫何远之有？" [1]

【译文】

〔古代有几句这样的诗：〕"唐棣树的花，翩翩地摇摆。难道我不想念你？因为家住得太遥远。"孔子道："他是不去想念哩，真的想念，有什么遥远呢？"

【注释】

1. 唐棣……何远之有——唐棣，一种植物，陆玑《毛诗草木鸟兽虫鱼疏》以为就是郁李（蔷薇科，落叶灌木），李时珍《本草纲目》却以为是枎栘（蔷薇科，落叶乔木）。"唐棣之华，偏其反而"似是捉摸不定的意思，或者和颜回讲孔子之道"瞻之在前，忽焉在后"（9·11）意思差不多。"夫何远之有"可能是"仁远乎哉？我欲仁，斯仁至矣"（7·30）的意思。或者当时有人引此诗（这是"逸诗"，不在今《诗经》中），意在证明道之远而不可捉摸，孔子则说，你不曾努力罢了，其实是一呼即至的。

乡党篇第十

（本是一章，今分为二十七节。）

10·1 孔子于乡党，恂恂[1]如也，似不能言者。
其在宗庙朝廷，便便[2]言，唯谨尔。

【译文】

孔子在本乡的地方上非常恭顺，好像不能说话的样子。

他在宗庙里、朝廷上，有话便明白而流畅地说出，只是说得很少。

【注释】

1.恂恂——音旬，xún，恭顺貌。　2.便便——旧读骈，pián。

10·2 朝，与下大夫言，侃侃如也；与上大夫言，誾誾[1]
如也。君在，踧踖如也，与与如也。

【译文】

上朝的时候，〔君主还没有到来，〕同下大夫说话，温和而快乐的样子；同上大夫说话，正直而恭敬的样子。君主已经来了，恭敬而心中不安的样子，行步安详的样子。

【注释】

1.誾——音银，yín。

10·3 君召使摈，色勃如也，足躩[1]如也。揖所与立，左
右手，衣前后[2]，襜[3]如也。趋进[4]，翼如也。宾退，必复命

曰："宾不顾矣。"

【译文】

　　鲁君召他去接待外国的贵宾，面色矜持庄重，脚步也快起来。向两旁的人作揖，或者向左拱手，或者向右拱手，衣裳一俯一仰，却很整齐。快步向前，好像鸟儿舒展了翅膀。贵宾辞别后一定向君主回报说："客人已经不回头了。"

【注释】

　　1. 躩——音矍，jué，皇侃《义疏》引江熙云："不暇闲步。躩，速貌也。"　2. 前后——俯仰的意思。　3. 襜——音幨，chān，整齐之貌。　4. 趋进——在行步时一种表示敬意的行动。

10·4　入公门，鞠躬如[1]也，如不容。

立不中门，行不履阈。

过位[2]，色勃如也，足躩如也，其言似不足者。

摄齐[3]升堂，鞠躬如也，屏气[4]似不息者。

出，降一等，逞颜色，怡怡如也。

没阶，趋进[5]，翼如也。

复其位，踧踖如也。

【译文】

　　孔子走进朝廷的门，害怕而谨慎的样子，好像没有容身之地。

　　站，不站在门的中间；走，不踩门坎。

经过国君的座位，面色便矜庄，脚步也快，言语也好像中气不足。

提起下摆向堂上走，恭敬谨慎的样子，憋住气好像不呼吸一般。

走出来，降下台阶一级，面色便放松，怡然自得。

走完了台阶，快快地向前走几步，好像鸟儿舒展翅膀。

回到自己的位置，恭敬而内心不安的样子。

【注释】

1. 鞠躬如——这"鞠躬"两字不能当"曲身"讲。这是双声字，用以形容谨慎恭敬的样子。《论语》所有"□□如"的区别词（区别词是形容词、副词的合称），都不用动词结构。清人卢文弨《龙城札记》说："……且曲身乃实事，而云曲身如，更无此文法。" 2. 过位——过旧音戈，平声。位是人君的座位，经过之时，人君并不在，座位是空的。 3. 摄齐——齐音咨，zī，衣裳缝了边的下摆；摄，提起。 4. 屏——音丙，bǐng，屏气即屏息，压抑呼吸。 5. 趋进——有些本子无"进"字，不对。自汉以来所有引《论语》此文的都有"进"字，唐《石经》也有"进"字，《太平御览·居处部》、《人事部》引文，《张子正蒙》引文也都有"进"字。

10·5 执圭 ¹，鞠躬如也，如不胜 ²。上如揖，下如授。勃如战色，足蹜蹜如有循 ³。

享礼 ⁴，有容色 ⁵。

私觌 ⁶，愉愉如也。

【译文】

〔孔子出使到外国，举行典礼，〕拿着圭，恭敬谨慎地，好像举不起来。向上举好像在作揖，向下拿好像在交给别人。面色矜庄好像在作战。脚步也紧凑狭窄，好像在沿着［一条线］走过。

献礼物的时候，满脸和气。

用私人身份和外国君臣会见，显得轻松愉快。

【注释】

1. 圭——一种玉器，上圆，或者作剑头形，下方，举行典礼的时候，君臣都拿着。　2. 胜——音升，shēng，能担负得了。　3. 足蹜蹜如有循——蹜音素，sù，"蹜蹜"，举脚密而狭的样子。"如有循"，所沿循的应当是很窄狭的东西，所以译文加了"一条线"诸字以示意。　4. 享礼——古代出使外国，初到所聘问的国家，便行聘问礼。"执圭"一段所写的正是行聘问礼时孔子的情貌。聘问之后，便行享献之礼。"享礼"就是享献礼，使臣把所带来的各种礼物罗列满庭。　5. 有容色——《仪礼·聘礼》："及享，发气焉盈容。""有容色"就是"发气焉盈容"。　6. 觌——音狄，dí，相见。

10·6　　君子不以绀緅饰 [1]，红紫不以为亵服 [2]。

当暑，袗绤绤 [3]，必表而出之。

缁衣，羔裘；素衣，麑裘；黄衣，狐裘 [4]。

亵裘长 [5]，短右袂 [6]。

必有寝衣 [7]，长一身有半。

狐貉之厚以居。

去丧，无所不佩。

非帷裳 [8]，必杀之 [9]。

羔裘玄冠不以吊 [10]。

吉月 [11]，必朝服而朝。

君子不用〔近乎黑色的〕天青色和铁灰色作镶边,〔近乎赤色的〕浅红色和紫色不用来作平常居家的衣服。

暑天,穿着粗的或者细的葛布单衣,但一定裹着衬衫,使它露在外面。

黑色的衣配紫羔,白色的衣配麑裘,黄色的衣配狐裘。

居家的皮袄身材较长,可是右边的袖子要做得短些。

睡觉一定有小被,长度合本人身长的一又二分之一。

用狐貉皮的厚毛作坐垫。

丧服满了以后,什么东西都可以佩带。

不是〔上朝和祭祀穿的〕用整幅布做的裙子,一定裁去一些布。

紫羔和黑色礼帽都不穿戴着去吊丧。

大年初一,一定穿着上朝的礼服去朝贺。

【注释】

1.绀緅饰——绀音赣,gàn;緅音邹,zōu;都是表示颜色的名称。“绀”是深青中透红的颜色,相当今天的“天青”;“緅”是青多红少,比绀更暗的颜色,这里用“铁灰色”来表明它。“饰”是滚边,镶边,缘边。古代,黑色是正式礼服的颜色,而这两种颜色都近于黑色,所以不用来镶边,为别的颜色作装饰。　2.红紫不以为亵服——古代大红色叫“朱”,这是很贵重的颜色。“红”和“紫”都属此类,也连带地被重视,不用为平常家居衣服的颜色。　3.袗绨绤——袗音轸,zhěn,单也。此处用为动词。绨音痴,chī,细葛布;绤音隙,xì,粗葛布。　4.“缁衣羔裘”等三句——这三句表示衣服里外的颜色应该相称。古代穿皮衣,毛向外,因之外面一定要用罩衣,这罩衣就叫做裼(音锡)衣。这里“缁衣”、“素衣”、“黄衣”的“衣”指的正是裼衣。缁,黑。古代所谓“羔裘”都是黑色的羊毛,就是今天的紫羔。麑音倪,ní,小鹿,它的毛是白色。　5.亵裘长——亵裘长为着保暖。古代男子上面穿衣,下面穿裳(裙),衣裳不相连。因之孔子在家的皮袄就做得比较长。　6. 短右袂——袂音妹，mèi，袖子。右袖较短，为着做事方便。有人认为衣袖一长一短，不大好看，孔子不会如此，于是对这一句别生解释，我认为那些解释都不可信。　7. 寝衣——即被。古代大被叫"衾"，小被叫"被"。　8. 帷裳——礼服，上朝和祭祀时穿，用整幅布做，不加剪裁，多余的布作褶叠（褶叠古代叫做襞积），犹如今天的百褶裙。古代男子上衣下裙。　9. 杀——读去声，shài，减少，裁去。"杀之"就是缝制之先裁去多余的布，不用褶叠，省工省料。　10. 羔裘玄冠不以吊——玄冠，一种礼帽。"羔裘玄冠"都是黑色的，古代都用作吉服。丧事是凶事，因之不能穿戴着去吊丧。　11. 吉月——这两个字有各种解释：（甲）每月初一（旧注都如此）；（乙）"吉"字误，应该作"告"。"告月"就是每月月底，司历者以下月初一告之于君（王引之《经义述闻》、俞樾《群经平议》）；两说都不可信。今从程树德《论语集释》之说。

10·7 齐[1]，必有明衣，布[2]。
齐必变食[3]，居必迁坐[4]。

【译文】

斋戒沐浴的时候，一定有浴衣，用布做的。

斋戒的时候，一定改变平常的饮食；居住也一定搬移地方［，不和妻妾同房］。

【注释】

1. 齐——同"斋"。　2. 布——现在的布一般是用草棉（棉花）纺织的，但古代没有草棉，布的质料，王夫之《四书稗疏》说："古之言布者，兼丝麻枲葛而言之。练丝为帛，未练为布，盖今之生丝绢也。《清商曲》有云'丝布

涩难缝'，则晋宋间犹有丝布之名。唯《孔丛子》谓麻苎葛曰布，当亦一隅之
论。"赵翼《陔余丛考》说："古时未有棉布，凡布皆麻为之。《记》曰'治其
丝麻，以为布帛'是也。" 3.变食——变食的内容，古人有三种说法：（甲）
《庄子·人间世篇》说："颜回曰：'回之家贫，惟不饮酒不茹荤者数月矣。如
此，则可以为齐乎？'曰：'是祭祀之齐，非心齐也。'"有人据此，便把"不
饮酒，不茹荤（荤是有浓厚气味的蔬菜，如蒜、韭、葱之属）"来解释"变
食"。（乙）《周礼·天官·膳夫》："王日一举……王齐，日三举。"这意思是
王每天虽然吃饭三顿，却只在第一顿饭时杀牲，其余两顿，只把第一顿的剩
菜回锅罢了。天子如此，其他的人更不会顿顿吃新鲜的。若在斋戒之时那就
顿顿吃新鲜的，不吃回锅的剩菜，取其洁净，这便是"变食"。（丙）金鹗
《求古录礼说补遗》说，变食不但不饮酒、不食葱蒜等，也不食鱼肉。 4.迁
坐——等于说改变卧室。古代的上层人物平常和妻室居于"燕寝"；斋戒之时
则居于"外寝"（也叫"正寝"），和妻室不同房。唐朝的法律还规定着举行大
祭，在斋戒之时官吏不宿于正寝的，每一晚打五十竹板。这或者犹是古代风
俗的残余。

10·8 食不厌精，脍不厌细。
食饐而餲¹，鱼馁而肉败²，不食。色恶，不食。臭恶，不
食。失饪，不食。不时³，不食。割不正⁴，不食。不得其酱，
不食。
肉虽多，不使胜食气⁵。
唯酒无量，不及乱⁶。
沽酒市脯不食。
不撤姜食，不多食。

　　　　　　　　　　　　　　　　　　　　　　　论语译注

粮食不嫌舂得精，鱼和肉不嫌切得细。

粮食霉烂发臭，鱼和肉腐烂，都不吃。食物颜色难看，不吃。气味难闻，不吃。烹调不当，不吃。不到该当吃食的时候，不吃。不是按一定方法砍割的肉，不吃。没有一定调味的酱醋，不吃。

席上肉虽然多，吃它不超过主食。

只有酒不限量，却不至醉。

买来的酒和肉干不吃。

吃完了，姜不撤除，但吃得不多。

【注释】

1. 饐而餲——饐音懿，yì；餲音艾，ài；饮食经久而腐臭。　2. 馁，败——馁音"内"的上声，něi，鱼腐烂叫"馁"，肉腐烂叫"败"。　3. 不时——有两说：（甲）过早的食物，冬天在温室种菜蔬，在《汉书·循吏·召信臣传》和桓宽《盐铁论·散不足篇》里便称为"不时之物"。但在汉朝，也只有"太官园"和其他少数园圃才能供奉，也只有皇上和极为富贵之家才能享受，而在孔子时，不但不必有温室种菜的技术，即有，孔子也未必能够享受。（乙）不是该当吃食的时候。《吕氏春秋·尽数篇》："食能以时，身必无灾。"即此意。　4. 割不正——"割"和"切"不同。"割"指宰杀猪牛羊时肢体的分解。古人有一定的分解方法，不按那方法分解的，便叫"割不正"。说本王夫之《四书稗疏》。　5. 食气——食音嗣，sì。气，《说文》引作"既"。"既"、"气"、"饩"三字古书通用。"食气"，饭料。　6. 乱——高亨《周易古经今注》云："乱者神志昏乱也。《左传》宣公十五年传：'疾病则乱。'《论语·乡党篇》：'唯酒无量不及乱。'《易·象传》曰：'乃乱乃萃，其志乱也。'得其旨矣。"

10·9 祭于公，不宿肉[1]。祭肉[2]不出三日。出三日，不食之矣。

【译文】

参与国家祭祀典礼，不把祭肉留到第二天。别的祭肉留存不超过三天。若是存放过了三天，便不吃了。

【注释】

1. 不宿肉——古代的大夫、士都有助君祭祀之礼。天子诸侯的祭礼，当天清早宰杀牲畜，然后举行祭典。第二天又祭，叫做"绎祭"。绎祭之后才令各人拿自己带来助祭的肉回去，或者又依贵贱等级分别颁赐祭肉。这样，祭于公的肉，在未颁下来以前，至少是放了一两宵了，因之不能再存放一夜。
2. 祭肉——这一祭肉或者指自己家中的，或者指朋友送来的，都可以。

10·10 食不语，寝不言。

【译文】

吃饭的时候不交谈，睡觉的时候不说话。

10·11 虽疏食菜羹，瓜祭[1]，必齐如也。

【译文】

虽然是糙米饭小菜汤，也一定得先祭一祭，而且祭的时候还一定恭恭敬敬，好像斋戒了的一样。

【注释】

1. 瓜祭——有些本子作"必祭"，"瓜"恐怕是错字。这是食前将席上各种食品拿出少许，放在食器之间，祭最初发明饮食的人，《左传》叫泛祭。

10·12 席¹不正，不坐。

【译文】

坐席摆的方向不合礼制，不坐。

【注释】

1. 席——古代没有椅和凳，都是在地面上铺席子，坐在席子上。席子一般是用蒲苇、蒯草、竹篾以至禾穰为质料。现在日本人还保留着席地而坐的习惯。《墨子·非儒篇》说："哀公迎孔子，席不端，不坐。"以"端"解"正"，则"席不正"，是坐席不端正之意。然而《汉书·王尊传》说，"〔匡〕衡与中二千石大鸿胪赏等会坐殿门下，衡南乡，赏等西乡。衡更为赏布东乡席，起立延赏坐……而设不正之席，使下坐上"云云，那么，"席不正"是布席不合礼制之意。

10·13 乡人饮酒¹，杖者出，斯出矣。

【译文】

行乡饮酒礼后，要等老年人都出去了，自己这才出去。

【注释】

1. 乡人饮酒——即行乡饮酒礼，据《礼记·乡饮酒义》，"少长以齿"。《王制》也说："习乡尚齿。"既论年龄大小，所以孔子必须让杖者先出。

10·14 乡人傩[1]，朝服而立于阼阶[2]。

【译文】

本地方人迎神驱鬼，穿着朝服站在东边的台阶上。

【注释】

1. 傩——音挪，nuó，古代的一种风俗，迎神以驱逐疫鬼。解放前的湖南，如果家中有病人，还有雇请巫师以驱逐疫鬼的迷信，叫做"冲傩"，可能是这种风俗的残余。　2. 阼阶——阼音祚，zuò，东面的台阶，主人所立之地。

10·15 问[1]人于他邦，再拜[2]而送之。

【译文】

托人给在外国的朋友问好送礼，便向受托者拜两次送行。

1. 问——问讯，问好。不过古代问好，也致送礼物以表示情意，如《诗经·郑风·女曰鸡鸣》"杂佩以问之"，《左传》成公十六年"楚子使工尹襄问之以弓"，哀公十一年"使问弦多以琴"，因此译文加了"送礼"两字。
2. 拜——拱手并弯腰。

10·16 康子馈药，拜而受之。曰："丘未达，不敢尝。"

【译文】

季康子给孔子送药，孔子拜而接受，却说道："我对这药性不很了解，不敢试服。"

10·17 厩焚。子退朝，曰："伤人乎？"不问马。

【译文】

孔子的马棚失了火。孔子从朝廷回来，道："伤了人吗？"不问到马。

10·18 君赐食，必正席先尝之。君赐腥，必熟而荐[1]之。君赐生，必畜之。

侍食于君，君祭，先饭。

国君赐以熟食，孔子一定摆正座位先尝一尝。国君赐以生肉，一定煮熟了，先［给祖宗］进供。国君赐以活物，一定养着它。

同国君一道吃饭，当他举行饭前祭礼的时候，自己先吃饭［，不吃菜］。

【注释】

1.荐——进奉。这里进奉的对象是自己的祖先，但不能看为祭祀。

10·19 疾，君视之，东首¹，加朝服，拖绅²。

【译文】

孔子病了，国君来探问，他便脑袋朝东，把上朝的礼服披在身上，拖着大带。

【注释】

1.东首——指孔子病中仍旧卧床而言。古人卧榻一般设在南窗的西面，国君来，从东边台阶走上来（东阶就是阼阶，原是主人的位向，但国君自以为是全国的主人，就是到其臣下家中，仍从阼阶上下），所以孔子面朝东来迎接他。 2.加朝服，拖绅——孔子卧病在床，自不能穿朝服，只能盖在身上。绅是束在腰间的大带。束了以后，仍有一节垂下来。

10·20 君命召，不俟驾行矣。

国君呼唤，孔子不等待车辆驾好马，立即先步行。

10·21　入太庙，每事问 [1]。

【注释】

1.见《八佾篇第三》。

10·22　朋友死，无所归，曰："于我殡 [1]。"

【译文】

朋友死亡，没有负责收殓的人，孔子便道："丧葬由我来料理。"

【注释】

1.殡——停放灵柩叫殡，埋葬也可以叫殡，这里当指一切丧葬事务而言。

10·23　朋友之馈，虽车马，非祭肉，不拜。

【译文】

朋友的赠品，即使是车马，只要不是祭肉，孔子在接受的时候，不行礼。

10·24 寝不尸，居不客[1]。

【译文】

孔子睡觉不像死尸一样［直躺着］，平日坐着，也不像接见客人或者自己做客人一样［，跪着两膝在席上］。

【注释】

1.居不客——客本作"容"，今从《释文》和唐《石经》校订作"客"。居，坐；客，宾客。古人的坐法有几种，恭敬的是屈着两膝，膝盖着地，而足跟承着臀部。做客和见客时必须如此。不过这样难以持久，居家不必如此。省力的坐法是脚板着地，两膝耸起，臀部向下而不贴地，和蹲一样。所以《说文》说："居，蹲也。"（这几个字是依从段玉裁的校本。）最不恭敬的坐法是臀部贴地，两腿张开，平放而直伸，像箕一样，叫做"箕踞"。孔子平日的坐式可能像蹲。说见段玉裁《说文解字注》。

10·25 见齐衰者，虽狎，必变。见冕者与瞽者，虽亵，必以貌。

凶服者式[1]之。式负版[2]者。

有盛馔，必变色而作。

迅雷风烈[3]必变。

【译文】

孔子看见穿齐衰孝服的人，就是极亲密的，也一定改变态度［，表示同情］。看见戴着礼帽和瞎了眼睛的人，即使常相见，也一定有礼貌。

在车中遇着拿了送死人衣物的人，便把身体微微地向前一俯，手伏着车前的横木﹝，表示同情﹞。遇见背负国家图籍的人，也手伏车前横木。

一有丰富的菜肴，一定神色变动，站立起来。

遇见疾雷、大风，一定改变态度。

【注释】

1.式——同"轼"，古代车辆前的横木叫"轼"，这里作动词用，用手伏轼的意思。　2.版——国家图籍。　3.迅雷风烈——就是"迅雷烈风"的意思。

10·26　升车，必正立，执绥。

车中，不内顾，不疾言，不亲指。

【译文】

孔子上车，一定先端正地站好，拉着扶手带﹝登车﹞。

在车中，不向内回顾，不很快地说话，不用手指指画画。

10·27　色斯举矣，翔而后集。曰："山梁雌雉，时哉时哉！"子路共[1]之，三嗅[2]而作。[3]

【译文】

﹝孔子在山谷中行走，看见几只野鸡。﹞孔子的脸色一动，野鸡便飞向天空，盘旋一阵，又都停在一处。孔子道："这些山梁上的雌雉，得其时呀！得其时呀！"子路向它们拱拱手，它们又振一振翅膀飞去了。

【注释】

　　1. 共——同"拱"。　2. 嗅——当作臭，jù，张两翅之貌。　3. 这段文字很费解，自古以来就没有满意的解释，很多人疑它有脱误，我只能取前人的解释之较为平易者翻译出来。

先进篇第十一

共二十六章

（朱熹《集注》把第二、第三两章合并为一章。刘宝楠《正义》则把第十八、第十九两章和第二十、第二十一两章各并为一章。）

11·1 子曰："先进¹于礼乐，野人也；后进¹于礼乐，君子也。如用之，则吾从先进。"

【译文】

孔子说："先学习礼乐而后做官的是未曾有过爵禄的一般人，先有了官位而后学习礼乐的是卿大夫的子弟。如果要我选用人才，我主张选用先学习礼乐的人。"

【注释】

1. 先进，后进——这两个术语的解释很多，都不恰当。译文本刘宝楠《论语正义》之说而略有取舍。孔子是主张"学而优则仕"的人，对于当时的卿大夫子弟，承袭父兄的庇荫，在做官中去学习的情况可能不满意。《孟子·告子下》引葵丘之会盟约说，"士无世官"，又说，"取士必得"，那么，孔子所谓"先进"一般指"士"。

11·2 子曰："从我于陈、蔡¹者，皆不及门²也。"

【译文】

孔子说："跟着我在陈国、蔡国之间忍饥受饿的人，都不在我这里了。"

【注释】

1. 从我于陈、蔡——从读去声，zòng。《史记·孔子世家》云："吴伐陈，楚救陈，军于城父。闻孔子在陈、蔡之间，楚使人聘孔子，孔子将往拜礼。陈、蔡大夫谋曰：'孔子贤者，所刺讥皆中诸侯之疾，今者久留陈、蔡之间，诸大夫所设行皆非仲尼之意。今楚，大国也，来聘孔子。孔子用于楚，则陈、蔡用事大夫危矣。'乃相与发徒役围孔子于野。不得已，绝粮。从者病，莫能兴。……于是使子贡至楚。楚昭王兴师迎孔子，然后得免。" 2. 不及门——汉唐旧解"不及门"为"不及仕进之门"或"不仕于卿大夫之门"，刘宝楠因而傅会《孟子》的"无上下之交"，解为"孔子弟子无仕陈蔡者"，我则终嫌与文意不甚密合，故不取，而用朱熹之说。郑珍《巢经巢文集》卷二《驳朱竹垞孔子门人考》有云："古之教者家有塾，塾在门堂之左右，施教受业者居焉。所谓'皆不及门'，及此门也。'奚为于丘（原作某，由于避讳故，今改）之门'，于此门也。滕更之'在门'，在此门也，故曰'愿留而受业于门'（按上两句俱见《孟子》）。"亦见朱熹此说之有据。

11·3 德行：颜渊，闵子骞，冉伯牛，仲弓。言语：宰我，子贡。政事：冉有，季路。文学[1]：子游，子夏。

【译文】

〔孔子的学生各有所长。〕德行好的：颜渊，闵子骞，冉伯牛，仲弓。会说话的：宰我，子贡。能办理政事的：冉有，季路。熟悉古代文献的：子游，子夏。

【注释】

1. 文学——指古代文献，即孔子所传的《诗》、《书》、《易》等。皇侃《义疏》引范宁说如此。《后汉书·徐防传》说："防上疏云：'经书礼乐，定自孔子；发明章句，始于子夏。'"似亦可为证。又这一章和上一章"从我于陈、蔡者"不相连。朱熹《四书集注》说这十人即当在陈、蔡之时随行的人，是错误的。根据《左传》，冉有其时在鲁国为季氏之臣，未必随行。根据《史记·仲尼弟子列传》，当时随行的还有子张，何以这里不说及？根据各种史料，确知孔子在陈绝粮之时为鲁哀公四年，时孔子六十一岁。又据《史记·仲尼弟子列传》，子游小于孔子四十五岁，子夏小于孔子四十四岁，那么，孔子在陈、蔡受困时，子游不过十六岁，子夏不过十七岁，都不算成人。这么年幼的人即使已经在孔子门下受业，也未必都跟去了。可见这几句话不过是孔子对这十个学生的一时的叙述，由弟子转述下来的记载而已。

11·4 子曰："回也非助我者也，于吾言无所不说。"

【译文】

孔子说："颜回不是对我有所帮助的人，他对我的话没有不喜欢的。"

11·5 子曰："孝哉闵子骞！人不间于其父母昆弟之言。"

【译文】

孔子说："闵子骞真是孝顺呀！别人对于他爹娘兄弟称赞他的言语并无异议。"

11·6 南容三复白圭 [1]，孔子以其兄之子妻之。

【译文】

南容把"白圭之玷，尚可磨也；斯言之玷，不可为也"的几句诗读了又读，孔子便把自己的侄女嫁给他。

【注释】

1. 白圭——白圭的诗四句见于《诗经·大雅·抑篇》，意思是白圭的污点还可以磨掉，我们言语中的污点便没有办法去掉。大概南容是一个谨小慎微的人，所以能做到"邦有道，不废；邦无道，免于刑戮"（5·2）。

11·7 季康子问[1]："弟子孰为好学？"孔子对曰："有颜回者好学，不幸短命死矣，今也则亡。"

【译文】

季康子问道："你学生中谁用功？"孔子答道："有一个叫颜回的用功，不幸短命死了，现在就再没有这样的人了。"

【注释】

1. 季康子问——鲁哀公曾经也有此问（6·3），孔子的回答较为详细。有人说，从此可见孔子与鲁君的问答和与季氏的问答有繁简之不同。

11·8 颜渊死，颜路[1]请子之车以为之[2]椁[3]。子曰："才不才，亦各言其子也。鲤也死[4]，有棺而无椁。吾不徒行以为之椁。以吾从大夫之后[5]，不可徒行也。"

【译文】

颜渊死了，他父亲颜路请求孔子卖掉车子来替颜渊办外椁。孔子道："不管有才能或者没有才能，但总是自己的儿子。我的儿子鲤死了，也只有内棺，没有外椁。我不能〔卖掉车子〕步行来替他买椁。因为我也曾做过大夫，是不可以步行的。"

【注释】

1.颜路——颜回的父亲，据《史记·仲尼弟子列传》，名无繇，字路，也是孔子的学生。　2.之——用法同"其"。　3.椁——音果，guǒ。古代大官棺木至少用两重，里面的一重叫棺，外面又一重大的叫椁，平常我们说"内棺外椁"就是这个意思。　4.鲤也死——鲤，字伯鱼，年五十死，那时孔子年七十。　5.从大夫之后——孔子在鲁国曾经做过司寇的官，是大夫之位。不过此时孔子已经去位多年。他不说"我曾为大夫"，而说"吾从大夫之后"（在大夫行列之后随行的意思），只是一种谦逊的口气罢了。

11·9　颜渊死。子曰："噫！天丧予！天丧予[1]！"

【译文】

颜渊死了，孔子道："咳！天老爷要我的命呀！天老爷要我的命呀！"

【注释】

1.天丧予——译文只就字面译出。

11·10　颜渊死，子哭之恸[1]。从者曰："子恸矣！"曰：

"有恸乎？非夫人之为恸而谁为²？"

【译文】

颜渊死了，孔子哭得很伤心。跟着孔子的人道："您太伤心了！"孔子道："真的太伤心了吗？我不为这样的人伤心，还为什么人伤心呢！"

【注释】

1. 恸——郑玄《注》："恸，变动容貌。"马融《注》："恸，哀过也。"译文从马。　2. 非夫人之为恸而谁为——"非夫人之为恸"是"非为夫人恸"的倒装形式。"夫人"的"夫"读阳平，音扶，fú，指示形容词，"那"的意思。"之为"的"之"是专作帮助倒装用的，无实际意义。这一整句下文的"谁为"，依现代汉语的格式说也是倒装，不过在古代，如果介词或者动词的宾语是疑问代词，一般都放在介词或者动词之上。

11·11　颜渊死，门人欲厚葬¹之。子曰："不可。"
门人厚葬之。子曰："回也视予犹父也，予不得视犹子也。非我也，夫二三子也。"

【译文】

颜渊死了，孔子的学生们想要很丰厚地埋葬他。孔子道："不可以。"
学生们仍然很丰厚地埋葬了他。孔子道："颜回呀！你看待我好像看待父亲，我却不能够像对待儿子一般地看待你。这不是我的主意呀，是你那班同学干的呀。"

1.厚葬——根据《檀弓》所记载孔子的话，丧葬应该"称家之有亡，有，毋过礼。苟亡矣，敛首足形，还葬，县棺而封"。颜子家中本穷，而用厚葬，从孔子看来，是不应该的。孔子的叹，实是责备那些主持厚葬的学生。

11·12 季路问事鬼神。子曰："未能事人，焉能事鬼？"曰："敢¹问死。"曰："未知生，焉知死？"

【译文】

子路问服事鬼神的方法。孔子道："活人还不能服事，怎么能去服事死人？"

子路又道："我大胆地请问死是怎么回事。"孔子道："生的道理还没有弄明白，怎么能够懂得死？"

【注释】

1.敢——表敬副词，无实际意义。《仪礼·士虞礼》郑玄《注》云："敢，冒昧之词。"贾公彦《疏》云："凡言'敢'者，皆是以卑触尊不自明之意。"

11·13 闵子侍侧，訚訚如也；子路，行行¹如也；冉有、子贡，侃侃如也。子乐。"若由也，不得其死然²。"

【译文】

闵子骞站在孔子身旁，恭敬而正直的样子；子路很刚强的样子；冉有、子贡温和而快乐的样子。孔子高兴起来了。〔不过，又道：〕"像仲由吧，怕得不到好死。"

【注释】

1. 行行——旧读去声，hàng。 2. 不得其死然——得死，当时俗语，谓得善终。《左传》僖公十九年"得死为幸"；哀公十六年"得死，乃非我"。然，语气词，用法同"焉"。

11·14 鲁人¹为长府。闵子骞曰："仍旧贯，如之何？何必改作？"子曰："夫人不言，言必有中。"

【译文】

鲁国翻修叫长府的金库。闵子骞道："照着老样子下去怎么样？为什么一定要翻造呢？"孔子道："这个人平日不大开口，一开口一定中肯。"

【注释】

1. 鲁人——"鲁人"的"人"指其国的执政大臣而言。此"人"和"民"的区别。

11·15 子曰："由之瑟¹奚为于丘之门？"门人不敬子路。子曰："由也升堂矣，未入于室²也。"

【译文】

孔子道："仲由弹瑟，为什么在我这里来弹呢？"因此孔子的学生们瞧不起子路。孔子道："由么，学问已经不错了，只是还不够精深罢了。"

【注释】

1. 瑟——音涩，sè，古代的乐器，和琴同类。这里孔子不是不高兴子路弹瑟，而是不高兴他所弹的音调。《说苑·修文篇》对这段文字曾有所发挥。
2. 升堂，入室——这是比喻话。"堂"是正厅，"室"是内室。先入门，次升堂，最后入室，表示做学问的几个阶段。"入室"犹如今天的俗语"到家"。我们说"这个人的学问到家了"，正是表示他的学问极好。

11·16 子贡问："师与商也孰贤？"子曰："师也过，商也不及。"

曰："然则师愈与？"子曰："过犹不及。"

【译文】

子贡问孔子："颛孙师（子张）和卜商（子夏）两个人，谁强一些？"孔子道："师呢，有些过分；商呢，有些赶不上。"

子贡道："那么，师强一些吗？"孔子道："过分和赶不上同样不好。"

11·17 季氏富于周公¹，而求也为之聚敛而附益之²。子曰："非吾徒也。小子鸣鼓而攻之，可也。"

【译文】

季氏比周公还有钱，冉求却又替他搜括，增加更多的财富。孔子道："冉求不是我们的人，你们学生很可以大张旗鼓地来攻击他。"

【注释】

1. 周公——有两说：（甲）周公旦；（乙）泛指在周天子左右作卿士的人，如周公黑肩、周公阅之类。　2. 聚敛而附益之——事实可参阅《左传》哀公十一年和十二年文。季氏要用田赋制度，增加赋税，使冉求征求孔子的意见，孔子则主张"施取其厚，事举其中，敛从其薄"。结果冉求仍旧听从季氏，实行田赋制度。聚敛，《礼记·大学》说："百乘之家，不畜聚敛之臣。与其有聚敛之臣，宁有盗臣。"可见儒家为了维护统治，反对对人民的过分剥削。其思想渊源或者本于此章。

11·18 柴[1]也愚，参也鲁，师也辟[2]，由也喭。

【译文】

高柴愚笨，曾参迟钝，颛孙师偏激，仲由卤莽。

【注释】

1. 柴——高柴，字子羔，孔子的学生，比孔子小三十岁（公元前521—？）。　2. 辟——音僻，pì。黄式三《论语后案》云："辟读若《左传》'阙西辟'之辟，偏也。以其志过高而流于一偏也。"

11·19 子曰："回也其庶[1]乎，屡空[2]。赐不受命[3]，而货殖焉，亿则屡中。”

孔子说：“颜回的学问道德差不多了罢，可是常常穷得没有办法。端木赐不安本分，去囤积投机，猜测行情，竟每每猜对了。”

【注释】

1. 庶——庶几，差不多。一般用在称赞的场合。　2. 空——世俗把“空”字读去声，不但无根据，也无此必要。“贫”和“穷”两字在古代有时有些区别，财货的缺少叫贫；生活无着落，前途无出路叫穷。“空”字却兼有这两方面的意思，所以用“穷得没有办法”来译它。　3. 赐不受命——此语古今颇有不同解释，关键在于“命”字的涵义。有把“命”解为“教命”的，则“不受命”为“不率教”，其为错误甚明显。王弼、江熙把“命”解为“爵命”“禄命”，则“不受命”为“不做官”，自然很讲得通，可是子贡并不是不曾做官。《史记·仲尼弟子列传》说他“常相鲁卫”，《货殖列传》又说他“既学于仲尼，退而仕于卫，废著鬻财于曹鲁之间”，则子贡的经商和做官是不相先后的。那么，这一说既不合事实，也就不合孔子原意了。又有人把“命”讲为“天命”（《皇疏》引或说，朱熹《集注》），俞樾《群经平议》则以为古之经商皆受命于官，“若夫不受命于官而自以其财市贱鬻贵，逐什一之利，是谓不受命而货殖”。两说皆言之成理，而未知孰是，故译文仅以“不安本分”言之。

11·20　子张问善人之道。子曰：“不践迹，亦不入于室[1]。”

子张问怎样才是善人。孔子道:"善人不踩着别人的脚印走,学问道德也难以到家。"

【注释】

1. 善人——孔子曾三次论到"善人",这章可和7·26、13·11两章合看。

11·21 子曰:"论笃是与¹,君子者乎?色庄者乎?"

【译文】

孔子说:"总是推许言论笃实的人,这种笃实的人是真正的君子呢?还是神情上伪装庄重的人呢?"

【注释】

1. 论笃是与——这是"与论笃"的倒装形式,"是"是帮助倒装之用的词,和"唯你是问"的"是"用法相同。"与",许也。"论笃"就是"论笃者"的意思。

11·22 子路问:"闻斯行诸?"子曰:"有父兄在,如之何其闻斯行之?"

冉有问:"闻斯行诸?"子曰:"闻斯行之。"

公西华曰:"由也问闻斯行诸,子曰,'有父兄在';求也问闻斯行诸,子曰,'闻斯行之'。赤也惑,敢问。"子曰:"求也退，故进之；由也兼人¹，故退之。"

子路问："听到就干起来吗？"孔子道："有爸爸哥哥活着，怎么能听到就干起来？"

冉有问："听到就干起来吗？"孔子道："听到就干起来。"

公西华道："仲由问听到就干起来吗，您说：'有爸爸哥哥活着〔，不能这样做〕。'冉求问听到就干起来吗，您说：'听到就干起来。'〔两个人问题相同，而您的答覆相反，〕我有些糊涂，大胆地来问问。"孔子道："冉求平日做事退缩，所以我给他壮胆；仲由的胆量却有两个人的大，勇于作为，所以我要压压他。"

【注释】

1. 兼人——孔安国和朱熹都把"兼人"解为"胜人"，但子路虽勇，未必"务在胜尚人"；反不如张敬夫把"兼人"解为"勇为"为适当。

11·23 子畏于匡，颜渊后。子曰："吾以女为死矣。"曰："子在，回何敢死？"

【译文】

孔子在匡被囚禁了之后，颜渊最后才来。孔子道："我以为你是死了。"颜渊道："您还活着，我怎么敢死呢？"

11·24 季子然¹问："仲由、冉求可谓大臣与？"子曰："吾以子为异之问，曾由与求之问。所谓大臣者，以道事君，不可则止。今由与求也，可谓具臣矣²。"

曰："然则从之者与？"子曰："弑父与君，亦不从也。"

【译文】

季子然问："仲由和冉求可以说是大臣吗？"孔子道："我以为你是问别的人，竟问由和求呀。我们所说的大臣，他用最合于仁义的内容和方式来对待君主，如果这样行不通，宁肯辞职不干。如今由和求这两个人，可以说是具有相当才能的臣属了。"

季子然又道："那么，他们会一切顺从上级吗？"孔子道："杀父亲、杀君主的事情，他们也不会顺从的。"

【注释】

1.季子然——当为季氏的同族之人，《史记·仲尼弟子列传》作"季孙问曰：子路可谓大臣与"，与《论语》稍异。　2.这一章可以和孔子不以仁来许他们的一章（5·8）以及季氏旅泰山，冉有不救章（3·6），季氏伐颛臾，冉有、子路为他解脱章（16·1）合看。

11·25 子路使子羔为费宰。子曰："贼夫人之子。"

子路曰："有民人焉，有社稷焉，何必读书，然后为学？"

子曰："是故恶夫佞者。"

子路叫子羔去做费县县长。孔子道:"这是害了别人的儿子!"

子路道:"那地方有老百姓,有土地和五谷,为什么定要读书才叫做学问呢?"

孔子道:"所以我讨厌强嘴利舌的人。"

11·26 子路、曾皙[1]、冉有、公西华侍坐。

子曰:"以吾一日长乎尔,毋吾以也。居[2]则曰:'不吾知也!'如或知尔,则何以哉?"

子路率尔而对曰:"千乘之国,摄乎大国之间,加之以师旅,因之以饥馑;由也为之,比[3]及三年,可使有勇,且知方也。"

夫子哂之。

"求!尔何如?"

对曰:"方六七十[4],如[5]五六十,求也为之,比[3]及三年,可使足民。如其礼乐,以俟君子。"

"赤!尔何如?"

对曰:"非曰能之,愿学焉。宗庙之事,如会同,端章甫[6],愿为小相[7]焉。"

"点!尔何如?"

鼓瑟希,铿尔,舍瑟而作[8],对曰:"异乎三子者之撰。"

子曰:"何伤乎?亦各言其志也。"

曰:"莫[9]春者,春服既成[10],冠者五六人,童子六七人,浴乎沂[11],风乎舞雩[12],咏而归。"

夫子喟然叹曰:"吾与点也!"

三子者出,曾皙后。曾皙曰:"夫三子者之言何如?"

子曰：“亦各言其志也已矣。”

曰：“夫子何哂由也？”

曰：“为国以礼，其言不让，是故哂之。”

“唯¹³ 求则非邦也与？”

“安见方六七十如五六十而非邦也者？”

“唯赤则非邦也与？”

“宗庙会同，非诸侯而何？赤也为之¹⁴ 小，孰能为之¹⁴ 大？”

【译文】

子路、曾皙、冉有、公西华四个人陪着孔子坐着。

孔子说道：“因为我比你们年纪都大，［老了，］没有人用我了。你们平日说：‘人家不了解我呀！’假若有人了解你们，［打算请你们出去，］那你们怎么办呢？”

子路不假思索地答道：“一千辆兵车的国家，局促地处于几个大国的中间，外面有军队侵犯它，国内又加以灾荒。我去治理，等到三年光景，可以使人人有勇气，而且懂得大道理。”

孔子微微一笑。

又问：“冉求！你怎么样？”

答道：“国土纵横各六七十里或者五六十里的小国家，我去治理，等到三年光景，可以使人人富足。至于修明礼乐，那只有等待贤人君子了。”

又问：“公西赤！你怎么样？”

答道：“不是说我已经很有本领了，我愿意这样学习：祭祀的工作或者同外国盟会，我愿意穿着礼服，戴着礼帽，做一个小司仪者。”

又问：“曾点！你怎么样？”

他弹瑟正近尾声，铿的一声，把瑟放下，站了起来答道：“我的志向和他们三位所讲的不同。"

孔子道："那有什么妨碍呢？正是要各人说出自己的志向呵！"

曾皙便道："暮春三月，春天衣服都穿定了，我陪同五六位成年人，六七个小孩，在沂水旁边洗洗澡，在舞雩台上吹吹风，一路唱歌，一路走回来。"

孔子长叹一声道："我同意曾点的主张呀！"

子路、冉有、公西华三人都出来了，曾皙后走。曾皙问道："那三位同学的话怎样？"

孔子道："也不过各人说说自己的志向罢了。"

曾皙又道："您为什么对仲由微笑呢？"

孔子道："治理国家应该讲求礼让，可是他的话却一点不谦虚，所以笑笑他。"

"难道冉求所讲的就不是国家吗？"

孔子道："怎样见得纵横各六七十里或者五六十里的土地就不够是一个国家呢？"

"公西赤所讲的不是国家吗？"

孔子道："有宗庙，有国际间的盟会，不是国家是什么？〔我笑仲由的不是说他不能治理国家，关键不在是不是国家，而是笑他说话的内容和态度不够谦虚。譬如公西赤，他是个十分懂得礼仪的人，但他只说愿意学着做一个小司仪者。〕如果他只做一个小司仪者，又有谁来做大司仪者呢？"

【注释】

1. 曾皙——名点，曾参的父亲，也是孔子的学生。　2. 居——义与唐宋人口语"平居"同，平日、平常的意思。　3. 比——去声，bì，等到的意思。　4. 方六七十——这是古代的土地面积计算方式，"方六七十"不等于"六七十方里"，而是每边长六七十里的意思。　5. 如——或者的意思。6. 端章甫——端，古代礼服之名；章甫，古代礼帽之名。"端章甫"为修饰句，在古代可以不用动词。　7. 相——去声，xiàng，名词，赞礼之人。

　　　　　　　　　　　　　　　　　　　　论语译注

8. 舍瑟而作——作，站起来的意思。曾点答孔子之问站了起来，其他学生也同样站了起来可以推知，不过上文未曾明说罢了。　9. 莫——同"暮"。10. 成——定也。《国语·吴语》"吴晋争长未成"，就是争为盟主而未定的意思。　11. 沂——水名，但和大沂河以及流入于大沂河的小沂河都不同。这沂水源出山东邹县东北，西流经曲阜与洙水合，入于泗水。也就是《左传》昭公二十五年"季平子请待于沂上"的"沂"。　12. 舞雩——《水经注》："沂水北对稷门，一名高门，一名雩门。南隔水有雩坛，坛高三丈，即曾点所欲风处也。"当在今曲阜县南。　13. 唯——语首词，无义。　14. 之——用法同"其"。

颜渊篇第十二

共二十四章

12·1 颜渊问仁。子曰："克己复礼为仁[1]。一日克己复礼，天下归仁[2]焉。为仁由己，而由人乎哉？"

颜渊曰："请问其目。"子曰："非礼勿视，非礼勿听，非礼勿言，非礼勿动。"

颜渊曰："回虽不敏，请事斯语矣。"

【译文】

颜渊问仁德。孔子道："抑制自己，使言语行动都合于礼，就是仁。一旦这样做到了，天下的人都会称许你是仁人。实践仁德，全凭自己，还凭别人吗？"

颜渊道："请问行动的纲领。"孔子道："不合礼的事不看，不合礼的话不听，不合礼的话不说，不合礼的事不做。"

颜渊道："我虽然迟钝，也要实行您这话。"

【注释】

1. 克己复礼——《左传》昭公十二年说："仲尼曰：'古也有志：克己复礼，仁也。'"那么，"克己复礼为仁"是孔子用前人的话赋予新的含义。
2. 归仁——"称仁"的意思，说见毛奇龄《论语稽求篇》。朱熹《集注》谓"归犹与也"，也是此意。

12·2 仲弓问仁。子曰："出门如见大宾，使民如承大祭。己所不欲，勿施于人。在邦无怨，在家[1]无怨。"

仲弓曰："雍虽不敏，请事斯语矣。"

仲弓问仁德。孔子道："出门[工作]好像去接待贵宾，役使百姓好像去承当大祀典，[都得严肃认真，小心谨慎。]自己所不喜欢的事物，就不强加于别人。在工作岗位上不对工作有怨恨，就是不在工作岗位上也没有怨恨。"

仲弓道："我虽然迟钝，也要实行您这话。"

【注释】

1. 在家——刘宝楠《论语正义》说："在邦谓仕于诸侯之邦，在家谓仕于卿大夫之家也。"把"家"字拘泥于"大夫曰家"的一个意义，不妥当。

12·3 司马牛[1]问仁。子曰："仁者，其言也讱。"

曰："其言也讱，斯谓之仁已乎？"子曰："为之难，言之得无讱乎？"

【译文】

司马牛问仁德。孔子道："仁人，他的言语迟钝。"

司马牛道："言语迟钝，这就叫做仁了吗？"孔子道："做起来不容易，说话能够不迟钝吗？"

【注释】

1. 司马牛——《史记·仲尼弟子列传》云："司马耕，字子牛。牛多言而躁，问仁于孔子。孔子曰：'仁者其言也讱。'"根据司马迁的这一说法，孔子的答语是针对问者"多言而躁"的缺点而说的。

12·4 司马牛问君子。子曰："君子不忧不惧。"

曰："不忧不惧，斯谓之君子已乎？"子曰："内省不疚，夫何忧何惧？"

【译文】

司马牛问怎样去做一个君子。孔子道："君子不忧愁，不恐惧。"

司马牛道："不忧愁，不恐惧，这样就可以叫做君子了吗？"孔子道："自己问心无愧，那有什么可以忧愁和恐惧的呢？"

12·5 司马牛忧曰："人皆有兄弟，我独亡[1]。"子夏曰："商闻之矣：死生有命，富贵在天。君子敬而无失，与人恭而有礼。四海之内，皆兄弟也——君子何患乎无兄弟也？"

【译文】

司马牛忧愁地说道："别人都有好兄弟，单单我没有。"子夏道："我听说过：死生听之命运，富贵由天安排。君子只是对待工作严肃认真，不出差错，对待别人词色恭谨，合乎礼节，天下之大，到处都是好兄弟——君子又何必着急没有好兄弟呢？"

【注释】

1. 人皆有兄弟，我独亡——自来的注释家都说这个司马牛就是宋国桓魋的兄弟。桓魋为人很坏，结果是谋反失败，他的几个兄弟也都跟着失败了。其中只有司马牛不赞同他这些兄弟的行为。但结果也是逃亡在外，死于道路（事见《左传》哀公十四年）。译文姑且根据这种说法。但我却认为，孔子的学生司马牛和宋国桓魋的弟弟司马牛可能是两个不同的人，难于混为一谈。第一，《史记·仲尼弟子列传》既不说这一个司马牛是宋人，更没有把《左传》上司马牛的事情记载上去，太史公如果看到了这类史料而不采取，可见他是把两个司马牛作不同的人看待的。第二，说《论语》的司马牛就是《左传》的司马牛者始于孔安国。孔安国又说司马牛名犁，又和《史记·仲尼弟子列传》说司马牛名耕不同。如果孔安国之言有所本，那么，原本就有两个司马牛，一个名耕，孔子弟子；一个名犁，桓魋之弟。但自孔安国以后的若干人却误把名犁的也当作孔子的学生了。姑识于此，以供参考。

12·6 子张问明。子曰："浸润之谮，肤受之愬，不行焉，可谓明也已矣。浸润之谮，肤受之愬，不行焉，可谓远也已矣。"

【译文】

　　子张问怎样才叫做见事明白。孔子道："点滴而来、日积月累的谗言和肌肤所受、急迫切身的诬告都在你这里行不通，那你可以说是看得明白的了。点滴而来、日积月累的谗言和肌肤所受、急迫切身的诬告也都在你这里行不通，那你可以说是看得远的了。"

12·7 子贡问政。子曰："足食，足兵[1]，民信之矣。"

　　子贡曰："必不得已而去，于斯三者何先？"曰："去兵。"

　　子贡曰："必不得已而去，于斯二者何先？"曰："去食。自古皆有死，民无信不立。"

子贡问怎样去治理政事。孔子道："充足粮食，充足军备，百姓对政府就有信心了。"

子贡道："如果迫于不得已，在粮食、军备和人民的信心三者之中一定要去掉一项，先去掉哪一项？"孔子道："去掉军备。"

子贡道："如果迫于不得已，在粮食和人民的信心两者之中一定要去掉一项，先去掉哪一项？"孔子道："去掉粮食。〔没有粮食，不过死亡，但〕自古以来谁都免不了死亡。如果人民对政府缺乏信心，国家是站不起来的。"

【注释】

1.兵——在"五经"和《论语》、《孟子》中，"兵"字多指兵器而言，但也偶有解作兵士的。如《左传》隐公四年"诸侯之师败郑徒兵"，襄公元年"败其徒兵于洧上"。顾炎武、阎若璩都以为"五经"中的"兵"字无作士兵解者，恐未谛（刘宝楠说）。但此"兵"字仍以解为军器为宜，故以军备译之。

12·8 棘子成[1]曰："君子质而已矣，何以文为？"子贡曰："惜乎，夫子之说君子也[2]！驷不及舌。文犹质也，质犹文也。虎豹之鞟犹犬羊之鞟。"

【译文】

棘子成道："君子只要有好的本质便够了，要那些文彩〔那些仪节、那些形式〕干什么？"子贡道："先生这样地谈论君子，可惜说错了。一言既出，驷马难追。本质和文彩，是同等重要的。假若把虎豹和犬羊两类兽皮拔去有文彩的毛，那这两类皮革就很少区别了。"

1. 棘子成——卫国大夫。古代大夫都可以被尊称为"夫子",所以子贡这样称呼他。　2. 惜乎,夫子之说君子也——朱熹《集注》把它作两句读:"惜乎! 夫子之说,君子也。"便应该这样翻译:"先生的话,是出自君子之口,可惜说错了。"我则以为"夫子之说君子也"为主语,"惜乎"为谓语,此为倒装句。

12·9　哀公问于有若曰:"年饥,用不足,如之何?"

有若对曰:"盍彻乎?"

曰:"二,吾犹不足,如之何其彻也?"

对曰:"百姓足,君孰与不足?百姓不足,君孰与足?"

【译文】

鲁哀公向有若问道:"年成不好,国家用度不够,应该怎么办?"

有若答道:"为什么不实行十分抽一的税率呢?"

哀公道:"十分抽二,我还不够,怎么能十分抽一呢?"

答道:"如果百姓的用度够,您怎么会不够?如果百姓的用度不够,您又怎么会够?"

12·10　子张问崇德辨惑。子曰:"主忠信,徙义,崇德也。爱之欲其生,恶之欲其死。既欲其生,又欲其死,是惑也。'诚不以富,亦只以异[1]。'"

【译文】

子张问如何去提高品德，辨别迷惑。孔子道："以忠诚信实为主，唯义是从，这就可以提高品德。爱一个人，希望他长寿；厌恶起来，恨不得他马上死去。既要他长寿，又要他短命，这便是迷惑。这样，的确对自己毫无好处，只是使人奇怪罢了。"

【注释】

1. 诚不以富，亦只以异——《诗经·小雅·我行其野篇》诗句，引在这里，很难解释。程颐说是"错简"（别章的文句，因为书页次序错了，误在此处），但无证据。我这里姑且依朱熹《集注》的解释而意译之。

12·11 齐景公问政于孔子。孔子对曰："君君，臣臣，父父，子子。"公曰："善哉！信如君不君，臣不臣，父不父，子不子，虽有粟，吾得而食诸？"

【译文】

齐景公向孔子问政治。孔子答道："君要像个君，臣要像个臣，父亲要像父亲，儿子要像儿子。"景公道："对呀！若是君不像君，臣不像臣，父不像父，子不像子，即使粮食很多，我能吃得着吗？"

12·12 子曰："片言可以折狱¹者，其由也与？"
子路无宿诺²。

【译文】

孔子说："根据一方面的语言就可以判决案件的，大概只有仲由吧！"

子路从不拖延诺言。

【注释】

1. 片言可以折狱——"片言"古人也叫做"单辞"。打官司一定有原告和被告两方面的人，叫做两造。自古迄今从没有只根据一造的言辞来判决案件的（除掉被告缺席裁判）。孔子说子路"片言可以折狱"，不过表示他的为人诚实直率，别人不愿欺他罢了。　2. 子路无宿诺——这句话与上文有什么逻辑关系，从来没有人说得明白（焦循《论语补疏》的解释也不可信）。唐陆德明《经典释文》云："或分此为别章。"

12·13　子曰："听讼[1]，吾犹人也。必也使无讼乎！"

【译文】

孔子说："审理诉讼，我同别人差不多。一定要使诉讼的事件完全消灭才好。"

【注释】

1. 听讼——据《史记·孔子世家》，孔子在鲁定公时，曾为大司寇，司寇为治理刑事的官，孔子这话或许是刚做司寇时所说。

12·14　子张问政。子曰："居之无倦，行之以忠。"

【译文】

　　子张问政治。孔子道："在位不要疲倦懈怠，执行政令要忠心。"

12·15　子曰："博学于文，约之以礼，亦可以弗畔矣夫[1]！"

【注释】

　　1. 见《雍也篇第六》（6·27）。

12·16　子曰："君子成人之美，不成人之恶。小人反是。"

【译文】

　　孔子说："君子成全别人的好事，不促成别人的坏事。小人却和这相反。"

12·17　季康子问政于孔子。孔子对曰："政者，正也。子帅以正，孰敢不正？"

【译文】

　　季康子向孔子问政治。孔子答道："政字的意思就是端正。您自己带头端正，谁敢不端正呢？"

12·18 季康子患盗，问于孔子。孔子对曰："苟子之不欲，虽赏之不窃。"

【译文】

季康子苦于盗贼太多，向孔子求教。孔子答道："假若您不贪求太多的财货，就是奖励偷抢，他们也不会干。"

12·19 季康子[1]问政于孔子曰："如杀无道，以就有道，何如？"孔子对曰："子为政，焉用杀？子欲善而民善矣。君子之德风，小人之德草。草上之风，必偃。"

【译文】

季康子向孔子请教政治，说道："假若杀掉坏人来亲近好人，怎么样？"孔子答道："您治理政治，为什么要杀戮？您想把国家搞好，百姓就会好起来。领导人的作风好比风，老百姓的作风好比草。风向哪边吹，草向哪边倒。"

【注释】

1. 季康子——根据《春秋》以及《左传》，季孙斯（桓子）死于哀公三年秋七月，季孙肥（康子）随即袭位。则以上三章季康子之问，当在鲁哀公三年七月以后。

12·20 子张问："士何如斯可谓之达矣？"子曰："何哉，

尔所谓达者？"子张对曰："在邦必闻，在家必闻。"子曰：
"是闻也，非达也。夫达也者，质直而好义，察言而观色，虑
以下人。在邦必达，在家必达。夫闻也者，色取仁而行违，居
之不疑。在邦必闻，在家必闻。"

【译文】

　　子张问："读书人要怎样做才可以叫达了？"孔子道："你所说的达是什
么意思？"子张答道："做国家的官时一定有名望，在大夫家工作时一定有名
望。"孔子道："这个叫闻，不叫达。怎样才是达呢？品质正直，遇事讲理，
善于分析别人的言语，观察别人的颜色，从思想上愿意对别人退让。这种人，
做国家的官时固然事事行得通，在大夫家一定事事行得通。至于闻，表面上
似乎爱好仁德，实际行为却不如此，可是自己竟以仁人自居而不加疑惑。这
种人，做官的时候一定会骗取名望，居家的时候也一定会骗取名望。"

　　12·21　樊迟从游于舞雩之下，曰："敢问崇德，修慝，辨
惑。"子曰："善哉问！先事后得，非崇德与？攻其恶，无攻人
之恶，非修慝与？一朝之忿，忘其身，以及其亲，非惑与？"

【译文】

　　樊迟陪侍孔子在舞雩台下游逛，说道："请问怎样提高自己的品德，怎样
消除别人对自己不露面的怨恨，怎样辨别出哪种是糊涂事。"孔子道："问得
好！首先付出劳动，然后收获，不是提高品德了吗？批判自己的坏处，不去
批判别人的坏处，不就消除无形的怨恨了吗？因为偶然的忿怒，便忘记自己，
甚至也忘记了爹娘，不是糊涂吗？"

　　　　　　　　　　　　　　　　　　　　　　　　　论语译注

12·22 樊迟问仁。子曰："爱人。"问知。子曰："知人。"
樊迟未达。子曰："举直错诸枉，能使枉者直。"

樊迟退，见子夏曰："乡¹也吾见于夫子而问知，子曰，'举直错诸枉，能使枉者直'，何谓也？"

子夏曰："富哉言乎！舜有天下，选于众，举皋陶²，不仁者远³矣。汤⁴有天下，选于众，举伊尹⁵，不仁者远矣。"⁶

【译文】

樊迟问仁。孔子道："爱人。"又问智。孔子道："善于鉴别人物。"

樊迟还不透彻了解。孔子道："把正直人提拔出来，位置在邪恶人之上，能够使邪恶人正直。"

樊迟退了出来，找着子夏，说道："刚才我去见老师向他问智，他说，'把正直人提拔出来，位置在邪恶人之上'，这是什么意思？"

子夏道："意义多么丰富的话呀！舜有了天下，在众人之中挑选，把皋陶提拔出来，坏人就难以存在了。汤有了天下，在众人之中挑选，把伊尹提拔出来，坏人也就难以存在了。"

【注释】

1. 乡——去声，xiàng，同"向"。　2. 皋陶——音高摇，gāo yáo，舜的臣子。　3. 远——本是"离开""逋逃"之意，但人是可以转变的，何必非逃离不可。译文用"难以存在"来表达，比之拘泥字面或者还符合子夏的本意些。　4. 汤——卜辞作"唐"，罗振玉云："唐殆太乙之谥。"（《增订殷虚书契考释》）商朝开国之君，名履（卜辞作"大乙"，而无"履"字），伐夏桀而得天下。　5. 伊尹——汤的辅相。　6. "举直"而"使枉者直"，属于"仁"；知道谁是直人而举他，属于"智"，所以"举直错诸枉"是仁智之事，而孔子屡言之（参2·19）。

12·23 子贡问友。子曰："忠告¹而善道之，不可则止，毋自辱焉。"

【译文】

子贡问对待朋友的方法。孔子道："忠心地劝告他，好好地引导他，他不听从，也就罢了，不要自找侮辱。"

【注释】

1.告——旧读梏，gù。

12·24 曾子曰："君子以文会友，以友辅仁。"

【译文】

曾子说："君子用文章学问来聚会朋友，用朋友来帮助我培养仁德。"

子路篇第十三

共三十章

13·1 子路问政。子曰："先之¹劳之。"请益。曰："无倦²。"

【译文】

　　子路问政治。孔子道："自己给百姓带头，然后让他们勤劳地工作。"子路请求多讲一点。孔子又道："永远不要懈怠。"

【注释】

　　1.先之——就是下一章"先有司"之意。　2.无倦——也就是"居之无倦"（12·14）之意。

13·2 仲弓为季氏宰，问政。子曰："先有司，赦小过，举贤才。"

　　曰："焉知贤才而举之？"子曰："举尔所知；尔所不知，人其舍诸？"

【译文】

　　仲弓做了季氏的总管，向孔子问政治。孔子道："给工作人员带头，不计较人家的小错误，提拔优秀人才。"

　　仲弓道："怎样去识别优秀人才把他们提拔出来呢？"孔子道："提拔你所知道的；那些你所不知道的，别人难道会埋没他吗？"

13·3 子路曰："卫君¹待子而为政，子将奚先？"

子曰："必也正名²乎！"

子路曰："有是哉，子之迂也！奚其正？"

子曰："野哉，由也！君子于其所不知，盖阙如也。名不正，则言不顺；言不顺，则事不成；事不成，则礼乐不兴；礼乐不兴，则刑罚不中；刑罚不中，则民无所错³手足。故君子名之必可言也，言之必可行也。君子于其言，无所苟而已矣。"

【译文】

子路对孔子说："卫君等着您去治理国政，您准备首先干什么？"

孔子道："那一定是纠正名分上的用词不当罢！"

子路道："您的迂腐竟到如此地步吗！这又何必纠正？"

孔子道："你怎么这样卤莽！君子对于他所不懂的，大概采取保留态度，〔你怎么能乱说呢？〕用词不当，言语就不能顺理成章；言语不顺理成章，工作就不可能搞好；工作搞不好，国家的礼乐制度也就举办不起来；礼乐制度举办不起来，刑罚也就不会得当；刑罚不得当，百姓就会〔惶惶不安，〕连手脚都不晓得摆在哪里才好。所以君子用一个词，一定〔有它一定的理由，〕可以说得出来；而顺理成章的话也一定行得通。君子对于措词说话要没有一点马虎的地方才罢了。"

【注释】

1. 卫君——历来的注释家都说是卫出公辄。 2. 正名——关于这两个字的解释，从汉以来便异说纷纭。皇侃《义疏》引郑玄的《注》云："正名谓正书字也，古者曰名，今世曰字。"这说恐不合孔子原意。《左传》成公二年曾经载有孔子的话，说："唯器（礼器）与名（名义、名分）不可以假人。"《论语》这一"名"字应该和《左传》的这一"名"字相同。《论语》中有孔子"觚不觚"之叹。"觚"而不像"觚"，有其名，无其实，就是名不正。孔子对齐景公之问，说，"君君，臣臣，父父，子子"，也就是正名。《韩诗外传》卷五记载着孔子的一段故事，说，"孔子侍坐于季孙，季孙之宰通曰：'君使人假马，其与之乎？'孔子曰：'吾闻：君取于臣曰取，不曰假。'季孙悟，告宰通曰：'今以往，君有取谓之取，无曰假。'孔子曰：'正假马之言而君臣之义定矣。'"更可以说明孔子正名的实际意义。我这里用"名分上的用词不当"来解释"名不正"，似乎较为接近孔子原意。但孔子所要纠正的，只是有关古代礼制、名分上的用词不当的现象，而不是一般的用词不当的现象。一般的用词不当的现象，是语法修辞范畴中的问题；礼制上、名分上的用词不当的现象，依孔子的意见，是有关伦理和政治的问题，这两点必须区别开来。

3. 错——同"措"，安置也。

13·4　樊迟请学稼。子曰："吾不如老农。"请学为圃。曰："吾不如老圃。"

樊迟出。子曰："小人哉，樊须也！上好礼，则民莫敢不敬；上好义，则民莫敢不服；上好信，则民莫敢不用情。夫如是，则四方之民襁负其子而至矣，焉用稼？"

【译文】

樊迟请求学种庄稼。孔子道："我不如老农民。"又请求学种菜蔬。孔子道："我不如老菜农。"

樊迟退了出来。孔子道："樊迟真是小人！统治者讲究礼节，百姓就没有人敢不尊敬；统治者行为正当，百姓就没有人敢不服从；统治者诚恳信实，百姓就没有人敢不说真话。做到这样，四方的百姓都会背负着小儿女来投奔，为什么要自己种庄稼呢？"

13·5 子曰："诵《诗》三百，授之以政，不达；使于四方，不能专对 [1]；虽多，亦奚以为 [2]？"

【译文】

　　孔子说："熟读《诗经》三百篇，交给他以政治任务，却办不通；叫他出使外国，又不能独立地去谈判酬酢；纵是读得多，有什么用处呢？"

【注释】

　　1.不能专对——古代的使节，只接受使命，至于如何去交涉应对，只能随机应变，独立行事，更不能事事请示或者早就在国内一切安排好，这便叫做"受命不受辞"，也就是这里的"专对"。同时春秋时代的外交酬酢和谈判，多半背诵诗篇来代替语言（《左传》里充满了这种记载），所以《诗》是外交人才的必读书。　2.亦奚以为——以，动词，用也。为，表疑问的语气词，但只跟"奚"、"何"诸字连用，如"何以文为"、"何以伐为"。

13·6 子曰："其身正，不令而行；其身不正，虽令不从。"

【译文】

　　孔子说："统治者本身行为正当，不发命令，事情也行得通。他本身行为不正当，纵三令五申，百姓也不会信从。"

13·7 子曰："鲁卫之政，兄弟也。"

孔子说："鲁国的政治和卫国的政治，像兄弟一般［地相差不远］。"

13·8 子谓卫公子荆[1]，"善居室[2]。始有，曰：'苟合[3]矣。'少有，曰：'苟完矣。'富有，曰：'苟美矣。'"

【译文】

孔子谈到卫国的公子荆，说："他善于居家过日子，刚有一点，便说道：'差不多够了。'增加了一点，又说道：'差不多完备了。'多有一点，便说道：'差不多富丽堂皇了。'"

【注释】

1. 卫公子荆——卫国的公子，吴季札曾把他列为卫国的君子，见《左传》襄公二十九年。有人说："此取荆之善居室以风有位者也。"因为当时的卿大夫，不但贪污，而且奢侈成风，所以孔子"以廉风贪，以俭风侈"。似可备一说。　2. 居室——这一词组意义甚多：（甲）居住房舍，《礼记·曲礼》："君子将营宫室，宗庙为先，厩库为次，居室为后。"（乙）夫妇同居，《孟子·万章上》："男女居室，人之大伦也。"（丙）汉代又以为狱名，《史记·卫将军骠骑列传》："青尝从入至甘泉居室。"（丁）此则为积蓄家业居家度日之义。"居"读为"奇货可居"之"居"。　3. 合——给也，足也。此依俞樾《群经平议》说。

13·9 子适卫，冉有仆[1]。子曰："庶矣哉！"
冉有曰："既庶矣，又何加焉？"曰："富之。"

曰：“既富矣，又何加焉？”曰：“教之。”²

【译文】

孔子到卫国，冉有替他驾车子。孔子道：“好稠密的人口！”

冉有道：“人口已经众多了，又该怎么办呢？”孔子道：“使他们富裕起来。”

冉有道：“已经富裕了，又该怎么办呢？”孔子道：“教育他们。”

【注释】

1. 仆——动词，驾御车马。其人则谓之仆夫，《诗·小雅·出车》“仆夫况瘁”可证。仆亦作名词，驾车者，《诗·小雅·正月》“屡顾尔仆”是也。
2. 既富……教之——孔子主张“先富后教”，孟子、荀子也都继续发挥了这一主张。所以孟子说：“乐岁终身苦，凶年不免于死亡。此惟救死而恐不赡，奚暇治礼义哉？”（《孟子·梁惠王上》）也和《管子·治国篇》的“凡治国之道，必先富民”的主张相同。

13·10 子曰：“苟有用我者，期月¹而已可也，三年有成。”

【译文】

孔子说：“假若有用我主持国家政事的，一年便差不多了，三年便会很有成绩。”

【注释】

1. 期月——期同“朞”，有些本子即作“朞”，音姬，jī。期月，一年。

13·11　子曰："'善人为邦百年，亦可以胜¹残去²杀矣³。'诚哉是言也！"

【译文】

　　孔子说："'善人治理国政连续到一百年，也可以克服残暴免除虐杀了。'这句话真说得对呀！"

【注释】

　　1.胜——旧读平声，shēng。　2.去——旧读上声，qǔ。　3.善人……去杀矣——依文意是孔子引别人的话。

13·12　子曰："如有王者，必世而后仁。"

【译文】

　　孔子说："假若有王者兴起，一定需要三十年才能使仁政大行。"

13·13　子曰："苟正其身矣，于从政乎何有？不能正其身，如正人何？"

【译文】

　　孔子说："假若端正了自己，治理国政有什么困难呢？连本身都不能端正，怎么端正别人呢？"

13·14 冉子退朝。子曰："何晏也？"对曰："有政。"子曰："其事也。如有政，虽不吾以，吾其与闻之[1]。"

【译文】

冉有从办公的地方回来。孔子道："为什么今天回得这样晚呢？"答道："有政务。"孔子道："那只是事务罢了。若是有政务，虽然不用我了，我也会知道的。"

【注释】

1. 与闻之——与，去声，yù，参预之意。《左传》哀公十一年曾有记载，季氏以用田赋的事征求孔子意见，并且说："子为国老，待子而行。"可见孔子"如有政，吾其与闻之"这话是有根据的。只是冉有不明白"政"和"事"的分别，一时用词不当罢了。依我看，这章并无其他意义，前人有故求深解的，未必对。

13·15 定公问："一言而可以兴邦，有诸？"

孔子对曰："言不可以若是其几也。人之言曰：'为君难，为臣不易。'如知为君之难也，不几乎一言而兴邦乎？"

曰："一言而丧邦，有诸？"

孔子对曰："言不可以若是其几也。人之言曰：'予无乐乎为君，唯其言而莫予违也。'如其善而莫之违也，不亦善乎？如不善而莫之违也，不几乎一言而丧邦乎？"

【译文】

鲁定公问："一句话兴盛国家，有这事么？"

孔子答道："说话不可以像这样地简单机械。不过，大家都说：'做君上很难，做臣子不容易。'假若知道做君上的艰难，[自然会谨慎认真地干去,]不近于一句话便兴盛国家么？"

定公又道："一句话丧失国家，有这事么？"

孔子答道："说话不可以像这样地简单机械。不过，大家都说：'我做国君没有别的快乐，只是我说什么话都没有人违抗我。'假若说的话正确而没有人违抗，不也好么？假若说的话不正确而也没有人违抗，不近于一句话便丧失国家么？"

13·16　叶公问政。子曰："近者说，远者来。"

【译文】

叶公问政治。孔子道："境内的人使他高兴，境外的人使他来投奔。"

13·17　子夏为莒父[1]宰，问政。子曰："无欲速，无见小利。欲速，则不达；见小利，则大事不成。"

【译文】

子夏做了莒父的县长，问政治。孔子道："不要图快，不要顾小利。图快，反而不能达到目的；顾小利，就办不成大事。"

1. 莒父——鲁国之一邑，现在已经不能确知其所在。《山东通志》认为在今山东高密县东南。

13·18 叶公语孔子曰："吾党有直躬者，其父攘羊，而子证¹之。"孔子曰："吾党之直者异于是：父为子隐，子为父隐。——直在其中²矣。"

【译文】

叶公告诉孔子道："我那里有个坦白直率的人，他父亲偷了羊，他便告发。"孔子道："我们那里坦白直率的人和你们的不同：父亲替儿子隐瞒，儿子替父亲隐瞒。——直率就在这里面。"

【注释】

1. 证——《说文》云："证，告也。"正是此义。相当今日的"检举""揭发"，《韩非子·五蠹篇》述此事作"谒之吏"，《吕氏春秋·当务篇》述此事作"谒之上"，都可以说明正是其子去告发他父亲。"证明"的"证"，古书一般用"征"字为之。 2.直在其中——孔子伦理哲学的基础就在于"孝"和"慈"，因之说父子相隐，直在其中。

13·19 樊迟问仁。子曰："居处恭，执事敬，与人忠。虽之¹夷狄，不可弃也。"

樊迟问仁。孔子道："平日容貌态度端正庄严，工作严肃认真，为别人忠心诚意。这几种品德，纵到外国去，也是不能废弃的。"

【注释】

1.之——动词，到也。

13·20 子贡问曰："何如斯可谓之士矣？"子曰："行己有耻，使于四方，不辱君命，可谓士矣。"

曰："敢问其次。"曰："宗族称孝焉，乡党称弟焉。"

曰："敢问其次。"曰："言必信，行必果，硁硁然小人哉！——抑亦可以为次矣。"

曰："今之从政者何如？"子曰："噫！斗筲之人¹，何足算也？"

【译文】

子贡问道："怎样才可以叫做'士'？"孔子道："自己行为保持羞耻之心，出使外国，很好地完成君主的使命，可以叫做'士'了。"

子贡道："请问次一等的。"孔子道："宗族称赞他孝顺父母，乡里称赞他恭敬尊长。"

子贡又道："请问再次一等的。"孔子道："言语一定信实，行为一定坚决，这是不问是非黑白而只管自己贯彻言行的小人呀！但也可以说是再次一等的'士'了。"

子贡道："现在的执政诸公怎么样？"孔子道："咳！这班器识狭小的人算得什么？"

1. 斗筲之人——斗是古代的量名，筲音梢，shāo，古代的饭筐（《说文》作篃），能容五升。斗筲譬如度量和见识的狭小。有人说，"斗筲之人"也可以译为"车载斗量之人"，言其不足为奇。

13·21 子曰："不得中行而与之，必也狂狷[1]乎！狂者进取，狷者有所不为也。"

【译文】

孔子说："得不到言行合乎中庸的人和他相交，那一定要交到激进的人和狷介的人罢！激进者一意向前，狷介者也不肯做坏事。"

【注释】

1. 狂狷——《孟子·尽心下》有一段话可以为本文的解释，录之于下："孟子曰：'孔子不得中道而与之，必也狂狷乎！狂者进取，狷者有所不为也。孔子岂不欲中道哉？不可必得，故思其次也。''敢问何如斯可谓狂矣？'（此《万章》问词，下同。）曰：'如琴张、曾皙、牧皮者，孔子之所谓狂矣。''何以谓之狂也？'曰：'其志嘐嘐然，曰：古之人！古之人！夷考其行而不掩焉者也。狂者又不可得，欲得不屑不洁之士而与之，是狷也，是又其次也。'"孟轲这话未必尽合孔子本意，但可备参考。

13·22 子曰："南人有言曰：'人而无恒，不可以作巫医[1]。'善夫！"
"不恒其德[2]，或承之羞。"子曰："不占而已矣。"

【译文】

孔子说："南方人有句话说：'人假若没有恒心，连巫医都做不了。'这句话很好呀！"

《易经·恒卦》的《爻辞》说："三心二意，翻云覆雨，总有人招致羞耻。"孔子又说："这话的意思是叫无恒心的人不必去占卦罢了。"

【注释】

1. 巫医——巫医是一词，不应分为卜筮的巫和治病的医两种。古代常以禳祷之术替人治疗，这种人便叫巫医。　2. 不恒其德——这有两种意义：（甲）不能持久，时作时辍；（乙）没有一定的操守。译文用"三心二意"表示"不能持久"，用"翻云覆雨"表示"没有操守"。

13·23　子曰："君子和而不同，小人同而不和[1]。"

【译文】

孔子说："君子用自己的正确意见来纠正别人的错误意见，使一切都做到恰到好处，却不肯盲从附和。小人只是盲从附和，却不肯表示自己的不同意见。"

【注释】

1. 和，同——"和"与"同"是春秋时代的两个常用术语，《左传》昭公二十年所载晏子对齐景公批评梁丘据的话，和《国语·郑语》所载史伯的话都解说得非常详细。"和"如五味的调和，八音的和谐，一定要有水、火、酱、醋各种不同的材料才能调和滋味；一定要有高下、长短、疾徐各种不同的声调才能使乐曲和谐。晏子说："君臣亦然。君所谓可，而有否焉，臣献其否以成其可；君所谓否，而有可焉，臣献其可以去其否。"因此史伯也说："以他平他谓之和。""同"就不如此，用晏子的话说："君所谓可，据亦曰可；君所谓否，据亦曰否；若以水济水，谁能食之？若琴瑟之专一，谁能听之？'同'之不可也如是。"我又认为这个"和"字与"礼之用和为贵"的"和"有相通之处。因此译文也出现了"恰到好处"的字眼。

13·24 子贡问曰："乡人皆好之，何如？"子曰："未可也[1]。"

"乡人皆恶之，何如？"子曰："未可也；不如乡人之善者好之，其不善者恶之。"

【译文】

子贡问道："满乡村的人都喜欢他，这个人怎么样？"孔子道："还不行。"

子贡便又道："满乡村的人都厌恶他，这个人怎么样？"孔子道："还不行。最好是满乡村的好人都喜欢他，满乡村的坏人都厌恶他。"

【注释】

1. 未可也——如果一乡之人皆好之，便近乎所谓好好先生，孔孟叫他为"乡愿"。因之孔子便说："众恶之，必察焉；众好之，必察焉。"（15·28）又说："唯仁者能好人，能恶人。"（4·3）这可以为"善者好之，不善者恶之"的解释。

13·25 子曰："君子易事[1]而难说也。说之不以道，不说也；及其使人也，器之。小人难事而易说也。说之虽不以道，说也；及其使人也，求备焉。"

【译文】

孔子说："在君子底下工作很容易，讨他的欢喜却难。不用正当的方式去讨他的欢喜，他不会欢喜的；等到他使用人的时候，却衡量各人的才德去分配任务。在小人底下工作很难，讨他的欢喜却容易。用不正当的方式去讨他的欢喜，他会欢喜的；等到他使用人的时候，便会百般挑剔，求全责备。"

【注释】

1. 易事——《说苑·雅言篇》说："曾子曰：'夫子见人之一善而忘其百非，是夫子之易事也。'"这话可以作"君子易事"的一个说明。

13·26 子曰："君子泰而不骄[1]，小人骄而不泰。"

【译文】

孔子说："君子安详舒泰，却不骄傲凌人；小人骄傲凌人，却不安详舒泰。"

【注释】

1. 泰，骄——皇侃《义疏》云："君子坦荡荡，心貌怡平，是泰而不为骄慢也；小人性好轻凌，而心恒戚戚，是骄而不泰也。"李塨《论语传注》云："君子无众寡，无小大，无敢慢（见20·2），何其舒泰！小人矜己傲物，惟恐失尊，何其骄侈，而安得泰？"译文正取此义。

13·27 子曰："刚、毅、木、讷近仁。"

【译文】

孔子说："刚强、果决、朴质、而言语不轻易出口，有这四种品德的人近于仁德。"

13·28 子路问曰："何如斯可谓之士矣？"子曰："切切偲偲¹，怡怡²如也，可谓士矣。朋友切切偲偲，兄弟怡怡。"

【译文】

子路问道："怎么样才可以叫做'士'了呢？"孔子道："互相批评，和睦共处，可以叫做'士'了。朋友之间，互相批评；兄弟之间，和睦共处。"

【注释】

1.切切偲偲——偲音思，sī。切切偲偲，互相责善的样子。 2.怡怡——和顺的样子。

13·29 子曰："善人教民七年，亦可以即戎¹矣。"

【译文】

孔子说："善人教导人民达七年之久，也能够叫他们作战了。"

【注释】

1. 即戎——"即"是"即位"的"即"，就也，往那里去的意思。"戎"是"兵戎"的意思。

13·30 子曰："以不教民¹战，是谓弃之。"

【译文】

孔子道："用未经受过训练的人民去作战，这等于糟踏生命。"

【注释】

1. 不教民——"不教民"三字构成一个名词语，意思就是"不教之民"，正如《诗经·邶风·柏舟》"心之忧矣，如匪浣衣"的"匪浣衣"一样，意思就是"匪浣之衣"（不曾洗涤过的衣服）。

宪问篇第十四

共四十四章

（朱熹《集注》把第一章自"克、伐、怨、欲"以下别为一章，把第二十六章自"曾子曰"以下别为一章，又把第三十七章自"子曰作者"以下别为一章，所以题为四十七章。）

14·1 宪问耻。子曰："邦有道，谷；邦无道，谷，耻也。"

"克、伐、怨、欲不行焉，可以为仁矣¹？"子曰："可以为难矣，仁则吾不知也。"

【译文】

原宪问如何叫耻辱。孔子道："国家政治清明，做官领薪俸；国家政治黑暗，做官领薪俸，这就是耻辱。"

原宪又道："好胜、自夸、怨恨和贪心四种毛病都不曾表现过，这可以说是仁人了吗？"孔子道："可以说是难能可贵的了，若说是仁人，那我不能同意。"

【注释】

1. 可以为仁矣——这句话从形式上看应是肯定句，但从上下文看，实际应是疑问句，不过疑问只从说话者的语势来表示，不借助于别的表达形式而已。这一段可以和"邦有道，贫且贱焉，耻也；邦无道，富且贵焉，耻也"（8·13）互相发明。

14·2 子曰："士而怀居¹，不足以为士矣。"

【译文】

孔子说："读书人而留恋安逸，便不配做读书人了。"

【注释】

1. 怀居——怀，怀思，留恋；居，安居。《左传》僖公二十三年记载着晋文公的流亡故事，说他在齐国安居下来，有妻妾，有家财，便不肯再移动了。他老婆姜氏便对他说："行也！怀与安，实败名。"便和此意相近。

14·3 子曰："邦有道，危¹言危行；邦无道，危行言孙²。"

【译文】

孔子说："政治清明，言语正直，行为正直；政治黑暗，行为正直，言语谦顺。"

【注释】

1.危——《礼记·缁衣》注："危，高峻也。"意谓高于俗，朱熹《集注》用之，固然可通，但《广雅》云："危，正也。"王念孙《疏证》即引《论语》此文来作证，更为恰当，译文即用此解。 2.孙——同"逊"。

14·4 子曰："有德者必有言，有言者不必有德。仁者必有勇，勇者不必有仁。"

【译文】

孔子说："有道德的人一定有名言，但有名言的人不一定有道德。仁人一定勇敢，但勇敢的人不一定仁。"

14·5 南宫适¹问于孔子曰："羿²善射，奡³荡舟⁴，俱不得其死然。禹稷躬稼而有天下。"夫子不答。

南宫适出，子曰："君子哉若人！尚德哉若人⁵！"

【译文】

南宫适向孔子问道："羿擅长射箭，奡擅长水战，都没有得到好死。禹和稷自己下地种田，却得到了天下。［怎样解释这些历史？］"孔子没有答复。

南宫适退了出来。孔子道："这个人，好一个君子！这个人，多么尊尚道德！"

【注释】

1. 南宫适——孔子学生南容。 2. 羿——音诣，yì。在古代传说中有三个羿，都是射箭能手。一为帝喾的射师，见于《说文》；二为唐尧时人，传说当时十个太阳同时出现，羿射落了九个，见《淮南子·本经训》；三为夏代有穷国的君主，见《左传》襄公四年。这里所指的和《孟子·离娄下》所载的"逢蒙学射于羿"的羿，据说都是夏代的羿。 3. 奡——音傲，ào，也是古代传说中的人物，夏代寒浞的儿子。字又作"浇"。 4. 荡舟——顾炎武《日知录》云："古人以左右冲杀为荡。陈其锐卒，谓之跳荡；别帅谓之荡主。荡舟盖兼此义。"译成现代汉语，就是用舟师冲锋陷阵。 5. 君子……尚德哉若人——南宫适托古代的事来问孔子，中心思想是当今尚力不尚德，但按之历史，尚力者不得善终，尚德者终有天下。因之孔子称赞他。

14·6 子曰："君子¹而不仁者有矣夫，未有小人¹而仁者也。"

孔子说："君子之中不仁的人有的罢，小人之中却不会有仁人。"

【注释】

1.君子、小人——这个"君子""小人"的含义不大清楚。"君子""小
人"若指有德者无德者而言，则第二句可以不说；看来，这里似乎是指在位
者和老百姓而言。

14·7 子曰："爱之，能勿劳乎¹？忠焉，能勿诲乎？"

【译文】

孔子说："爱他，能不叫他劳苦吗？忠于他，能够不教诲他吗？"

【注释】

1.能勿劳乎——《国语·鲁语下》说："夫民劳则思，思则善心生；逸则
淫，淫则忘善，忘善则恶心生。"可以为"能勿劳乎"的注脚。

14·8 子曰："为命¹，裨谌²草创之，世叔³讨论⁴之，
行人子羽⁵修饰之，东里子产⁶润色之。"

【译文】

孔子说："郑国外交辞令的创制，裨谌拟稿，世叔提意见，外交官子羽修
改，子产作文词上的加工。"

1. 为命——《左传》襄公三十一年云："郑国将有诸侯之事，子产乃问四国之为于子羽，且使多为辞令，与裨谌乘以适野，使谋可否，而告冯简子使断之。事成，乃授子太叔使行之，以应对宾客，是以鲜有败事。"可与《论语》此文相参校。《左传》所讲的过程和《论语》此文虽然有些出入，但主题是相同的，因此我把"命"译为"外交辞令"，不作一般的政令讲。　2. 裨谌——音庇臣，bì chén，郑国大夫，见《左传》。　3. 世叔——即《左传》的子太叔（古代，"太"和"世"两字通用），名游吉。　4. 讨论——意义和今天的"讨论"不同，这是一个人去研究而后提意见的意思。　5. 行人子羽——行人，官名，即古代的外交官。子羽，公孙挥的字。　6. 东里子产——东里，地名，今在郑州市，子产所居。

14·9　或问子产。子曰："惠人也。"

问子西[1]。曰："彼哉！彼哉[2]！"

问管仲。曰："人也。夺伯氏[3]骈邑[4]三百，饭疏食，没齿无怨言。"

【译文】

有人向孔子问子产是怎样的人物。孔子道："是宽厚慈惠的人。"

又问到子西。孔子道："他呀，他呀！"

又问到管仲。孔子道："他是人才。剥夺了伯氏骈邑三百户的采地，使伯氏只能吃粗粮，到死没有怨恨的话。"

【注释】

1. 子西——春秋时有三个子西，一是郑国的公孙夏，生当鲁襄公之世，为子产的同宗兄弟，子产便是继他而主持郑国政治的。二是楚国的斗宜申，生当鲁僖公、文公之世。三是楚国的公子申，和孔子同时。斗宜申去孔子太远，公子申又太近，这人所问的当是公孙夏。　2. 彼哉！彼哉——《公羊传》定公八年记载阳虎谋杀季孙的事，说阳虎谋杀未成，在郊外休息，忽然望见公敛处父领着追兵而来，便道："彼哉彼哉！"毛奇龄《论语稽求篇》因云："此必古成语，而夫子引以作答者。"案：这是当时表示轻视的习惯语。3. 伯氏——齐国的大夫，皇侃《义疏》云："伯氏名偃。"不知何据。　4. 骈邑——地名。阮元曾得伯爵彝，说是乾隆五十六年出土于山东临朐县柳山寨。他在《积古斋钟鼎彝器款识》里说，柳山寨有古城的城基，即春秋的骈邑。用《水经·巨洋水·注》证之，阮氏之言很可信。

14·10　子曰："贫而无怨难，富而无骄易。"

[译文]

孔子说："贫穷却没有怨恨，很难；富贵却不骄傲，倒容易做到。"

14·11　子曰："孟公绰[1]为赵魏老[2]则优[3]，不可以为滕、薛[4]大夫。"

[译文]

孔子说："孟公绰，若是叫他做晋国诸卿赵氏、魏氏的家臣，那是力有余裕的；却没有才能来做滕、薛这样小国的大夫。"

【注释】

1. 孟公绰——鲁国大夫，《左传》襄公二十五年记载着他的一段事。《史记·仲尼弟子列传》说他是孔子所尊敬的人。　2. 老——古代，大夫的家臣称老，也称室老。　3. 优——本意是"优裕"，所以用"力有余裕"来译它。4. 滕、薛——当时的小国，都在鲁国附近。滕的故城在今山东滕县西南十五里，薛的故城在今滕县南四十四里官桥公社处。

14·12　子路问成人。子曰："若臧武仲[1]之知，公绰之不欲，卞庄子[2]之勇，冉求之艺，文之以礼乐，亦可以为成人矣。"曰："今之成人者何必然？见利思义，见危授命，久要[3]不忘平生之言，亦可以为成人矣。"

【译文】

子路问怎样才是全人。孔子道："智慧像臧武仲，清心寡欲像孟公绰，勇敢像卞庄子，多才多艺像冉求，再用礼乐来成就他的文采，也可以说是全人了。"等了一会，又道："现在的全人哪里一定要这样？看见利益便能想起该得不该得，遇到危险便肯付出生命，经过长久的穷困日子都不忘记平日的诺言，也可以说是全人了。"

【注释】

1. 臧武仲——鲁大夫臧孙纥。他很聪明，逃到齐国之后，能预见齐庄公的被杀而设法辞去庄公给他的田。事见《左传》襄公二十三年。　2. 卞庄子——鲁国的勇士。《荀子·大略篇》和《韩诗外传》卷十都载有他的勇敢故事。　3. 久要——"要"为"约"的借字，"约"，穷困之意。说见杨遇夫先生的《积微居小学述林》。

14·13 子问公叔文子 [1] 于公明贾 [2] 曰："信乎，夫子不言，不笑，不取乎？"

公明贾对曰："以 [3] 告者过也。夫子时然后言，人不厌其言；乐然后笑，人不厌其笑；义然后取，人不厌其取。"

子曰："其然？岂其然乎？"

【译文】

孔子向公明贾问到公叔文子，说："他老人家不言语，不笑，不取，是真的吗？"

公明贾答道："这是传话的人说错了。他老人家到应说话的时候才说话，别人不厌恶他的话；高兴了才笑，别人不厌恶他的笑；应该取才取，别人不厌恶他的取。"

孔子道："如此的吗？难道真是如此的吗？"

【注释】

1. 公叔文子——卫国大夫，《檀弓》载有他的故事。　2. 公明贾——卫人，姓公明，名贾。贾音假，jiǎ。《左传》哀公十四年楚有芶贾也音假。3. 以——代词，此也。例证可参考杨遇夫先生的《词诠》。

14·14 子曰："臧武仲以防求为后于鲁 [1]，虽曰不要 [2] 君，吾不信也。"

【译文】

孔子说："臧武仲〔逃到齐国之前，〕凭借着他的采邑防城请求立其子弟嗣为鲁国卿大夫，纵然有人说他不是要挟，我是不相信的。"

【注释】

1.臧武仲以防求为后于鲁——事见《左传》襄公二十三年。防，臧武仲的封邑，在今山东费县东北六十里之华城，离齐国边境很近。　2.要——平声，音腰，yāo。

14·15 子曰："晋文公¹谲²而不正，齐桓公¹正而不谲。"

【译文】

孔子说："晋文公诡诈好耍手段，作风不正派；齐桓公作风正派，不用诡诈，不耍手段。"

【注释】

1.晋文公、齐桓公——晋文公名重耳，齐桓公名小白。齐桓、晋文是春秋时五霸中最有名声的两个霸主。　2.谲——音决，jué，欺诈，玩弄权术阴谋。

14·16 子路曰："桓公杀公子纠，召忽死之，管仲不死¹。"曰："未仁乎？"子曰："桓公九合²诸侯，不以兵车，管仲之力也。如其仁，如其仁³。"

【译文】

　　子路道："齐桓公杀了他哥哥公子纠，〔公子纠的师傅〕召忽因此自杀，〔但是他的另一师傅〕管仲却活着。"接着又道："管仲该不是有仁德的吧？"孔子道："齐桓公多次地主持诸侯间的盟会，停止了战争，都是管仲的力量。这就是管仲的仁德，这就是管仲的仁德。"

【注释】

　　1.管仲不死——齐桓公和公子纠都是齐襄公的弟弟。齐襄公无道，两人都怕牵累，桓公便由鲍叔牙侍奉逃往莒国，公子纠也由管仲和召忽侍奉逃往鲁国。襄公被杀以后，桓公先入齐国，立为君，便兴兵伐鲁，逼迫鲁国杀了公子纠，召忽自杀以殉，管仲却做了桓公的宰相。这段历史可看《左传》庄公八年和九年。　　2.九合——齐桓公纠合诸侯共计十一次，这一"九"字实是虚数，不过表示其多罢了。　　3.如其仁——王引之《经传释词》云："如犹乃也。"扬雄《法言》三次仿用这种句法，义同。

　　14·17　子贡曰："管仲非仁者与？桓公杀公子纠，不能死，又相之。"子曰："管仲相桓公，霸诸侯，一匡天下，民到于今受其赐。微¹管仲，吾其被²发左衽矣。岂若匹夫匹妇之为谅也，自经³于沟渎⁴而莫之知也？"

【译文】

　　子贡道："管仲不是仁人罢？桓公杀掉了公子纠，他不但不以身殉难，还去辅相他。"孔子道："管仲辅相桓公，称霸诸侯，使天下一切得到匡正，人民到今天还受到他的好处。假若没有管仲，我们都会披散着头发，衣襟向左边开〔，沦为落后民族〕了。他难道要像普通老百姓一样守着小节小信，在山沟中自杀，还没有人知道的吗？"

1. 微——假若没有的意思，只用于和既成事实相反的假设句之首。
2. 被——同"披"。　3. 自经——自缢。　4. 沟渎——犹《孟子·梁惠王》的"沟壑"。王夫之《四书稗疏》认为它是地名，就是《左传》的"句渎"，《史记》的"笙渎"，那么，孔子的匹夫匹妇就是指召忽而言，恐不可信。

14·18　公叔文子之臣大夫[1]僎与文子同升诸[2]公。子闻之，曰："可以为'文'[3]矣。"

【译文】

公叔文子的家臣大夫僎，［由于文子的推荐，］和文子一道做了国家的大臣。孔子知道这事，便道："这便可以谥为'文'了。"

【注释】

1. 毛奇龄《四书賸言》云："臣大夫即家大夫也。"把"臣大夫"三字不分，今不取。《后汉书·吴良传》李贤《注》说"文子家臣名僎"云云，也可见唐初人不以"臣大夫"为一词。　2. 诸——用法同"于"。　3. 文——据《礼记·檀弓》，公叔文子实谥为贞惠文子。郑玄《礼记注》说："不言'贞惠'者，'文'足以兼之。"

14·19　子言卫灵公之无道也，康子曰："夫如是，奚而[1]不丧？"孔子曰："仲叔圉[2]治宾客，祝鮀治宗庙，王孙贾治军旅。夫如是，奚其丧？"

【译文】

　　孔子讲到卫灵公的昏乱，康子道："既然这样，为什么不败亡？"孔子道："他有仲叔圉接待宾客，祝鮀管理祭祀，王孙贾统率军队，像这样，怎么会败亡？"

【注释】

　　1. 奚而——俞樾《群经平议》云："奚而犹奚为也。" 2. 仲叔圉——就是孔文子。

14·20　子曰："其言之不怍，则为之也难。"

【译文】

　　孔子说："那个人大言不惭，他实行就不容易。"

14·21　陈成子[1]弑简公[2]。孔子沐浴而朝[3]，告于哀公曰："陈恒弑其君，请讨之[4]。"公曰："告夫三子！"
　　孔子曰[5]："以吾从大夫之后，不敢不告也。君曰'告夫三子'者！"
　　之三子告，不可。孔子曰："以吾从大夫之后，不敢不告也。"

陈恒杀了齐简公。孔子斋戒沐浴而后朝见鲁哀公，报告道："陈恒杀了他的君主，请你出兵讨伐他。"哀公道："你向季孙、叔孙、孟孙三人去报告罢！"

孔子〔退了出来，〕道："因为我曾忝为大夫，不敢不来报告，但是君上却对我说，'给那三人报告吧'！"

孔子又去报告三位大臣，不肯出兵。孔子道："因为我曾忝为大夫，不敢不报告。"

【注释】

1.陈成子——就是陈恒。 2.简公——齐简公，名壬。 3.孔子沐浴而朝——这时孔子已经告老还家，特为这事来朝见鲁君。 4.请讨之——孔子请讨陈恒，主要是由于陈恒以臣杀君，依孔子的学说，非讨不可。同时孔子也估计了战争的胜负。《左传》记载着孔子的话道："陈恒弑其君，民之不与者半。以鲁之众加齐之半，可克也。"但这事仍可讨论。 5.孔子曰——这是孔子退朝后的话，参校《左传》哀公十四年的记载便可以知道。

14·22 子路问事君。子曰："勿欺也，而犯之。"

【译文】

子路问怎样服侍人君。孔子道："不要〔阳奉阴违地〕欺骗他，却可以〔当面〕触犯他。"

14·23 子曰："君子上达¹，小人下达¹。"

【译文】

孔子说："君子通达于仁义，小人通达于财利。"

【注释】

1. 上达、下达——古今学人各有解释，译文采取了皇侃《义疏》的说法。

14·24 子曰："古之学者为己[1]，今之学者为人[1]？"

【译文】

孔子说："古代学者的目的在修养自己的学问道德，现代学者的目的却在装饰自己，给别人看。"

【注释】

1. 为己、为人——如何叫做"为己"和"为人"，译文采用了《荀子·劝学篇》、《北堂书钞》所引《新序》和《后汉书·桓荣传论》（俱见杨遇夫先生《论语疏证》）的解释。

14·25 蘧伯玉[1]使人于孔子。孔子与之坐而问焉，曰："夫子何为？"对曰："夫子欲寡其过[2]而未能也。"
　　使者出。子曰："使乎！使乎！"

【译文】

蘧伯玉派一位使者访问孔子。孔子给他座位，而后问道："他老人家干些什么？"使者答道："他老人家想减少过错却还没能做到。"

　　使者辞了出来。孔子道："好一位使者！好一位使者！"

【注释】

　　1. 蘧伯玉——卫国的大夫，名瑗。孔子在卫国之时，曾经住过他家。
2. 寡其过——《庄子·则阳篇》说："蘧伯玉行年六十而六十化，未尝不始于是之，而卒诎之以非也；或未知今之所谓是之非五十九非也（六十之是或为五十九之非）。"《淮南子·原道篇》也说："蘧伯玉年五十而知四十九年非。"大概这人是位求进甚急善于改过的人。使者之言既得其实，又不卑不亢，所以孔子连声称赞。

14·26　子曰："不在其位，不谋其政[1]。"
曾子曰："君子思不出其位。"

【译文】

　　曾子说："君子所思虑的不超出自己的工作岗位。"

【注释】

　　1. 见《泰伯篇》。

14·27　子曰："君子耻其言而[1]过其行。"

孔子说："说得多，做得少，君子以为耻。"

【注释】

1.而——用法同"之"，说详《词诠》。皇侃所据本，日本足利本，这一"而"字都作"之"。

14·28 子曰："君子道者三，我无能焉：仁者不忧，知者不惑，勇者不惧。"子贡曰："夫子自道也。"

【译文】

孔子说："君子所行的三件事，我一件也没能做到：仁德的人不忧愁，智慧的人不迷惑，勇敢的人不惧怕。"子贡道："这正是他老人家对自己的叙述哩。"

14·29 子贡方人[1]。子曰："赐也贤乎哉？夫我则不暇。"

【译文】

子贡讥评别人。孔子对他道："你就够好了吗？我却没有这闲工夫。"

【注释】

1.方人——《经典释文》说，郑玄注的《论语》作"谤人"，又引郑《注》云"谓言人之过恶"。因此译文译为"讥评"。《世说新语·容止篇》：

"或以方谢仁祖不乃重者。"这"方"字作品评解，其用法可能出于此。

14·30 子曰："不患人之不己知，患其不能也。"

【译文】

孔子说："不着急别人不知道我，只着急自己没有能力。"

14·31 子曰："不逆诈，不亿不信，抑亦先觉者，是贤乎！"

【译文】

孔子说："不预先怀疑别人的欺诈，也不无根据地猜测别人的不老实，却能及早发觉，这样的人是一位贤者罢！"

14·32 微生亩¹谓孔子曰："丘何为是²栖栖者与？无乃为佞乎？"孔子曰："非敢为佞也，疾固也。"

【译文】

微生亩对孔子道："你为什么这样忙忙碌碌的呢？不是要逞你的口才吗？"孔子道："我不是敢逞口才，而是讨厌那种顽固不通的人。"

1. 微生亩——"微生"是姓,"亩"是名。 2. 是——这里作副词用,当"如此"解。

14·33 子曰:"骥不称其力,称其德也。"

【译文】

孔子说:"称千里马叫做骥,并不是赞美它的气力,而是赞美它的品质。"

14·34 或曰:"以德报怨¹,何如?"子曰:"何以报德?以直报怨,以德报德。"

【译文】

有人对孔子道:"拿恩惠来回答怨恨,怎么样?"孔子道:"拿什么来酬答恩惠呢?拿公平正直来回答怨恨,拿恩惠来酬答恩惠。"

【注释】

1. 以德报怨——《老子》也说:"大小多少,报怨以德。"可能当日流行此语。

14·35 子曰:"莫我知也夫!"子贡曰:"何为其莫知子也?"子曰:"不怨天,不尤人,下学而上达¹。知我者其天乎!"

【译文】

孔子叹道:"没有人知道我呀!"子贡道:"为什么没有人知道您呢?"孔子道:"不怨恨天,不责备人,学习一些平常的知识,却透彻了解很高的道理。知道我的,只是天罢!"

【注释】

1.下学而上达——这句话具体的意义是什么,古今颇有不同解释,译文所言只能备参考。皇侃《义疏》云:"下学,学人事;上达,达天命。我既学人事,人事有否有泰,故不尤人。上达天命,天命有穷有通,故我不怨天也。"全部意思都贯通了,虽不敢说合于孔子本意,无妨录供参考。

14·36 公伯寮¹愬²子路于季孙。子服景伯³以告,曰:"夫子固有惑志于公伯寮,吾力犹能肆诸市朝⁴。"

子曰:"道之将行也与,命也;道之将废也与,命也。公伯寮其如命何!"

【译文】

公伯寮向季孙毁谤子路。子服景伯告诉孔子,并且说:"他老人家已经被公伯寮所迷惑了,可是我的力量还能把他的尸首在街头示众。"

孔子道:"我的主张将实现吗,听之于命运;我的主张将永不实现吗,也听之于命运。公伯寮能把我的命运怎样呢!"

【注释】

1.公伯寮——《史记·仲尼弟子列传》作"公伯僚",云"字子周"。2.愬——同"诉"。 3.子服景伯——鲁大夫,名何。 4.市朝——古人把罪人之尸示众，或者于朝廷，或者于市集。

14·37 子曰："贤者辟[1]世，其次辟地，其次辟色，其次辟言。"

子曰："作者七人矣。"

【译文】

孔子说："有些贤者逃避恶浊社会而隐居，次一等的择地而处，再次一等的避免不好的脸色，再次一等的回避恶言。"

孔子又说："像这样的人已经有七位了。"

【注释】

1. 辟——同"避"。

14·38 子路宿于石门[1]。晨门曰："奚自？"子路曰："自孔氏。"曰："是知其不可而为之者与？"

【译文】

子路在石门住了一宵，[第二天清早进城，]司门者道："从哪儿来？"子路道："从孔家来。"司门者道："就是那位知道做不到却定要去做的人吗？"

【注释】

1. 石门——《后汉书·张皓王龚传论》注引郑玄《论语注》云："石门，

鲁城外门也。"

14·39 子击磬于卫，有荷蒉而过孔氏之门者，曰："有心哉，击磬乎！"既而曰："鄙哉，硁硁乎！莫己知也，斯己而已矣。深则厉，浅则揭 [1]。"

子曰："果哉！末之难矣。"

【译文】

孔子在卫国，一天正敲着磬，有一个挑着草筐子的汉子恰在门前走过，便说道："这个敲磬是有深意的呀！"等一会又说道："磬声硁硁的，可鄙呀！〔它好像在说，没有人知道我呀！〕没有人知道自己，这就罢休好了。水深，索性连衣裳走过去；水浅，无妨撩起衣裳走过去。"

孔子道："好坚决！没有办法说服他了。"

【注释】

1.深厉浅揭——两句见于《诗经·邶风·匏有苦叶》。这是比喻。水深比喻社会非常黑暗，只得听之任之；水浅比喻黑暗的程度不深，还可以使自己不受沾染，便无妨撩起衣裳，免得濡湿。

14·40 子张曰："《书》云：'高宗谅阴 [1]，三年不言。'何谓也？"子曰："何必高宗，古之人皆然。君薨，百官总己以听于冢宰三年。"

【译文】

子张道：《尚书》说：'殷高宗守孝，住在凶庐，三年不言语。'这是什么意思？"孔子道："不仅仅高宗，古人都是这样：国君死了，继承的君王三年不问政治，各部门的官员听命于宰相。"

【注释】

1.谅阴——居丧时所住的房子，又叫"凶庐"。两语见《无逸篇》。

14·41 子曰："上好礼，则民易使也。"

【译文】

孔子说："在上位的人若遇事依礼而行，就容易使百姓听从指挥。"

14·42 子路问君子。子曰："修己以敬。"

曰："如斯而已乎？"曰："修己以安人¹。"

曰："如斯而已乎？"曰："修己以安百姓。修己以安百姓²，尧舜其犹病诸。"

【译文】

子路问怎样才能算是一个君子。孔子道："修养自己来严肃认真地对待工作。"

子路道："这样就够了吗？"孔子道："修养自己来使上层人物安乐。"

子路道："这样就够了吗？"孔子道："修养自己来使所有老百姓安乐。

修养自己来使所有老百姓安乐，尧舜大概还没有完全做到哩！"

【注释】

1. 人——这个"人"字显然是狭义的"人"（参见 1·5 注 4.），没有把"百姓"包括在内。　2. 修己以安百姓——《雍也篇第六》说："博施于民……尧舜其犹病诸。"（6·30）这里说："修己以安百姓，尧舜其犹病诸。"可见这里的"修己以安百姓"就是"博施于民"。

14·43 原壤¹夷俟²。子曰："幼而不孙弟³，长而无述焉，老而不死，是为贼。"以杖叩其胫。

【译文】

原壤两腿像八字一样张开坐在地上，等着孔子。孔子骂道："你幼小时候不懂礼节，长大了毫无贡献，老了还白吃粮食，真是个害人精。"说完，用拐杖敲了敲他的小腿。

【注释】

1. 原壤——孔子的老朋友，《礼记·檀弓》记载他一段故事，说他母亲死了，孔子去帮助他治丧，他却站在棺材上唱起歌来了，孔子只好装作没听见。大概这人是一位另有主张而立意反对孔子的人。　2. 夷俟——夷，箕踞；俟，等待。　3. 孙弟——同"逊悌"。

14·44 阙党¹童子将命。或问之曰："益者与？"子曰："吾见其居于位²也，见其与先生并行³也。非求益者也，欲速成者也。"

【译文】

阙党的一个童子来向孔子传达信息。有人问孔子道："这小孩是肯求上进的人吗？"孔子道："我看见他［大模大样地］坐在位上，又看见他同长辈并肩而行。这不是个肯求上进的人，只是一个急于求成的人。"

【注释】

1.阙党——顾炎武的《日知录》说："《史记·鲁世家》'炀公筑茅阙门'，盖阙门之下，其里即名阙里，夫子之宅在焉。亦谓之阙党。"案顾氏此说很对（阎若璩《四书释地》的驳论不对），《荀子·儒效篇》也有孔子"居于阙党"的记载，可见阙党为孔子所居之地名。　2.居于位——根据《礼记·玉藻》的记载，"童子无事则立主人之北，南面"，则"居于位"是不合当日礼节的。　3.与先生并行——《礼记·曲礼》上篇说"五年以长，则肩随之"（"肩随"就是与之并行而稍后），而童子的年龄相差甚远，依当日礼节，不能和成人并行。

卫灵公篇第十五

共四十二章

（朱熹《集注》把第一、第二两章并为一章，所以说"凡四十一章"。）

15·1　卫灵公问陈[1]于孔子。孔子对曰："俎豆之事[2]，则尝闻之矣；军旅之事，未之学也。"明日遂行。

【译文】

卫灵公向孔子问军队陈列之法。孔子答道："礼仪的事情，我曾经听到过；军队的事情，从来没学习过。"第二天便离开卫国。

【注释】

1.陈——就是今天的"阵"字。　2.俎豆之事——俎和豆都是古代盛肉食的器皿，行礼时用它，因之借以表示礼仪之事。这种用法和《泰伯篇第八》的"笾豆之事"相同。

15·2　在陈绝粮，从者病，莫能兴。子路愠见曰："君子亦有穷乎？"子曰："君子固穷，小人穷斯滥矣。"

【译文】

孔子在陈国断绝了粮食，跟随的人都饿病了，爬不起床来。子路很不高兴地来见孔子，说道："君子也有穷得毫无办法的时候吗？"孔子道："君子虽然穷，还是坚持着；小人一穷便无所不为了。"

15·3　子曰："赐也，女以予为多学而识之者与？"对曰："然，非与？"曰："非也，予一以贯之[1]。"

【译文】

孔子道:"赐! 你以为我是多多地学习又能够记得住的吗? "子贡答道:"对呀,难道不是这样吗? "孔子道:"不是的,我有一个基本观念来贯串它。"

【注释】

1. 一以贯之——这和《里仁篇第四》的"夫子之道,忠恕而已矣"(4·15)的"一贯"相同。从这里可以看出,子贡他们所重视的,是孔子的博学多才,因之认为他是"多学而识之";而孔子自己所重视的,则在于他的以忠恕之道贯穿于其整个学行之中。

15·4 子曰:"由! 知德者鲜矣。"

【译文】

孔子对子路道:"由! 懂得'德'的人可少啦。"

15·5 子曰:"无为而治[1]者其舜也与? 夫何为哉? 恭己正南面而已矣。"

【译文】

孔子说:"自己从容安静而使天下太平的人大概只有舜罢? 他干了什么呢? 庄严端正地坐朝廷罢了。"

1.无为而治——舜何以能如此？一般儒者都以为他能"所任得其人，故优游而自逸也"（《三国志·吴志·楼玄传》）。如《大戴礼·主言篇》云："昔者舜左禹而右皋陶，不下席而天下治。"《新序·杂事三》云："故王者劳于求人，佚于得贤。舜举众贤在位，垂衣裳恭己无为而天下治。"赵岐《孟子注》也说："言任官得其人，故无为而治。"

15·6 子张问行。子曰："言忠信，行笃敬，虽蛮貊之邦，行矣。言不忠信，行不笃敬，虽州里，行乎哉？立则见其参于前也，在舆则见其倚于衡也，夫然后行。"子张书诸绅。

【译文】

子张问如何才能使自己到处行得通。孔子道："言语忠诚老实，行为忠厚严肃，纵到了别的部族国家，也行得通。言语欺诈无信，行为刻薄轻浮，就是在本乡本土，能行得通吗？站立的时候，就〔仿佛〕看见'忠诚老实忠厚严肃'几个字在我们面前；在车厢里，也〔仿佛〕看见它刻在前面的横木上；〔时时刻刻记着它，〕这才能使自己到处行得通。"子张把这些话写在大带上。

15·7 子曰："直哉史鱼[1]！邦有道，如矢；邦无道，如矢。君子哉蘧伯玉[2]！邦有道，则仕；邦无道，则可卷而怀之。"

【译文】

孔子说："好一个刚直不屈的史鱼！政治清明也像箭一样直，政治黑暗也像箭一样直。好一个君子蘧伯玉！政治清明就出来做官，政治黑暗就可以把自己的本领收藏起来。"

【注释】

1. 史鱼——卫国的大夫史鰌，字子鱼。他临死时嘱咐他的儿子，不要"治丧正室"，以此劝告卫灵公进用蘧伯玉，斥退弥子瑕，古人叫为"尸谏"，事见《韩诗外传》卷七。　2. 蘧伯玉——事可参见《左传》襄公十四年和二十六年。

15·8　子曰："可与言而不与之言，失人；不可与言而与之言，失言。知者不失人，亦不失言。"

【译文】

孔子说："可以同他谈，却不同他谈，这是错过人才；不可以同他谈，却同他谈，这是浪费言语。聪明人既不错过人才，也不浪费言语。"

15·9　子曰："志士仁人，无求生以害仁，有杀身以成仁。"

【译文】

孔子说："志士仁人，不贪生怕死因而损害仁德，只勇于牺牲来成全仁德。"

15·10 子贡问为仁。子曰："工欲善其事，必先利其器。居是邦也，事其大夫之贤者，友其士¹之仁者。"

【译文】

子贡问怎样去培养仁德。孔子道："工人要搞好他的工作，一定先要搞好他的工具。我们住在一个国家，就要敬奉那些大官中的贤人，结交那些士人中的仁人。"

【注释】

1. 士——《论语》中的"士"，有时指有一定修养的人，如"士志于道"（4·9）的"士"。有时指有一定社会地位的人，如"使于四方，不辱君命，可谓士矣"的"士"（13·20）。此处和"大夫"并言，可能是"士、大夫"之"士"，即已做官而位置下于大夫的人。

15·11 颜渊问为邦。子曰："行夏之时¹，乘殷之辂²，服周之冕³，乐则《韶》、《舞》⁴。放郑声⁵，远佞人。郑声淫，佞人殆。"

【译文】

颜渊问怎样去治理国家。孔子道："用夏朝的历法，坐殷朝的车子，戴周朝的礼帽，音乐就用《韶》和《武》。舍弃郑国的乐曲，斥退小人。郑国的乐曲靡曼淫秽，小人危险。"

1.行夏之时——据古史记载，夏朝用的自然历，以建寅之月（旧历正月）为每年的第一月，春、夏、秋、冬合乎自然现象。周朝则以建子之月（旧历十一月）为每年的第一月，而且以冬至日为元日。这个虽然在观测天象方面比较以前进步，但实用起来却不及夏历方便于农业生产。就是在周朝，也有很多国家是仍旧用夏朝历法。　2.乘殷之辂——辂音路，商代的车子，比周代的车子自然朴质些。所以《左传》桓公二年也说："大辂、越席，昭其俭也。"　3.服周之冕——周代的礼帽自然又比以前的华美，孔子是不反对礼服的华美的，赞美禹"致美乎黻冕"可见。　4.《韶》、《舞》——《韶》是舜时的音乐，"舞"同"武"，周武王时的音乐。　5.放郑声——"郑声"和"郑诗"不同。郑诗指其文辞，郑声指其乐曲。说本明人杨慎《丹铅总录》、清人陈启源《毛诗稽古篇》。

15·12 子曰："人无远虑，必有近忧。"

【译文】

孔子说："一个人没有长远的考虑，一定会有眼前的忧患。"

15·13 子曰："已矣乎！吾未见好德如好色[1]者也。"

【译文】

孔子说："完了吧！我从没见过像喜欢美貌一般地喜欢美德的人哩。"

【注释】

1.好色——据《史记·孔子世家》，孔子"居卫月余，灵公与夫人（南子）同车，宦者雍渠参乘出，使孔子为次乘，招摇市过之"。孔子因发这一感叹。

15·14 子曰："臧文仲¹其窃位者与！知柳下惠²之贤而不与立³也。"

【译文】

孔子说："臧文仲大概是个做官不管事的人，他明知柳下惠贤良，却不给他官位。"

【注释】

1.臧文仲——鲁国的大夫臧孙辰，历仕庄、闵、僖、文四朝。 2.柳下惠——鲁国贤者，本名展获，字禽，又叫展季。"柳下"可能是其所居，因以为号；据《列女传》，"惠"是由他的妻子的倡议给他的私谥（不由国家授予的谥号叫私谥）。 3.立——同"位"，说详俞樾《群经平议》。

15·15 子曰："躬自厚¹而薄责于人，则远怨矣。"

【译文】

孔子说："重责备自己，而轻责备别人，怨恨自然不会来了。"

1.躬自厚——本当作"躬自厚责","责"字探下文"薄责"之"责"而省略。说详拙著《文言语法》。"躬自"是一双音节的副词,和《诗经·卫风·氓》的"静言思之,躬自悼矣"的"躬自"用法一样。

15·16 子曰:"不曰'如之何[1],如之何'者,吾末如之何也已矣。"

【译文】

孔子说:"[一个人]不想想'怎么办,怎么办'的,对这种人,我也不知道怎么办了。"

【注释】

1.如之何——"不曰如之何"意思就是不动脑筋。《荀子·大略篇》说:"天子即位,上卿进曰,如之何,忧之长也。"则说如之何的,便是深忧远虑的人。

15·17 子曰:"群居终日,言不及义,好行小慧,难矣哉!"

【译文】

孔子说:"同大家整天在一块,不说一句有道理的话,只喜欢卖弄小聪明,这种人真难教导!"

15·18 子曰："君子义以为质，礼以行之，孙以出之[1]，信以成之。君子哉！"

【译文】

孔子说："君子［对于事业］，以合宜为原则，依礼节实行它，用谦逊的言语说出它，用诚实的态度完成它。真是位君子呀！"

【注释】

1.孙以出之——"出"谓出言。何晏《论语集解》引郑玄《注》云："孙以出之谓言语。"

15·19 子曰："君子病无能焉，不病人之不己知也。"

【译文】

孔子说："君子只惭愧自己没有能力，不怨恨别人不知道自己。"

15·20 子曰："君子疾没世而名不称焉。"

【译文】

孔子说："到死而名声不被人家称述，君子引以为恨。"

15·21 子曰："君子求诸己，小人求诸人。"

【译文】

孔子说："君子要求自己，小人要求别人。"

15·22 子曰："君子矜而不争，群而不党¹。"

【译文】

孔子说："君子庄矜而不争执，合群而不闹宗派。"

【注释】

1. 群而不党——"群而不党"可能包含着"周而不比"（2·14）以及"和而不同"（13·23）两个意思。

15·23 子曰："君子不以言举人，不以人废言。"

【译文】

孔子说："君子不因为人家一句话 ［说得好］ 便提拔他，不因为他是坏人而鄙弃他的好话。"

15·24 子贡问曰："有一言而可以终身行之者乎？" 子

曰："其恕¹乎！己所不欲，勿施于人。"

【译文】

　　子贡问道："有没有一句可以终身奉行的话呢？"孔子道："大概是'恕'吧！自己所不想要的任何事物，就不要加给别人。"

【注释】

　　1. 恕——"忠"（己欲立而立人，己欲达而达人）是有积极意义的道德，未必每个人都有条件来实行。"恕"只是"己所不欲，勿施于人"，则谁都可以这样做，因之孔子在这里言"恕"不言"忠"。《礼记·大学篇》的"絜矩之道"就是"恕"道。可是在阶级社会里，也只能是幻想。

　　15·25　子曰："吾之于人也，谁毁谁誉？如有所誉者，其有所试矣。斯民也，三代之所以直道而行也。"

【译文】

　　孔子说："我对于别人，诋毁了谁？称赞了谁？假若我有所称赞，必然是曾经考验过他的。夏、商、周三代的人都如此，所以三代能直道而行。"

　　15·26　子曰："吾犹及史之阙文也。有马者借人乘之¹，今亡矣夫！"

【译文】

孔子说:"我还能够看到史书存疑的地方。有马的人〔自己不会训练,〕先给别人使用,这种精神,今天也没有了罢!"

【注释】

1. "史之阙文"和"有马借人乘之",其间有什么关联,很难理解。包咸的《论语章句》和皇侃的《义疏》都把它们看成两件不相关的事。宋叶梦得《石林燕语》却根据《汉书·艺文志》的引文无"有马"等七个字,因疑这七个字是衍文。其他穿凿的解释很多,依我看来,还是把它看为两件事较妥当。又有人说这七字当作"有焉者晋人之乘"(见《诂经精舍六集》卷九方赞尧《有马者借人乘之解》),更是毫无凭据的臆测。

15·27 子曰:"巧言乱德。小不忍¹,则乱大谋。"

【译文】

孔子说:"花言巧语足以败坏道德。小事情不忍耐,便会败坏大事情。"

【注释】

1. 小不忍——"小不忍"不仅是不忍小愤怒,也包括不忍小仁小恩,没有"蝮蛇螫手,壮士断腕"的勇气,也包括吝财不忍舍,以及见小利而贪。

15·28 子曰:"众恶之,必察焉¹;众好之,必察焉。"

孔子说："大家厌恶他，一定要去考察；大家喜爱他，也一定要去考察。"

【注释】

1. 必察焉——《子路篇第十三》有这样一段："子贡问曰：'乡人皆好之，何如？'子曰：'未可也。''乡人皆恶之，何如？'子曰：'未可也；不如乡人之善者好之，其不善者恶之。'"（13·24）可以和这段话互相发明。

15·29 子曰："人能弘道，非道弘人¹。"

【译文】

孔子说："人能够把道廓大，不是用道来廓大人。"

【注释】

1. 这一章只能就字面来翻译，孔子的真意何在，又如何叫做"非道弘人"，很难体会。朱熹曾经强为解释，而郑皓的《论语集注述要》却说，"此章最不烦解而最可疑"，则我们也只好不加臆测。《汉书·董仲舒传》所载董仲舒的对策和《礼乐志》所载的平当对策都引此二句，都以为是治乱兴废在于人的意思，但细加思考，仍未必相合。

15·30 子曰："过而不改，是谓过矣¹。"

孔子说:"有错误而不改正,那个错误便真叫做错误了。"

【注释】

1. 是谓过矣——《韩诗外传》卷三曾引孔子的话说:"过而改之,是不过也。"

15·31 子曰:"吾尝终日不食,终夜不寝,以思,无益,不如学也。"

【译文】

孔子说:"我曾经整天不吃,整晚不睡,去想,没有益处,不如去学习。"

15·32 子曰:"君子谋道不谋食。耕也,馁在其中矣;学也,禄在其中[1]矣。君子忧道不忧贫。"

【译文】

孔子说:"君子用心力于学术,不用心力于衣食。耕田,也常常饿着肚皮;学习,常常得到俸禄。君子只着急得不到道,不着急得不到财。"

【注释】

1. 禄在其中——这一章可以和"樊迟请学稼"章(13·4)结合着看。

15·33 子曰："知及之¹，仁不能守之；虽得之，必失之。知及之，仁能守之。不庄以莅之，则民不敬。知及之，仁能守之，庄以莅之，动之不以礼，未善也。"

【译文】

孔子说："聪明才智足以得到它，仁德不能保持它；就是得到，一定会丧失。聪明才智足以得到它，仁德能保持它。不用严肃态度来治理百姓，百姓也不会认真〔地生活和工作〕。聪明才智足以得到它，仁德能保持它，能用严肃的态度来治理百姓，假若不合理合法地动员百姓，是不够好的。"

【注释】

1. 知及之——"知及之"诸"之"字究竟何指，原文未曾说出。以"不庄以莅之""动之不以礼"诸句来看，似是小则指卿大夫士的禄位，大则指天下国家。不然，不会涉及临民和动员人民的。

15·34 子曰："君子不可小知而可大受也，小人不可大受而可小知也。"

【译文】

孔子道："君子不可以用小事情考验他，却可以接受重大任务；小人不可以接受重大任务，却可以用小事情考验他。"

15·35 子曰："民之于仁也，甚于水火¹。水火，吾见蹈而死者矣，未见蹈仁而死者也。"

【译文】

孔子说："百姓需要仁德，更急于需要水火。往水火里去，我看见因而死了的，却从没有看见践履仁德因而死了的。"

【注释】

1.甚于水火——《孟子·尽心上》说："民非水火不生活。"译文摘取此意，故加"需要"两字。

15·36 子曰："当仁，不让于师。"

【译文】

孔子说："面临着仁德，就是老师，也不同他谦让。"

15·37 子曰："君子贞¹而不谅²。"

【译文】

孔子说："君子讲大信，却不讲小信。"

【注释】

1.贞——《贾子·道术篇》云："言行抱一谓之贞。"所以译文以"大信"

译之。 2.谅——朱骏声《说文通训定声》说这"谅"字假借为"勍",犹固执也。则他把这"贞"字解为《伪古文尚书·太甲》"万邦以贞"的"贞",正也。似不妥。

15·38 子曰："事君，敬其事而后其食¹。"

【译文】

孔子说："对待君上，认真工作，把拿俸禄的事放在后面。"

【注释】

1. 而后其食——据宋晁公武《郡斋读书志》的记载，蜀《石经》作"而后食其禄"。

15·39 子曰："有教无类¹。"

【译文】

孔子说："人人我都教育，没有［贫富、地域等等］区别。"

【注释】

1. 无类 ——"自行束脩以上，吾未尝无诲焉"（7·7），便是"有教无类"。

15·40 子曰：“道不同，不相为谋。”

【译文】

孔子说：“主张不同，不互相商议。”

15·41 子曰：“辞达[1]而已矣。”

【译文】

孔子说：“言辞，足以达意便罢了。”

【注释】

1.辞达——可以和“文胜质则史”（6·18）参看。过于浮华的词藻，是孔子所不同意的。

15·42 师冕[1]见，及阶，子曰：“阶也。”及席，子曰：“席也。”皆坐，子告之曰：“某在斯，某在斯。”

师冕出。子张问曰：“与师言之道与？”子曰：“然；固相师之道也。”

【译文】

师冕来见孔子，走到阶沿，孔子道：“这是阶沿啦。”走到坐席旁，孔子道：“这是坐席啦。”都坐定了，孔子告诉他说：“某人在这里，某人在这里。”

师冕辞了出来。子张问道："这是同瞎子讲话的方式吗？"孔子道："对的；这本来是帮助瞎子的方式。"

【注释】

1. 师冕——师，乐师；冕，这人之名。古代乐官一般用瞎子充当。

季氏篇第十六

共十四章

16·1 季氏将伐颛臾[1]。冉有、季路见于孔子曰："季氏将有事[2]于颛臾。"

孔子曰："求！无乃尔是过[3]与？夫颛臾，昔者先王以为东蒙[4]主，且在邦域之中矣，是社稷之臣也。何以伐为？"

冉有曰："夫子欲之，吾二臣者皆不欲也。"

孔子曰："求！周任[5]有言曰：'陈力就列，不能者止。'危而不持，颠而不扶，则将焉用彼相矣？且尔言过矣，虎兕出于柙，龟玉毁于椟中，是谁之过与？"

冉有曰："今夫颛臾，固而近于费[6]。今不取，后世必为子孙忧。"

孔子曰："求！君子疾夫舍曰欲之而必为之辞。丘也闻有国有家者，不患寡当作贫而患不均，不患贫当作寡而患不安[7]。盖均无贫，和无寡，安无倾。夫如是，故远人不服，则修文德以来之。既来之，则安之。今由与求也，相夫子，远人不服，而不能来也；邦分崩离析，而不能守也；而谋动干戈于邦内。吾恐季孙之忧，不在颛臾，而在萧墙之内[8]也。"

【译文】

季氏准备攻打颛臾。冉有、子路两人谒见孔子，说道："季氏准备对颛臾使用兵力。"

孔子道："冉求！这难道不应该责备你吗？颛臾，上代的君王曾经授权他主持东蒙山的祭祀，而且它的国境早在我们最初被封时的疆土之中，这正是和鲁国共安危存亡的藩属，为什么要去攻打它呢？"

冉有道："季孙要这么干，我们两人本来都是不同意的。"

孔子道："冉求！周任有句话说：'能够贡献自己的力量，这再任职；如果不行，就该辞职。'譬如瞎子遇到危险，不去扶持；将要摔倒了，不去搀扶，那又何必用助手呢？你的话是错了。老虎犀牛从槛里逃了出来，龟壳美玉在匣子里毁坏了，这是谁的责任呢？"

冉有道："颛臾，城墙既然坚牢，而且离季孙的采邑费地很近。现今不把它占领，日子久了，一定会给子孙留下祸害。"

孔子道："冉求！君子就讨厌〔那种态度，〕不说自己贪心无厌，却一定另找借口。我听说过：无论是诸侯或者大夫，不必着急财富不多，只需着急财富不均；不必着急人民太少，只需着急境内不安。若是财富平均，便无所谓贫穷；境内和平团结，便不会觉得人少；境内平安，便不会倾危。做到这样，远方的人还不归服，便再修仁义礼乐的政教来招致他们。他们来了，就得使他们安心。如今仲由和冉求两人辅相季孙，远方之人不归服，却不能招致；国家支离破碎，却不能保全；反而想在国境以内使用兵力。我恐怕季孙的忧愁不在颛臾，却在鲁君哩。"

【注释】

1. 颛臾——鲁国的附庸国家，现在山东省费县西北八十里有颛臾村，当是古颛臾之地。　2. 有事——《左传》成公十三年，"国之大事，在祀与戎"。这"有事"即指用兵。　3. 尔是过——不能解作"尔之过"，因为古代人称代词表示领位极少再加别的虚词的（像《尚书·康诰》"朕其弟小子封"只是极个别的例子）。这里"过"字可看作动词，"是"字是表示倒装之用的词，顺装便是"过尔"，"责备你"、"归罪于你"的意思。　4. 东蒙——即蒙山，在今山东蒙阴县南，接费县界。　5. 周任——古代的一位史官。　6. 费——音秘，bì，鲁国季氏采邑，今山东费县西南七十里有费城。　7. 不患寡而患不均，不患贫而患不安——当作"不患贫而患不均，不患寡而患不安"，"贫"和"均"是从财富着眼，下文"均无贫"可以为证；"寡"和"安"是从人民着眼，下文"和无寡"可以为证。说详俞樾《群经平议》。　8. 萧墙之内——"萧墙"是鲁君所用的屏风。人臣至此屏风，便会肃然起敬，所以叫做萧墙（萧字从肃得声）。"萧墙之内"指鲁君。当时季孙把持鲁国政治，和鲁君矛盾很大，也知道鲁君想收拾他以收回主权，因此怕颛臾凭借有利的地势起而帮助鲁国，于是要先下手为强，攻打颛臾。孔子这句话，深深地刺中了季孙的内心。

16·2 孔子曰："天下有道，则礼乐征伐自天子出；天下无道，则礼乐征伐自诸侯出。自诸侯出，盖十世希不失矣；自大夫出，五世希不失矣；陪臣执国命，三世希不失矣¹。天下有道，则政不在大夫。天下有道，则庶人不议。"

【译文】

孔子说："天下太平，制礼作乐以及出兵都决定于天子；天下昏乱，制礼作乐以及出兵便决定于诸侯。决定于诸侯，大概传到十代，很少还能继续的；决定于大夫，传到五代，很少还能继续的；若是大夫的家臣把持国家政权，传到三代很少还能继续的。天下太平，国家的最高政治权力就不会掌握在大夫之手。天下太平，老百姓就不会议论纷纷。"

【注释】

1.孔子这一段话可能是从考察历史，尤其是当日时事所得出的结论。"自天子出"，孔子认为尧、舜、禹、汤以及西周都如此的；"天下无道"则自齐桓公以后，周天子已无发号施令的力量了。齐自桓公称霸，历孝公、昭公、懿公、惠公、顷公、灵公、庄公、景公、悼公、简公十公，至简公而为陈恒所杀，孔子亲身见之；晋自文公称霸，历襄公、灵公、成公、景公、厉公、平公、昭公、顷公九公，六卿专权，也是孔子所亲见的。所以说"十世希不失"。鲁自季友专政，历文子、武子、平子、桓子而为阳虎所执，更是孔子所亲见的。所以说"五世希不失"。至于鲁季氏家臣南蒯、公山弗扰、阳虎之流都当身而败，不曾到过三世。当时各国家臣有专政的，孔子言"三世希不失"，盖宽言之。这也是历史演变的必然，愈近变动时代，权力再分配的斗争，一定愈加激烈。这却是孔子所不明白的。

16·3 孔子曰："禄之去公室五世[1]矣，政逮于大夫四世[1]矣，故夫三桓[2]之子孙微矣。"

【译文】

孔子说："国家政权离开了鲁君，[从鲁君来说，]已经五代了；政权到了大夫之手，[从季氏来说，]已经四代了，所以桓公的三房子孙现在也衰微了。"

【注释】

1. 五世、四世——自鲁君丧失政治权力到孔子说这段话的时候，经历了宣公、成公、襄公、昭公、定公五代；自季氏最初把持鲁国政治到孔子说这段话时，经历了文子、武子、平子、桓子四代。说本毛奇龄《论语稽求篇》。
2. 三桓——鲁国的三卿，仲孙（即孟孙）、叔孙、季孙都出于鲁桓公，故称"三桓"。

16·4 孔子曰："益者三友，损者三友。友直，友谅[1]，友多闻，益矣。友便辟，友善柔，友便佞，损矣。"

【译文】

孔子说："有益的朋友三种，有害的朋友三种。同正直的人交友，同信实的人交友，同见闻广博的人交友，便有益了。同谄媚奉承的人交友，同当面恭维背面毁谤的人交友，同夸夸其谈的人交友，便有害了。"

【注释】

1.谅——《说文》："谅，信也。""谅"和"信"有时意义相同，这里便如此。有时意义有别。如《宪问篇第十四》"岂若匹夫匹妇之为谅也"的"谅"只是"小信"的意思。

16·5 孔子曰："益者三乐，损者三乐。乐节礼乐，乐道人之善，乐多贤友，益矣。乐骄乐，乐佚游，乐宴乐，损矣。"

【译文】

孔子说："有益的快乐三种，有害的快乐三种。以得到礼乐的调节为快乐，以宣扬别人的好处为快乐，以交了不少有益的朋友为快乐，便有益了。以骄傲为快乐，以游荡忘返为快乐，以饮食荒淫为快乐，便有害了。"

16·6 孔子曰："侍于君子有三愆：言未及之而言谓之躁，言及之而不言谓之隐，未见颜色而言谓之瞽。"

【译文】

孔子说："陪着君子说话容易犯三种过失：没轮到他说话，却先说，叫做

274　　　　　　　　　　　　　　　　　　　　　　　　　　　　论语译注

急躁；该说话了，却不说，叫做隐瞒；不看看君子的脸色便贸然开口，叫做瞎眼睛。"

16·7 孔子曰："君子有三戒：少之时，血气未定，戒之在色；及其壮也，血气方刚，戒之在斗；及其老也，血气既衰，戒之在得¹。"

【译文】

孔子说："君子有三件事情应该警惕戒备：年轻的时候，血气未定，便要警戒，莫迷恋女色；等到壮大了，血气正旺盛，便要警戒，莫好胜喜斗；等到年老了，血气已经衰弱，便要警戒，莫贪求无厌。"

【注释】

1. 得——孔安国《注》云："得，贪得。"所贪者可能包括名誉、地位、财货在内。《淮南子·诠言训》："凡人之性，少则猖狂，壮则强暴，老则好利。"意本于此章，而以"好利"释得，可能涵义太狭。

16·8 孔子曰："君子有三畏：畏天命，畏大人¹，畏圣人之言。小人不知天命而不畏也，狎大人，侮圣人之言。"

【译文】

孔子说："君子害怕的有三件事：怕天命，怕王公大人，怕圣人的言语。小人不懂得天命，因而不怕它；轻视王公大人，轻侮圣人的言语。"

【注释】

1. 大人——古代对于在高位的人叫"大人",如《易·乾卦》"利见大人",《礼记·礼运》"大人世及以为礼",《孟子·尽心下》"说大人,则藐之"。对于有道德的人也可以叫"大人",如《孟子·告子上》"从其大体为大人"。这里的"大人"是指在高位的人,而"圣人"则是指有道德的人。

16·9 孔子曰:"生而知之者上也,学而知之者次也;困而学之,又其次也;困而不学,民斯为下矣。"

【译文】

孔子说:"生来就知道的是上等,学习然后知道的是次一等;实践中遇见困难,再去学它,又是再次一等;遇见困难而不学,老百姓就是这种最下等的了。"

16·10 孔子曰:"君子有九思:视思明,听思聪,色思温,貌思恭,言思忠,事思敬,疑思问,忿思难,见得思义。"

【译文】

孔子说:"君子有九种考虑:看的时候,考虑看明白了没有;听的时候,考虑听清楚了没有;脸上的颜色,考虑温和么;容貌态度,考虑庄矜么;说的言语,考虑忠诚老实么;对待工作,考虑严肃认真么;遇到疑问,考虑怎样向人家请教;将发怒了,考虑有什么后患;看见可得的,考虑我是否应该得。"

论语译注

16·11 孔子曰："见善如不及，见不善如探汤。吾见其人矣，吾闻其语矣。隐居以求其志，行义以达其道。吾闻其语矣，未见其人也。"

【译文】

孔子说："看见善良，努力追求，好像赶不上似的；遇见邪恶，使劲避开，好像将伸手到沸水里。我看见这样的人，也听过这样的话。避世隐居求保全他的意志，依义而行来贯彻他的主张。我听过这样的话，却没有见过这样的人。"

16·12 齐景公有马千驷¹，死之日，民无德而称焉。伯夷叔齐饿于首阳²之下，民到于今称之。其斯之谓与³？

【译文】

齐景公有马四千匹，死了以后，谁都不觉得他有什么好行为可以称述。伯夷、叔齐两人饿死在首阳山下，大家到现在还称颂他们。那就是这个意思吧！

【注释】

1. 千驷——古代一般用四匹马驾一辆车，所以一驷就是四匹马。《左传》哀公八年："鲍牧谓群公子曰：'使女有马千乘乎？'"这"千乘"就是景公所遗留的"千驷"。鲍牧用此来诱劝群公子争夺君位，可见"千乘"是一笔相当富厚的私产。　2. 首阳——山名，现在何地，古今传说纷歧，总之，已经难于确指。　3. 其斯之谓与——这一章既然没有"子曰"字样，而且"其斯之谓与"的上面无所承受，程颐以为《颜渊篇第十二》的"诚不以富，亦只以异"两句引文应该放在此处"其斯之谓与"之上，但无证据。朱熹《答江德功书》云："此章文势或有断续，或有阙文，或非一章，皆不可考。"

16·13 陈亢[1]问于伯鱼曰："子亦有异闻乎？"

对曰："未也。尝独立，鲤趋而过庭。曰：'学诗乎？'对曰：'未也。''不学诗，无以言。'鲤退而学诗。他日，又独立，鲤趋而过庭。曰：'学礼乎？'对曰：'未也。''不学礼，无以立。'鲤退而学礼。闻斯二者。"

陈亢退而喜曰："问一得三，闻诗，闻礼，又闻君子之远其子也。"

【译文】

陈亢向孔子的儿子伯鱼问道："您在老师那儿，也得着与众不同的传授吗？"

答道："没有。他曾经一个人站在庭中，我恭敬地走过。他问我道：'学诗没有？'我道：'没有。'他便道：'不学诗就不会说话。'我退回便学诗。过了几天，他又一个人站在庭中，我又恭敬地走过。他问道：'学礼没有？'我答：'没有。'他道：'不学礼，便没有立足社会的依据。'我退回便学礼。只听到这两件。"

陈亢回去非常高兴地道："我问一件事，知道了三件事。知道诗，知道礼，又知道君子对他儿子的态度。"

【注释】

1.陈亢——亢音刚，gāng，就是陈子禽。

16·14 邦君之妻，君称之曰夫人，夫人自称曰小童；邦人称之曰君夫人，称诸异邦曰寡小君；异邦人称之亦曰君夫人[1]。

【译文】

国君的妻子，国君称她为夫人，她自称为小童；国内的人称她为君夫人，但对外国人便称她为寡小君；外国人称她也为君夫人。

【注释】

1. 这章可能也是孔子所言，却遗落了"子曰"两字。有人疑心这是后人见竹简有空白处，任意附记的。殊不知书写《论语》的竹简不过八寸，短者每章一简，长者一章数简，断断没有多大空白能书写这四十多字。而且这一章既见于《古论》，又见于《鲁论》(《鲁论》作"国君之妻")，尤其可见各种古本都有之，绝非后人所掺入。

阳货篇第十七

共二十六章

（汉《石经》同。何晏《集解》把第二、第三两章以及第九、第十两章各并为一章，所以只二十四章。）

17·1　阳货¹欲见孔子，孔子不见，归孔子豚²。

孔子时其亡也，而往拜之。

遇诸途。

谓孔子曰："来！予与尔言。"曰³："怀其宝而迷其邦，可谓仁乎？"曰："不可。——好从事而亟⁴失时，可谓知乎？"曰："不可。——日月逝矣，岁不我与。"

孔子曰："诺；吾将仕矣⁵。"

【译文】

阳货想要孔子来拜会他，孔子不去，他便送孔子一个［蒸熟了的］小猪［，使孔子到他家来道谢］。

孔子探听他不在家的时候，去拜谢。

两人在路上碰着了。

他叫着孔子道："来！我同你说话。"［孔子走了过去。］他又道："自己有一身的本领，却听任着国家的事情糊里糊涂，可以叫做仁爱吗？"［孔子没吭声。］他便自己接口道："不可以；——一个人喜欢做官，却屡屡错过机会，可以叫做聪明吗？"［孔子仍然没吭声。］他又自己接口道："不可以；——时光一去，就不再回来了呀。"

孔子这才说道："好吧；我打算做官了。"

【注释】

1. 阳货——又叫阳虎，季氏的家臣。季氏几代以来把持鲁国的政治，阳货这时正又把持季氏的权柄。最后因企图削除三桓而未成，逃往晋国。

2. 归孔子豚——"归"同"馈"，赠送也。《孟子·滕文公下》对这事有一段说明，他说，当时，"大夫有赐于士，不得受于其家，则往拜其门"。阳货便利用这一礼俗，趁孔子不在家，送一个蒸熟了的小猪去。孔子也就趁阳货不在家才去登门拜谢。　　3.曰——自此以下的几个"曰"字，都是阳货的自为问答。说本毛奇龄《论语稽求篇》引明人郝敬之说。俞樾《古书疑义举例》卷二有"一人之辞而加曰字例"，对这种修辞方式更有详细引证。　　4.亟——去声，音气，qì，屡也。　　5.吾将仕矣——孔子于阳虎当权之时，并未仕于阳虎。可参《左传》定公八、九年传。

17·2　子曰："性相近也，习相远也。"

【译文】

　　孔子说："人性情本相近，因为习染不同，便相距悬远。"

17·3　子曰："唯上知与下愚[1]不移。"

【译文】

　　孔子说："只有上等的智者和下等的愚人是改变不了的。"

【注释】

　　1.上知、下愚——关于"上知""下愚"的解释，古今颇有异说。《汉书·古今人表》说："可与为善，不可与为恶，是谓上智。可与为恶，不可与为善，是谓下愚。"则是以其品质言。孙星衍《问字堂集》说："上知谓生而知之，下愚谓困而不学。"则是兼以其知识与品质而言。译文仅就字面译出。但孔子说过"生而知之者上也"（16·9），这里的"上知"可能就是"生而知之"的人。当然这种人是不会有的。可是当时的人却以为一定有，甚至孔子都曾否认地说过"我非生而知之者"（7·20）。

17·4 子之武城，闻弦歌之声。夫子莞尔而笑，曰："割鸡焉用牛刀？"

子游对曰："昔者偃也闻诸夫子曰：'君子学道则爱人，小人学道则易使也。'"

子曰："二三子！偃之言是也。前言戏之耳。"

【译文】

孔子到了〔子游做县长〕的武城，听到了弹琴瑟唱诗歌的声音。孔子微微笑着，说道："宰鸡，何必用宰牛的刀？〔治理这个小地方，用得着教育吗？〕"

子游答道："以前我听老师说过，做官的学习了，就会有仁爱之心；老百姓学习了，就容易听指挥，听使唤。〔教育总是有用的。〕"

孔子便向学生们道："二三子！言偃的这话是正确的。我刚才那句话不过同他开玩笑罢了。"

17·5 公山弗扰¹以费畔²，召，子欲往。

子路不说，曰："末之也，已³，何必公山氏之之⁴也？"

子曰："夫召我者，而岂徒哉⁵？如有用我者，吾其为东周乎？"

【译文】

公山弗扰盘踞在费邑图谋造反，叫孔子去，孔子准备去。

子路很不高兴，说道："没有地方去便算了，为什么一定要去公山氏那里呢？"

孔子道："那个叫我去的人，难道是白白召我吗？假若有人用我，我将使周文王、武王之道在东方复兴。"

【注释】

1.公山弗扰——疑即《左传》定公五年、八年、十二年及哀公八年之公山不狃（唯陈天祥的《四书辨疑》认为是两人）。不过《论语》所叙之事不见于《左传》，而《左传》定公十二年所叙的公山不狃反叛鲁国的事，不但没有叫孔子去，而且孔子当时正为司寇，命人打败了他。因此赵翼的《陔余丛考》、崔述的《洙泗考信录》都疑心这段文字不可信。但是其后又有一些人，如刘宝楠《论语正义》，则说赵、崔不该信《左传》而疑《论语》。我们于此等处只能存疑。　2.畔——毛奇龄说，"畔是谋逆"，译文取这一义。　3.末之也，已——旧作一句读，此依武亿《经读考异》作两句读。"末"，没有地方的意思；"之"，动词，往也；"已"，止也。　4.何必公山氏之之也——"何必之公山氏也"的倒装。"之之"的第一个"之"字只是帮助倒装用的结构助词，第二个"之"字是动词。　5.而岂徒哉——"徒"下省略动宾结构，说完全是"而岂徒召我哉"。

17·6 子张问仁于孔子。孔子曰："能行五者于天下为仁矣。"

"请问之。"曰："恭，宽，信，敏，惠。恭则不侮，宽则得众，信则人任焉，敏则有功，惠则足以使人。"

【译文】

子张向孔子问仁。孔子道:"能够处处实行五种品德,便是仁人了。"

子张道:"请问哪五种。"孔子道:"庄重,宽厚,诚实,勤敏,慈惠。庄重就不致遭受侮辱,宽厚就会得到大众的拥护,诚实就会得到别人的任用,勤敏就会工作效率高、贡献大,慈惠就能够使唤人。"

17·7 佛肸[1]召,子欲往。

子路曰:"昔者由也闻诸夫子曰:'亲于其身为不善者,君子不入也。'佛肸以中牟[2]畔,子之往也,如之何?"

子曰:"然,有是言也。不曰坚乎,磨而不磷[3];不曰白乎,涅[4]而不缁。吾岂匏瓜[5]也哉?焉能系而不食?"

【译文】

佛肸叫孔子,孔子打算去。

子路道:"从前我听老师说过:'亲自做坏事的人那里,君子不去的。'如今佛肸盘踞中牟谋反,您却要去,怎么说得过去呢?"

孔子道:"对,我有过这话。但是,你不知道吗?最坚固的东西,磨也磨不薄;最白的东西,染也染不黑。我难道是匏瓜吗?哪里能够只是被悬挂着而不给人吃食呢?"

【注释】

1. 佛肸——晋国赵简子攻打范、中行,佛肸是范、中行的家臣,为中牟的县长,因此依据中牟来抗拒赵简子。 2. 中牟——春秋时晋邑,故址当在今日河北省邢台和邯郸之间,跟河南的中牟了不相涉。 3. 磷——音吝,lìn,薄也。 4. 涅——音聂,niè,本是一种矿物,古人用作黑色染料,这里作动词，染黑之意。　5.匏瓜——即匏子，古有甘、苦两种，苦的不能吃，但因它比水轻，可以系于腰，用以泅渡。《国语·鲁语》："苦瓠不材于人，共济而已。"《庄子·逍遥游》："今子有五石之匏，何不虑以为大樽，而浮乎江湖。"皆可以为证。

17·8　子曰："由也！女闻六言¹六蔽矣乎？"对曰："未也。"

"居！吾语女。好仁不好学²，其蔽也愚³；好知不好学，其蔽也荡⁴；好信不好学，其蔽也贼⁵；好直不好学，其蔽也绞；好勇不好学，其蔽也乱；好刚不好学，其蔽也狂。"

【译文】

孔子说："仲由！你听过有六种品德便会有六种弊病吗？"子路答道："没有。"

孔子道："坐下！我告诉你。爱仁德，却不爱学问，那种弊病就是容易被人愚弄；爱耍聪明，却不爱学问，那种弊病就是放荡而无基础；爱诚实，却不爱学问，那种弊病就是［容易被人利用，反而］害了自己；爱直率，却不爱学问，那种弊病就是说话尖刻，刺痛人心；爱勇敢，却不爱学问，那种弊病就是捣乱闯祸；爱刚强，却不爱学问，那种弊病就是胆大妄为。"

【注释】

1.言——这个"言"字和"有一言而可以终身行之"（15·24）的"言"相同，名曰"言"，实是指"德"。"一言"，孔子拈出"恕"字；"六言"，孔子拈出"仁"、"知"、"信"、"直"、"勇"、"刚"六字。后代"五言诗"、"七言诗"以一字为"言"之义盖本于此。　2.不好学——不学则不能明其理。

3. 愚——朱熹《集注》云："愚若可陷可罔之类。"译文取之。　4. 荡——孔安国云："荡，无所适守也。"译文取之。　5. 贼——管同《四书纪闻》云："大人之所以不必信者，唯其为学而知义之所在也。苟好信不好学，则唯知重然诺而不明事理之是非，谨厚者则硁硁为小人；苟又挟以刚勇之气，必如周汉刺客游侠，轻身殉人，扞文网而犯公义，自圣贤观之，非贼而何？"这是根据春秋侠勇之士的事实，又根据儒家明哲保身的理论所发的议论，似乎近于孔子本意。

17·9　子曰："小子何莫学夫诗？诗，可以兴，可以观，可以群，可以怨。迩之事父，远之事君；多识于鸟兽草木之名。"

【译文】

　　孔子说："学生们为什么没有人研究诗？读诗，可以培养联想力，可以提高观察力，可以锻炼合群性，可以学得讽刺方法。近呢，可以运用其中道理来侍奉父母；远呢，可以用来服侍君上；而且多多认识鸟兽草木的名称。"

17·10　子谓伯鱼曰："女为《周南》、《召南》[1]矣乎？人而不为《周南》、《召南》，其犹正墙面而立[2]也与？"

【译文】

　　孔子对伯鱼说道："你研究过《周南》和《召南》了吗？人假若不研究《周南》和《召南》，那会像面正对着墙壁而站着罢！"

【注释】

1.《周南》、《召南》——现存《诗经·国风》中。但沈括《梦溪笔谈》卷三说："《周南》、《召南》，乐名也。……有乐有舞焉，学者之事。……所谓为《周南》、《召南》者，不独诵其诗而已。" 2. 正墙面而立——朱熹云："言即其至近之地，而一物无所见，一步不可行。"

17·11 子曰："礼云礼云，玉帛云乎哉？乐云乐云，钟鼓云乎哉？"

【译文】

孔子说："礼呀礼呀，仅是指玉帛等等礼物而说的吗？乐呀乐呀，仅是指钟鼓等等乐器而说的吗？"

17·12 子曰："色厉而内荏，譬诸小人，其犹穿窬之盗也与？"

【译文】

孔子说："颜色严厉，内心怯弱，若用坏人作比喻，怕像个挖洞跳墙的小偷罢！"

17·13 子曰："乡愿[1]，德之贼也。"

【译文】

孔子说："没有真是非的好好先生是足以败坏道德的小人。"

【注释】

1. 乡愿——愿，《孟子》作"原"。《孟子·尽心下》对"乡愿"有一段最具体的解释："何以是嘐嘐也？言不顾行，行不顾言，则曰：'古之人，古之人，行何为踽踽凉凉？生斯世也，为斯世也，善斯可矣。'阉然媚于世也者，是乡原也。"又说："非之无举也，刺之无刺也。同乎流俗，合乎污世。居之似忠信，行之似廉洁。众皆悦之，自以为是，而不可与入尧舜之道。故曰'德之贼'也。"

17·14 子曰："道听而途说，德之弃也。"

【译文】

孔子说："听到道路传言就四处传播，这是应该革除的作风。"

17·15 子曰："鄙夫可与¹事君也与哉？其未得之也，患得之当作患不得之²。既得之，患失之。苟患失之，无所不至矣。"

【译文】

孔子说："鄙夫，难道能同他共事吗？当他没有得到职位的时候，生怕得不着；已经得着了，又怕失去。假若生怕失去，会无所不用其极了。"

1. 可与——王引之《释词》谓即"可以"，今不取。　2. 患得之——王符《潜夫论·爱日篇》云："孔子疾夫未之得也，患不得之；既得，患失之者。"可见东汉人所据的本子有"不"字。《荀子·子道篇》说："孔子曰……小人者，其未得也，则忧不得；既已得之，又恐失之。"(《说苑·杂言篇》同)此虽是述意，"得"上也有"不"字。宋人沈作喆《寓简》云："东坡解云，'患得之'当作'患不得之'。"可见宋人所见的本子已脱此"不"字。

17·16 子曰："古者民有三疾，今也或是之亡也。古之狂也肆，今之狂也荡；古之矜也廉[1]，今之矜也忿戾；古之愚也直，今之愚也诈而已矣。"

【译文】

孔子说："古代的人民还有三种[可贵的]毛病，现在呢，或许都没有了。古代的狂人肆意直言，现在的狂人便放荡无羁了；古代自己矜持的人还有些不能触犯的地方，现在自己矜持的人却只是一味老羞成怒，无理取闹罢了；古代的愚人还直率，现在的愚人却只是欺诈耍手段罢了。"

【注释】

1. 廉——"廉隅"的"廉"，本义是器物的棱角，人的行为方正有威也叫"廉"。

17·17 子曰："巧言令色，鲜矣仁[1]。"

1.见《学而篇第一》。

17·18 子曰："恶紫之夺朱¹也，恶郑声之乱雅乐也，恶利口之覆邦家者。"

【译文】

孔子说："紫色夺去了大红色的光彩和地位，可憎恶；郑国的乐曲破坏了典雅的乐曲，可憎恶；强嘴利舌颠覆国家，可憎恶。"

【注释】

1.紫之夺朱——春秋时候，鲁桓公和齐桓公都喜欢穿紫色衣服，从《左传》哀公十七年卫浑良夫"紫衣狐裘"而被罪的事情看来，那时的紫色可能已代替了朱色而变为诸侯衣服的正色了。

17·19 子曰："予欲无言。"子贡曰："子如不言，则小子何述焉？"子曰："天何言哉？四时行焉，百物生焉，天何言哉？"

【译文】

孔子说："我想不说话了。"子贡道："您假若不说话，那我们传述什么呢？"孔子道："天说了什么呢？四季照样运行，百物照样生长，天说了什么呢？"

17·20 孺悲¹欲见孔子，孔子辞以疾²。将命者出户，取瑟而歌，使之闻之。

【译文】

孺悲来，要会晤孔子，孔子托言有病，拒绝接待。传命的人刚出房门，孔子便把瑟拿下来弹，并且唱着歌，故意使孺悲听到。

【注释】

1.孺悲——鲁国人。《礼记·杂记》云："恤由之丧，哀公使孺悲之孔子学士丧礼，《士丧礼》于是乎书。" 2.辞以疾——《孟子·告子下》说："教亦多术矣。予不屑之教诲也者，是亦教诲之而已矣。"孔子故意不接见孺悲，并且使他知道，是不是也是如此的呢？

17·21 宰我问："三年之丧，期已久矣。君子三年不为礼，礼必坏；三年不为乐，乐必崩。旧谷既没，新谷既升，钻燧改火¹，期²可已矣。"

子曰："食夫稻³，衣夫锦，于女安乎？"

曰："安。"

"女安，则为之！夫君子之居丧，食旨不甘，闻乐不乐，居处不安⁴，故不为也。今女安，则为之！"

宰我出。子曰："予之不仁也！子生三年，然后免于父母之怀。夫三年之丧，天下之通丧也，予也有三年之爱于其父母乎！"

宰我问道:"父母死了,守孝三年,为期也太久了。君子有三年不去习礼仪,礼仪一定会废弃掉;三年不去奏音乐,音乐一定会失传。陈谷既已吃完了,新谷又已登场;打火用的燧木又经过了一个轮回,一年也就可以了。"

孔子道:"〔父母死了,不到三年,〕你便吃那个白米饭,穿那个花缎衣,你心里安不安呢?"

宰我道:"安。"

孔子便抢着道:"你安,你就去干吧!君子的守孝,吃美味不晓得甜,听音乐不觉得快乐,住在家里不以为舒适,才不这样干。如今你既然觉得心安,便去干好了。"

宰我退了出来。孔子道:"宰予真不仁呀!儿女生下地来,三年以后才能完全脱离父母的怀抱。替父母守孝三年,天下都是如此的。宰予难道就没有从他父母那里得着三年怀抱的爱护吗?"

〔注释〕

1. 钻燧改火——古代用的是钻木取火的方法,被钻的木,四季不同,所谓"春取榆柳之火,夏取枣杏之火,季夏取桑柘之火,秋取柞楢之火,冬取槐檀之火"(马融引《周书·月令篇》文),一年一轮回。 2. 期——同朞,音基,jī,一年。 3. 稻——古代北方以稷(小米)为主要粮食,水稻和粱(精细的小米)是珍品,而稻的耕种面积更小,所以这里特别提出它来和"锦"为对文。 4. 居处不安——古代孝子要"居倚庐,寝苦枕块",就是住临时用草料木料搭成的凶庐,睡在用草编成的薹垫上,用土块做枕头。这里的"居处"是指平日的居住生活而言。

17·22 子曰:"饱食终日,无所用心,难矣哉!不有博[1]弈者乎?为之,犹贤乎已[2]。"

　　孔子说："整天吃饱了饭，什么事也不做，不行的呀！不是有掷采下弈的游戏吗？干干也比闲着好。"

【注释】

　　1. 博——古代的一种棋局。焦循的《孟子正义》说："盖弈但行棋，博以掷采（骰子）而后行棋。"又说："后人不行棋而专掷采，遂称掷采为博（赌博），博与弈益远矣。" 2. 犹贤乎已——句法与意义和《墨子·法仪篇》的"犹逾（同愈）已"、《孟子·尽心上》的"犹愈于已"全同。"已"是不动作的意思。

　　17·23 　子路曰："君子尚[1]勇乎？"子曰："君子义以为上[1]，君子有勇而无义为乱，小人有勇而无义为盗。"

【译文】

　　子路问道："君子尊贵勇敢不？"孔子道："君子认为义是最可尊贵的，君子只有勇，没有义，就会捣乱造反；小人只有勇，没有义，就会做土匪强盗。"

【注释】

　　1. 尚、上——"尚勇"的"尚"和"上"相同，不过用作动词。

　　17·24 　子贡曰："君子亦有恶乎？"子曰："有恶：恶称人之恶者，恶居下流流字衍文[1]而讪上者，恶勇而无礼者，恶果敢而窒者。"

曰："赐也亦有恶乎？""恶徼以为知者，恶不孙以为勇者，恶讦以为直者。"

【译文】

子贡道："君子也有憎恨的事吗？"孔子道："有憎恨的事：憎恨一味传播别人的坏处的人，憎恨在下位而毁谤上级的人，憎恨勇敢却不懂礼节的人，憎恨勇于贯彻自己的主张，却顽固不通、执拗到底的人。"

孔子又道："赐，你也有憎恶的事吗？"子贡随即答道："我憎恨偷袭别人的成绩却作为自己的聪明的人，憎恨毫不谦虚却自以为勇敢的人，憎恨揭发别人阴私却自以为直率的人。"

【注释】

1. 下流——根据惠栋的《九经古义》和冯登府的《论语异文考证》，证明了晚唐以前的本子没有这个"流"字。案文义，这个"流"字也是不应该有的。但苏轼《上韩太尉书》引此文时已有"流"字，可见北宋时已经误衍。

17·25　子曰："唯女子与小人为难养也，近之则不孙，远之则怨。"

【译文】

孔子道："只有女子和小人是难得同他们共处的，亲近了，他会无礼；疏远了，他会怨恨。"

17·26　子曰：“年四十而见恶焉，其终也已 [1]。”

【译文】

孔子说：“到了四十岁还被厌恶，他这一生也就完了。”

【注释】

1.其终也已——"已"是动词，和"末之也，已"（17·5）"斯害也已"（2·16）的"已"字相同，句法更和"斯害也已"一致。"其终也""斯害也"为主语；"已"为动词，谓语。如在"其终也"下作一停顿，文意便显豁了。

微子篇第十八

共十一章

18·1 微子¹去之，箕子为之奴²，比干谏而死³。孔子曰："殷有三仁焉。"

【译文】

〔纣王昏乱残暴，〕微子便离开了他，箕子做了他的奴隶，比干谏劝而被杀。孔子说："殷商末年有三位仁人。"

【注释】

1.微子——名启，纣王的同母兄，不过当他出生时，他的母亲尚为帝乙之妾，其后才立为妻，然后生了纣，所以帝乙死后，纣得嗣立，而微子不得立。事见《吕氏春秋·仲冬纪》。古书中唯《孟子·告子篇》认为微子是纣的叔父。　2.箕子为之奴——箕子，纣王的叔父。纣王无道，他曾进谏而不听，便披发佯狂，降为奴隶。　3.比干谏而死——比干也是纣的叔父，力谏纣王，纣王说，我听说圣人的心有七个孔，便剖开他的心而死。

18·2 柳下惠为士师，三黜。人曰："子未可以去乎？"曰："直道而事人，焉往而不三黜？枉道而事人，何必去父母之邦？"

【译文】

柳下惠做法官，多次地被撤职。有人对他说："您不可以离开鲁国吗？"他道："正直地工作，到哪里去不多次被撤职？不正直地工作，为什么一定要离开祖国呢？"

18·3 齐景公待孔子曰："若季氏，则吾不能；以季、孟之间待之。"曰："吾老矣，不能用也。"孔子行。

【译文】

齐景公讲到对待孔子的打算时说："用鲁君对待季氏的模样对待孔子，那我做不到；我要用次于季氏而高于孟氏的待遇来对待他。"不久，又说道："我老了，没有什么作为了。"孔子离开了齐国。

18·4 齐人归女乐¹，季桓子²受之，三日不朝，孔子行。

【译文】

齐国送了许多歌姬舞女给鲁国，季桓子接受了，三天不问政事，孔子就离职走了。

【注释】

1.齐人归女乐——"归"同"馈"。此事可参阅《史记·孔子世家》和《韩非子·内储说》。 2.季桓子——季孙斯，鲁国定公以至哀公初年时的执政上卿，死于哀公三年。

18·5 楚狂接舆¹歌而过孔子曰："凤兮凤兮！何德之衰？往者不可谏，来者犹可追²。已而，已而！今之从政者殆而！"

孔子下，欲与之言。趋而辟之，不得与之言。

【译文】

楚国的狂人接舆一面走过孔子的车子，一面唱着歌，道："凤凰呀，凤凰呀！为什么这么倒霉？过去的不能再挽回，未来的还可不再着迷。算了吧，算了吧！现在的执政诸公危乎其危！"

孔子下车，想同他谈谈，他却赶快避开，孔子没法同他谈。

【注释】

1.接舆——曹之升《四书摭余说》云："《论语》所记隐士皆以其事名之。门者谓之'晨门'，杖者谓之'丈人'，津者谓之'沮'、'溺'，接孔子之舆者谓之'接舆'，非名亦非字也。" 2.犹可追——赶得上、来得及的意思，译文因图押韵，故用意译法。

18·6 长沮、桀溺耦而耕[1]，孔子过之，使子路问津焉。

长沮曰："夫执舆[2]者为谁？"

子路曰："为孔丘。"

曰："是鲁孔丘与？"

曰："是也。"

曰："是知津矣。"

问于桀溺。

桀溺曰："子为谁？"

曰："为仲由。"

曰："是鲁孔丘之徒与？"

对曰："然。"

曰："滔滔者天下皆是也，而谁以[3]易之？且而[4]与其从辟[5]人之士也，岂若从辟世之士哉？"耰[6]而不辍。

子路行以告。

夫子怃⁷然曰："鸟兽不可与同群，吾非斯人之徒与而谁与？天下有道，丘不与易也。"

【译文】

长沮、桀溺两人一同耕田，孔子在那儿经过，叫子路去问渡口。

长沮问子路道："那位驾车子的是谁？"

子路道："是孔丘。"

他又道："是鲁国的那位孔丘吗？"

子路道："是的。"

他便道："他么，早晓得渡口在哪儿了。"

去问桀溺。

桀溺道："您是谁？"

子路道："我是仲由。"

桀溺道："您是鲁国孔丘的门徒吗？"

答道："对的。"

他便道："像洪水一样的坏东西到处都是，你们同谁去改革它呢？你与其跟着［孔丘那种］逃避坏人的人，为什么不跟着［我们这些］逃避整个社会的人呢？"说完，仍旧不停地做田里工夫。

子路回来报告给孔子。

孔子很失望地道："我们既然不可以同飞禽走兽合群共处，若不同人群打交道，又同什么去打交道呢？如果天下太平，我就不会同你们一道来从事改革了。"

【注释】

1. 长沮、桀溺耦而耕——"长沮""桀溺"不是真姓名。其姓名当时已经不暇询问，后世更无由知道了。耦耕是古代耕田的一种方法。春秋时代已经用牛耕田，不但由冉耕字伯牛、司马耕字子牛的现象可以看出，《国语·晋语》云："其子孙将耕于齐，宗庙之牺为畎亩之勤。"尤为确证。耦耕的方法说法不少，都难说很精确。下文又说"耰而不辍"，则这耦耕未必是执耒，像夏炘《学礼管释·释二耜为耦》所说的。估计这个耦耕不过说二人做庄稼活罢了。1959年科学出版社《农史研究集刊》万国鼎《耦耕考》对此有解释，中华书局《中华文史论丛》第三辑何兹全《谈耦耕》对万说有补充，也只能作参考。　2.执舆——就是执辔（拉马的缰绳）。本是子路做的，因子路已下车，所以孔子代为驾御。　3.以——与也，和下文"不可与同群"，"斯人之徒而谁与"，"丘不与易也"诸"与"字同义。　4.而——同"尔"。5.辟——同"避"。　6.耰——音忧，yōu，播种之后，再以土覆之，摩而平之，使种入土，鸟不能啄，这便叫耰。　7.怃——音舞，wǔ，怃然，怅惘失意之貌。

18·7　子路从而后，遇丈人，以杖荷蓧[1]。

子路问曰："子见夫子乎？"

丈人曰："四体不勤，五谷不分[2]。孰为夫子？"植其杖而芸。

子路拱而立。

止子路宿，杀鸡为黍[3]而食之，见其二子焉。

明日，子路行以告。

子曰："隐者也。"使子路反见之。至，则行矣。

子路曰："不仕无义。长幼之节，不可废也；君臣之义，如之何其废之？欲洁其身，而乱大伦。君子之仕也，行其义也。道之不行，已知之矣。"

【译文】

子路跟随着孔子，却远落在后面，碰到一个老头，用拐杖挑着除草用的工具。

子路问道："您看见我的老师吗？"

老头道："你这人，四肢不劳动，五谷不认识，谁晓得你的老师是什么人？"说完，便扶着拐杖去锄草。

子路拱着手恭敬地站着。

他便留子路到他家住宿，杀鸡、做饭给子路吃，又叫他两个儿子出来相见。

第二天，子路赶上了孔子，报告了这件事。

孔子道："这是位隐士。"叫子路回去再看看他。子路到了那里，他却走开了。

子路便道："不做官是不对的。长幼间的关系，是不可能废弃的；君臣间的关系，怎么能不管呢？你原想不玷污自身，却不知道这样隐居便是忽视了君臣间的必要关系。君子出来做官，只是尽应尽之责。至于我们的政治主张行不通，早就知道了。"

【注释】

1.莜——音掉，diào，古代除田中草所用的工具。《说文》作"莜"。2.四体不勤，五谷不分——这二句，宋吕本中《紫微杂说》以至清朱彬《经传考证》、宋翔凤《论语发微》都说是丈人说自己。其余更多人主张说是丈人责子路。译文从后说。 3.为黍——黍就是现在的黍子，也叫黄米。它比当时的主要食粮稷（小米）的收获量小，因此在一般人中也算是比较珍贵的主食。杀鸡做菜，用黍做饭，这在当时是很好的招待了。

18·8 逸[1]民：伯夷、叔齐、虞仲、夷逸、朱张、柳下

惠、少连²。子曰："不降其志，不辱其身，伯夷、叔齐与！"
谓："柳下惠、少连，降志辱身矣，言中伦，行中虑，其斯而
已矣。"谓："虞仲、夷逸，隐居放言，身中清，废中权。我则
异于是，无可无不可。"

【译文】

古今被遗落的人才有伯夷、叔齐、虞仲、夷逸、朱张、柳下惠、少连。
孔子道："不动摇自己意志，不辱没自己身份，是伯夷、叔齐罢！"又说：
"柳下惠、少连降低自己意志，屈辱自己身份了，可是言语合乎法度，行为经
过思虑，那也不过如此罢了。"又说："虞仲、夷逸逃世隐居，放肆直言，行
为廉洁，被废弃也是他的权术。我就和他们这些人不同，没有什么可以，也
没有什么不可以。"

【注释】

1.逸——同"佚"，《论语》两用"逸民"，义都如此。《孟子·公孙丑上》
云："柳下惠……遗佚而不怨，厄穷而不悯。"这一"逸"正是《孟子》"遗
佚"之义。说本黄式三《论语后案》。 2.虞仲、夷逸、朱张、少连——四
人言行多已不可考。虞仲前人认为就是吴太伯之弟仲雍，不可信。夷逸曾见
《尸子》，有人劝他做官，他不肯。少连曾见《礼记·杂记》，孔子说他善于守
孝。夏炘《景紫堂文集》卷三有《逸民虞仲夷逸朱张皆无考说》，于若干附会
之说有所驳正。

18·9 大师挚¹适齐，亚饭干适楚，三饭缭适蔡，四饭
缺适秦²，鼓方叔入于河，播鼗武入于汉，少师阳、击磬襄入
于海。

太师挚逃到了齐国，二饭乐师干逃到了楚国，三饭乐师缭逃到了蔡国，四饭乐师缺逃到了秦国，打鼓的方叔入居黄河之滨，摇小鼓的武入居汉水之涯，少师阳和击磬的襄入居海边。

【注释】

1.大师挚——《泰伯篇第八》有"师挚之始"，不知是不是此人。　2.亚饭——古代天子诸侯用饭都得奏乐，所以乐官有"亚饭"、"三饭"、"四饭"之名。这些人究竟是何时人，已经无法肯定。

18·10　周公谓鲁公[1]曰："君子不施[2]其亲，不使大臣怨乎不以。故旧无大故，则不弃也。无求备于一人！"

【译文】

周公对鲁公说道："君子不怠慢他的亲族，不让大臣抱怨没被信用。老臣故人没有发生严重过失，就不要抛弃他。不要对某一人求全责备！"

【注释】

1.周公、鲁公——周公，周公旦，孔子心目中的圣人。鲁公是他的儿子伯禽。　2.施——同"弛"，有些本子即作"弛"。

18·11　周有八士：伯达、伯适、仲突、仲忽、叔夜、叔夏、季随、季骡[1]。

【译文】

　　周朝有八个有教养的人：伯达、伯适、仲突、仲忽、叔夜、叔夏、季随、季䯄。

【注释】

　　1.伯达等八人——此八人已经无可考。前人看见此八人两人一列，依伯、仲、叔、季排列，而且各自押韵（达适一韵，突忽一韵，夜夏一韵，随䯄一韵），便说这是四对双生子。

子张篇第十九

共二十五章

19·1 子张曰："士见危致命，见得思义，祭思敬，丧思哀，其可已矣。"

【译文】

子张说："读书人看见危险便肯豁出生命，看见有所得便考虑是否该得，祭祀时候考虑严肃恭敬，居丧时候考虑悲痛哀伤，那也就可以了。"

19·2 子张曰："执德不弘¹，信道不笃，焉能为有？焉能为亡²？"

【译文】

子张说："对于道德，行为不坚强，信仰不忠实，〔这种人，〕有他不为多，没他不为少。"

【注释】

1. 弘——此"弘"字就是今之"强"字，说见章炳麟《广论语骈枝》。2. 焉能为有？焉能为亡——这两句疑是当日成语。何晏《论语集解》云："言无所轻重。"所以译文也用今日俗语来表达此意。

19·3 子夏之门人问交于子张。子张曰："子夏云何？"
对曰："子夏曰：'可者与之，其不可者拒之。'"
子张曰："异乎吾所闻：君子尊贤而容众，嘉善而矜不能。我之大贤与，于人何所不容？我之不贤与，人将拒我，如之何其拒人也？"

【译文】

　　子夏的学生向子张问怎样去交朋友。子张道："子夏说了些什么？"

　　答道："子夏说，可以交的去交他，不可以交的拒绝他。"

　　子张道："我所听到的与此不同：君子尊敬贤人，也接纳普通人；鼓励好人，可怜无能的人。我是非常好的人吗，对什么人不能容纳呢？我是坏人吗，别人会拒绝我，我怎能去拒绝别人呢？"

　　19·4　子夏曰："虽小道，必有可观者焉；致远恐泥，是以君子不为也。"

【译文】

　　子夏说道："就是小技艺，一定有可取的地方；恐怕它妨碍远大事业，所以君子不从事于它。"

　　19·5　子夏曰："日知其所亡，月无忘其所能，可谓好学也已矣。"

【译文】

　　子夏说："每天知道所未知的，每月复习所已能的，可以说是好学了。"

19·6 子夏曰："博学而笃志¹，切问而近思，仁在其中矣。"

【译文】

子夏说："广泛地学习，坚守自己志趣；恳切地发问，多考虑当前的问题，仁德就在这中间了。"

【注释】

1.志——孔注以为"志"与"识"同，那么，"博学笃志"便是"博闻强记"之意，说虽可通，但不及译文所解恰切。

19·7 子夏曰："百工居肆以成其事，君子学以致其道。"

【译文】

子夏说："各种工人居住于其制造场所完成他们的工作，君子则用学习获得那个道。"

19·8 子夏曰："小人之过也必文。"

【译文】

子夏说："小人对于错误一定加以掩饰。"

19·9 子夏曰："君子有三变：望之俨然，即之也温，听其言也厉。"

【译文】

子夏说："君子有三变：远远望着，庄严可畏；向他靠拢，温和可亲；听他的话，严厉不苟。"

19·10 子夏曰："君子信而后劳其民；未信，则以为厉己也。信而后谏；未信，则以为谤己也。"

【译文】

子夏说："君子必须得到信仰以后才去动员百姓；否则，百姓会以为你在折磨他们。必须得到信任以后才去进谏；否则，君上会以为你在毁谤他。"

19·11 子夏曰："大德不逾闲，小德出入可也。"

【译文】

子夏说："人的重大节操不能逾越界限，作风上的小节稍稍放松一点是可以的。"

19·12 子游曰："子夏之门人小子，当洒扫应对进退，则可矣，抑末也。本之则无，如之何？"

　　子夏闻之，曰："噫！言游过矣！君子之道，孰先传焉？孰后倦焉？譬诸草木，区以别矣。君子之道，焉可诬也？有始有卒者，其惟圣人乎！"

【译文】

　　子游道："子夏的学生，叫他们做做打扫、接待客人、应对进退的工作，那是可以的；不过这只是末节罢了。探讨他们的学术基础却没有，怎样可以呢？"

　　子夏听了这话，便道："咳！言游说错了！君子的学术，哪一项先传授呢？哪一项最后讲述呢？学术犹如草木，是要区别为各种各类的。君子的学术，如何可以歪曲？〔依照一定的次序去传授而〕有始有终的，大概只有圣人罢！"

19·13　　子夏曰："仕而优则学，学而优则仕。"

【译文】

　　子夏说："做官了，有余力便去学习；学习了，有余力便去做官。"

19·14　　子游曰："丧致乎哀而止。"

【译文】

　　子游说："居丧，充分表现了他的悲哀也就够了。"

19·15　子游曰："吾友张也为难能也，然而未仁。"

【译文】

　　子游说："我的朋友子张是难能可贵的了，然而还不能做到仁。"

19·16　曾子曰："堂堂¹乎张也，难与并为仁矣。"

【译文】

　　曾子说："子张的为人高得不可攀了，难以携带别人一同进入仁德。"

【注释】

　　1.堂堂——这是叠两字而成的形容词，其具体意义如何，古今解释纷纭。《荀子·非十二子篇》云："弟佗其冠，神禫其辞，禹行而舜趋，是子张氏之贱儒也。"这是对子张学派的具体描写，因此我把"堂堂"译为"高不可攀"。根据《论语》和后代儒家诸书，可以证明曾子的学问重在"正心诚意"，而子张则重在言语形貌，所以子游也批评子张"然而未仁"。

19·17　曾子曰："吾闻诸夫子：人未有自致者也，必也亲丧乎！"

曾子说：“我听老师说过，平常时候，人不可能来自动地充分发挥感情，[如果有，]一定在父母死亡的时候罢！”

19·18 曾子曰：“吾闻诸夫子：孟庄子¹之孝也，其他可能也；其不改父之臣与父之政，是难能也。”

【译文】

曾子说：“我听老师说过：孟庄子的孝，别的都容易做到；而留用他父亲的僚属，保持他父亲的政治设施，是难以做到的。”

【注释】

1. 孟庄子——鲁大夫孟献子仲孙蔑之子，名速。其父死于鲁襄公十九年，本人死于二十三年，相距仅四年。这一章可以和“三年无改于父之道，可谓孝矣”（1·11）结合来看。

19·19 孟氏使阳肤¹为士师，问于曾子。曾子曰：“上失其道，民散²久矣。如得其情，则哀矜而勿喜！”

【译文】

孟氏任命阳肤做法官，阳肤向曾子求教。曾子道：“现今在上位的人不依规矩行事，百姓早就离心离德了。你假若能够审出罪犯的真情，便应该同情他，可怜他，切不要自鸣得意！”

【注释】

1. 阳肤——旧注说他是曾子弟子。 2. 散——黄家岱《嫭艺轩杂著·论语多齐鲁方言述》云："散训犯法，与上下文义方接。扬氏《方言》：'虔散，杀也。东齐曰散，青、徐、淮、楚之间曰虔。'虔散为贼杀义。曰民散久矣，用齐语也。"译文未取此说，录之以备参考。

19·20 子贡曰："纣[1]之不善，不如是之甚也。是以君子恶居下流，天下之恶皆归焉。"

【译文】

子贡说："商纣的坏，不像现在传说的这么厉害。所以君子憎恨居于下流，［一居下流，］天下的什么坏名声都会集中在他身上了。"

【注释】

1. 纣——殷商最末之君，为周武王所伐，自焚而死。

19·21 子贡曰："君子之过也，如日月之食焉：过也，人皆见之；更也，人皆仰之。"

【译文】

子贡说："君子的过失好比日蚀月蚀：错误的时候，每个人都看得见；更改的时候，每个人都仰望着。"

19·22 卫公孙朝¹问于子贡曰："仲尼焉学？"子贡曰："文武之道，未坠于地，在人。贤者识其大者，不贤者识其小者。莫不有文武之道焉。夫子焉不学？而亦何常师之有？"

【译文】

卫国的公孙朝向子贡问道："孔仲尼的学问是从哪里学来的？"子贡道："周文王、武王之道，并没有失传，散在人间。贤能的人便抓住大处，不贤能的人只抓些末节。没有地方没有文王、武王之道。我的老师何处不学，又为什么要有一定的老师，专门的传授呢？"

【注释】

1. 卫公孙朝——翟灏《四书考异》云："春秋时鲁有成大夫公孙朝，见昭二十六年《传》；楚有武城尹公孙朝，见哀十七年《传》；郑子产有弟曰公孙朝，见《列子》。记者故系'卫'以别之。"

19·23 叔孙武叔¹语大夫于朝曰："子贡贤于仲尼。"
子服景伯以告子贡。
子贡曰："譬之宫墙²，赐之墙也及肩，窥见室家之好。夫子之墙数仞³，不得其门而入，不见宗庙之美，百官⁴之富。得其门者或寡矣。夫子之云，不亦宜乎！"

【译文】

叔孙武叔在朝廷中对官员们说："子贡比他老师仲尼要强些。"
子服景伯便把这话告诉子贡。

子贡道："拿房屋的围墙作比喻罢：我家的围墙只有肩膀那么高，谁都可以探望到房屋的美好。我老师的围墙却有几丈高，找不到大门走进去，就看不到他那宗庙的雄伟，房舍的多种多样。能够找着大门的人或许不多罢，那么，武叔他老人家的这话，不也是自然的吗？"

【注释】

1.叔孙武叔——鲁大夫，名州仇。 2.宫墙——"宫"有围障的意义，如《礼记·丧大记》："君为庐宫之。""宫墙"当系一词，犹如今天的"围墙"。 3.仞——七尺曰仞（此从程瑶田《通艺录·释仞》之说）。4.官——"官"字的本义是房舍，其后才引申为官职之义，说见俞樾《群经平议》卷三及遇夫先生《积微居小学金石论丛》卷一。这里也是指房舍而言。

19·24 叔孙武叔毁仲尼。子贡曰："无以[1]为也！仲尼不可毁也。他人之贤者，丘陵也，犹可逾也；仲尼，日月也，无得而逾焉。人虽欲自绝，其何伤于日月乎？多[2]见其不知量也[3]。"

【译文】

叔孙武叔毁谤仲尼。子贡道："不要这样做！仲尼是毁谤不了的。别人的贤能，好比山丘，还可以超越过去；仲尼，简直是太阳和月亮，不可能超越他。人家纵是要自绝于太阳月亮，那对太阳月亮有什么损害呢？只是表示他不自量罢了。"

【注释】

1.以——此也，这里作副词用。 2.多——副词，只也，适也。 3.不知量也——皇侃《义疏》解此句为"不知圣人之度量",译文从朱熹《集注》。
"也",用法同"耳"。

19·25 陈子禽谓子贡曰:"子为恭也,仲尼岂贤于
子乎?"

子贡曰:"君子一言以为知,一言以为不知,言不可不慎
也。夫子之不可及也,犹天之不可阶而升也。夫子之得邦家
者,所谓立之斯立,道之斯行,绥之斯来,动之斯和。其生也
荣,其死也哀,如之何其可及也?"

【译文】

陈子禽对子贡道:"您对仲尼是客气罢,是谦让罢,难道他真比您还
强吗?"

子贡道:"高贵人物由一句话表现他的有知,也由一句话表现他的无知,
所以说话不可不谨慎。他老人家的不可以赶得上,犹如青天的不可以用阶梯
爬上去。他老人家如果得国而为诸侯,或者得到采邑而为卿大夫,那正如我
们所说的,一叫百姓人人能立足于社会,百姓自会人人能立足于社会;一引
导百姓,百姓自会前进;一安抚百姓,百姓自会从远方来投靠;一动员百
姓,百姓自会同心协力。他老人家,生得光荣,死得可惜,怎么样能够赶得
上呢?"

　　　　　　　　　　　　　　　　　　　　　　　　　论语译注

堯曰篇第二十

共三章

20·1 尧曰:"咨! 尔舜! 天之历数在尔躬,允执其中。四海困穷,天禄永终。"

舜亦以命禹。[1]

【译文】

尧[让位给舜的时候,]说道:"啧啧! 你这位舜! 上天的大命已经落到你的身上了,诚实地保持着那正确罢! 假若天下的百姓都陷于困苦贫穷,上天给你的禄位也会永远地终止了。"

舜[让位给禹的时候,]也说了这一番话。

【注释】

1.这一章的文字前后不相连贯,从宋朝苏轼以来便有许多人疑心它有脱落。我只得把它分为若干段落,逐段译注,以便观览。

曰:"予小子履[1]敢用玄牡,敢昭告于皇皇后帝:有罪不敢赦。帝臣不蔽[2],简在帝心。朕躬有罪,无以万方;万方有罪,罪在朕躬。"

【译文】

[汤]说:"我履谨用黑色牡牛作牺牲,明明白白地告于光明而伟大的天帝:有罪的人[我]不敢擅自去赦免他。您的臣仆[的善恶]我也不隐瞒掩盖,您心里也是早就晓得的。我本人若有罪,就不要牵连天下万方;天下万方若有罪,都归我一个人来承担。"

【注释】

1. 予小子履——"予小子"和"予一人"都是上古帝王自称之词。从《史记·殷本纪》中知道汤名天乙，甲骨卜辞作"大乙"，相传汤又名履。

2. 帝臣不蔽——《墨子·兼爱下篇》此句作"有善不敢蔽"，但郑玄注此句云："言天简阅其善恶也。"译文从郑。《墨子·兼爱下篇》和《吕氏春秋·顺民篇》都说这是成汤战胜夏桀以后，遭逢大旱，向上天祈祷求雨之词。《国语·周语上》引《汤誓》"余一人有罪，无以万夫"，和这"朕躬有罪，无以万方"义近。

周有大赉，善人是富。"虽有周亲，不如仁人。百姓有过，在予一人¹。"

【译文】

周朝大封诸侯，使善人都富贵起来。"我虽然有至亲，却不如有仁德之人。百姓如果有罪过，应该由我来担承。"

【注释】

1. 虽有周亲……一人——刘宝楠《论语正义》引宋翔凤说，"虽有周亲"四句是周武王封诸侯之辞，尤其像封姜太公于齐之辞。

谨权量，审法度¹，修废官²，四方之政行焉。兴灭国，继绝世，举逸民，天下之民归心焉。

【译文】

检验并审定度量衡，修复已废弃的机关工作，全国的政令就都会通行了。恢复被灭亡的国家，承续已断绝的后代，提拔被遗落的人才，天下的百姓就都会心悦诚服了。

【注释】

1. 谨权量，审法度——权就是量轻重的衡量，量就是容量，度就是长度。"法度"不是法律制度之意。《史记·秦始皇本纪》和秦权、秦量的刻辞中都有"法度"一词，都是指长度的分、寸、尺、丈、引而言。所以"谨权量，审法度"两句只是"齐一度量衡"一个意思。这一说法，清初阎若璩的《四书释地又续》已发其端。　2. 废官——赵佑《四书温故录》云："或有职而无其官，或有官而不举其职，皆曰废。"这以下都是孔子的话。从文章的风格来看，也和尧告舜、成汤求雨、武王封诸侯的文诰体不同。历代注释家多以为是孔子的话，大致可信。但是刘宝楠《正义》引《汉书·律历志》"孔子陈后王之法曰，谨权量，审法度，修废官，举逸民，四方之政行矣"说，"据《志》此文，是'谨权量'以下皆孔子语，故何休《公羊》昭三十二年注引此节文冠以孔子曰"云云，则不足为证。因为汉人引《论语》，不论是否孔子之言，多称"孔子曰"。《困学纪闻》曾举出《汉书·艺文志》引"小道可观"（19·4），《后汉书·蔡邕传》引"致远恐泥"（同上）皆以子夏之言为孔子，其实不止于此，如后汉章帝长水校尉樊儵奏言引"博学而笃志"三句（19·6），也以子夏之言为孔子之言；《史记·田叔传赞》曰"孔子称居是国必闻其政"，又以子禽之问（1·10）为孔子之言；刘向《说苑》引"孔子曰，君子务本"，又引"孔子曰，恭近于礼"，则以有子之言为孔子之言。甚至郑玄注《曲礼》、《玉藻》，以及王充著《论衡》，引《乡党篇》之文，都冠以"孔子曰"。则可见《论语》之书当时似别称"孔子"，如"孟子书"之称《孟子》者然。翟灏《四书考异》据《尸子·广泽篇》"墨子贵兼，孔子贵公，皇子贵衷"云云，以为先儒以孔子杂诸子中；又据《论衡·率性篇》云"孔子道德之祖，诸子中最卓者也"，谓当时等孔子于诸子，其言不为无据（说本《诂经精舍三集》吴承志《汉人引孔门诸子言皆称孔子说》）。若此，则刘氏所举不足为证矣。

所重：民、食、丧、祭。

【译文】

所重视的：人民、粮食、丧礼、祭祀。

宽则得众，信则民任焉此五字衍文 [1]，敏则有功，公则说。

【译文】

宽厚就会得到群众的拥护，勤敏就会有功绩，公平就会使百姓高兴。

【注释】

1. 信则民任焉——汉《石经》无此五字，《天文本校勘记》云："皇本、唐本、津藩本、正平本均无此句。"足见这一句是因《阳货篇》"信则人任焉"而误增的。《阳货篇》作"人"，"人"是领导。此处误作"民"，"民"指百姓。有信实，就会被百姓任命，这种思想绝非孔子所能有，尤其可见此句不是原文。

20·2 子张问于孔子曰："何如斯可以从政矣？"

子曰：“尊五美，屏¹四恶，斯可以从政矣。”

子张曰：“何谓五美？”

子曰：“君子惠而不费，劳而不怨，欲而不贪²，泰而不骄，威而不猛。”

子张曰：“何谓惠而不费？”

子曰：“因民之所利而利之，斯不亦惠而不费乎？择可劳而劳之，又谁怨？欲仁而得仁，又焉贪？君子无众寡，无小大，无敢慢，斯不亦泰而不骄乎？君子正其衣冠，尊其瞻视，俨然人望而畏之，斯不亦威而不猛乎？”

子张曰：“何谓四恶？”

子曰：“不教而杀谓之虐；不戒视成谓之暴；慢令致期谓之贼；犹之³与人也，出纳⁴之吝谓之有司⁵。”

【译文】

子张向孔子问道：“怎样就可以治理政事呢？”

孔子道：“尊贵五种美德，排除四种恶政，这就可以治理政事了。”

子张道：“五种美德是些什么？”

孔子道：“君子给人民以好处，而自己却无所耗费；劳动百姓，百姓却不怨恨；自己欲仁欲义，却不能叫做贪；安泰矜持却不骄傲；威严却不凶猛。”

子张道：“给人民以好处，自己却无所耗费，这应该怎么办呢？”

孔子道：“就着人民能得利益之处因而使他们有利，这不也是给人民以好处而自己却无所耗费吗？选择可以劳动的［时间、情况和人民］再去劳动他们，又有谁来怨恨呢？自己需要仁德便得到了仁德，又贪求什么呢？无论人多人少，无论势力大小，君子都不敢怠慢他们，这不也是安泰矜持却不骄傲吗？君子衣冠整齐，目不邪视，庄严地使人望而有所畏惧，这不也是威严却不凶猛吗？”

子张道："四种恶政又是些什么呢？"

孔子道："不加教育便加杀戮叫做虐；不加申诫便要成绩叫做暴；起先懈怠，突然限期叫做贼；同是给人以财物，出手悭吝，叫做小家子气。"

【注释】

1.屏——音丙，bǐng，屏除。　2.欲而不贪——下文云："欲仁而得仁，又焉贪？"可见此"欲"字是指欲仁欲义而言，因之皇侃《义疏》云："欲仁义者为廉，欲财色者为贪。"译文本此。　3.犹之——王引之《释词》云："犹之与人，均之与人也。"　4.出纳——出和纳（入）是两个意义相反的词，这里虽然在一起连用，却只有"出"的意义，没有"纳"的意义。说本俞樾《群经平议》。　5.有司——古代管事者之称，职务卑微，这里意译为"小家子气"。

20·3　孔子曰："不知命，无以为君子也；不知礼，无以立也；不知言¹，无以知人也。"

【译文】

孔子说："不懂得命运，没有可能作为君子；不懂得礼，没有可能立足于社会；不懂得分辨人家的言语，没有可能认识人。"

【注释】

1.知言——这里"知言"的意义和《孟子·公孙丑上》的"我知言"的"知言"相同，善于分析别人的言语，辨其是非善恶的意思。

论语词典

例　言

一、本词典论"词"不论"字"，偶亦收近于"词"的"词组"。

二、排列依笔画为次。多音词先依第一字的笔画，次依第二字的笔画。

三、凡见于《论语》本文之词，不论基本词或者派生词，习见义或者
　　罕见义，一律载入。

四、每词每义一般都标注出现次数。

五、基本词之习见义，不加解释。

六、词典和注释交相为用。注释有较详解说者，词典中仅加注明，不
　　再重复。

七、一般每义举一例句，所举例句或取其第一次出现者，或取其易于
　　理解者，或取其易于误解者，随文斟酌，不拘一格。间有举两三
　　例句者，或者因其用法微有不同，并举之以示区别；或者因其义
　　较隐晦，多举之以助深思。

八、例句之后括弧中的数字就是篇章的数字，和本文每章之首的数字
　　相同，检查甚便。

九、旧日的训诂，我嫌其疏略，未必便于今日的读者，因之本词典的
　　释义，虽然大多承袭了前人的研究成果，但解说方式多出自心裁。
　　错误自难避免，欢迎读者指正。

　　　　　　　　　　　　　　　　　　　　　　　　　　　　论语译注

一　画

一（31次）㈠形容性数词（21
次）：一言以蔽之（2·2）

㈡数词，用以泛代事物（5次）：
闻一以知十（5·9）

㈢用如副词，"一方面"的意思
（2次）：一则以喜，一则以惧
（4·21）

㈣副词，表示两件事先后发生时
间上的紧接关系（2次）：齐
一变至于鲁，鲁一变至于道
（6·24）

㈤副词，"一切"也（1次）：一匡
天下（14·17）

一日（1次）用如副词，一旦：
一日克己复礼（12·1）

一朝（1次）一时间：一朝之忿
（12·21）

二　画

七（6次）数词：善人教民七年
（13·29）

乃（3次）只和"无"字连用，
见"无乃大简乎"（6·2）注。

九（4次）㈠数词（3次）：与之
粟九百（6·5）

㈡副词，表次数之多（1次）：见
"桓公九合诸侯"（14·16）注。

九夷（1次）东方异民族的部落，
见"子欲居九夷"（9·14）注。

二（8次）㈠数词（7次）：周监
于二代（3·14）

㈡十分之二（1次）：二，吾犹不
足（12·9）

二三子（6次）孔子称其学生或
者别人（年长或爵高的人）称
孔子学生之词：二三子何患于
丧乎（3·24），二三子以我为
隐乎（7·24）

人（162次）㈠一般用法（114
次）：其为人也孝弟（1·2）

㈡狭义的"人"，不包括老百姓
的"民"在内，一般指士大夫
以上之人（5次）：节用而爱人
（1·5），修己以安人（14·42）

㈢量词（9次）：舜有臣五人（8·
20）

④人才（2次）：女得人焉耳乎（6·14），人也（14·9）

⑤代词，别人，人家（31次）：不患人之不己知，患不知人也（1·16）

⑥置于地名之下，表示某地的大夫（1次），见"孰谓鄹人之子知礼乎"（3·15）注。

入（16次）动词，"出"之反：弟子入则孝，出则弟（1·6）

八（1次）数词：周有八士（18·11）

八佾（1次）八八六十四人所组成的古代天子的舞乐队，见"八佾舞于庭"（3·1）注。

刀（1次）割鸡焉用牛刀（17·4）

力（13次）行有余力（1·6）

十（19次）数词：吾十有五而志于学（2·4），闻一以知十（5·9）

又（14次）㊀副词，表连续、重复之意（9次）：又问（5·8）

㊁副词，表语气的加强（3次）：求仁而得仁，又何怨（7·15）

㊂副词，有连词作用，义如"而且"（2次）：尽美矣，又尽善也（3·25），固天纵之将圣，又多能也（9·6）

几（5次）㊀音机，轻微地（1次）：事父母几谏（4·18）

㊁音机，近，差不多（2次）：不几乎一言而兴邦乎（13·15）

㊂音机，拘执，拘泥（2次）：言不可以若是其几也（13·15）

三　　画

丈人（2次）老头儿：遇丈人以杖荷蓧（18·7）

三（56次）㊀数词（47次）：《诗》三百（2·2），问一得三（16·13）

㊁副词，有时只用以表次数之多（9次）：季文子三思而后行（5·20）

三子（3次）三家（2次）鲁国执政的三卿：告夫三子（14·21），三家者以《雍》彻（3·2）

三军（2次）军队（三字是虚

数），见"三军可夺帅也"
（9·26）注。

三桓（1次）见"故夫三桓之子
孙微矣"（16·3）注。

三饭（1次）乐官名，见"三饭
缭适蔡"（18·9）注。

三归（1次）见"管氏有三归"
（3·22）注。

上（25次）㈠方位词（7次）：
子在川上（9·17），上如揖
（10·5），中人以上（6·21）
㈡用如名词，泛代上等事物，地
位（3次）：可以语上也（6·
21）
㈢用如名词，指在上位的人或年
长者（9次）：不好犯上（1·2）
㈣表示等第（2次）：生而知之者
上也（16·9）
㈤动词，加也（1次）：草上之风，
必偃（12·19）
㈥副词（3次）：君子上达（14·
23）

上大夫（1次）古官名：与上大
夫言（10·2）

下（15次）㈠方位词（7次）：
中人以下（6·21），下如授
（10·5），舞雩之下（12·21）
㈡表示等第（2次）：民斯为下矣
（16·9）
㈢动词，走下来（2次）：下而饮
（3·7）
㈣动词，"居于人下"之意（1
次）：虑以下人（12·20）
㈤副词（3次）：不耻下问（5·15）

下大夫（1次）古官名：与下大
夫言（10·2）

下流（1次）品德低下的情况：
是以君子恶居下流（19·20）

万方（2次）天下各处，各地：
无以万方（20·1）

与（119次）㈠动词，借同"万
方"，相交（7次）：子行三军
则谁与（7·11），可者与之
（19·3）
㈡介词，同，和，跟（40次）：与
朋友交而不信乎（1·4）
㈢连词，同，和（18次）：富与贵
是人之所欲也（4·5）
㈣动词，给予（10次）：乞诸其邻
而与之（5·24）

㈤动词,许可,同意(5次):与其进也(7·29)

㈥音预,动词,参与(4次):吾不与祭(3·12)

㈦同欤,语气词,表疑问(29次):其为仁之本与(1·2)

㈧同欤,语气词,表停顿(6次):于予与何诛,于予与改是(5·10)

与其(6次)选择连词:与其媚于奥,宁媚于灶(3·13)

与与(7次)行步安详之貌:与与如也(10·2)

久(10次)天下之无道也久矣(3·24)

乞(2次)动词,乞求:或乞醯焉(5·24)

习(3次)㈠温习,演习,实习(2次):学而时习之(1·1)

㈡习染,习惯(1次):习相远也(17·2)

也(469次)㈠语气词,表决定或者终结(307次):未之有也(1·2)

㈡语气词,表停顿(141次):其为人也孝弟(1·2)

㈢语气词,用于疑问句(句中另有表疑问之词)(19次):何谓也(2·5)

㈣语气词,同"耶"(疑问句,句中无别的疑问词)(2次):子张问十世可知也(2·23)

也已(5次)语气词的连用,表肯定:可谓好学也已(1·14)

也已矣(6次)语气词的连用,表肯定的加强:周之德,其可谓至德也已矣(8·20)

也夫(1次)语气词的连用,表感叹:莫我知也夫(14·35)

也哉(1次)语气词的连用,表感叹:吾岂匏瓜也哉(17·17)

也与(11次)语气词的连用,表疑问:季康子问仲由可使从政也与(6·8)

也与哉(1次)语气词的连用,表感叹而以传疑口吻出之:鄙夫可与事君也与哉(17·15)

乡(1次)同向,不久的以前,刚才:乡也吾见于夫子而问知(12·22)

论语译注

乡人（5次）本地方的人，同州里的人：乡人饮酒（10·13）

乡愿（1次）地方上的好好先生：乡愿，德之贼也（17·13）

乡党（3次）本乡本土，同乡土的人：孔子于乡党（10·1），以与尔邻里乡党乎（6·5）

义（24次）㊀名词，合理的，有道理（21次）：信近于义（1·13）

㊁叙述词，合理，有道理（3次）：其使民也义（5·16）

于（8次）介词，用法同"於"：友于兄弟（2·21）

于（於）（174次）㊀动词（3次），在：造次必于是，颠沛必于是（4·5），人之过也各于其党（4·7）

㊁介词（171次）：①介动作的时间或者地点，在：子于是日哭（7·10），八佾舞于庭（3·1）②介所至之地点或者时间：夫子至于是邦也（1·10）③从，自：奚取于三家之堂（3·2）④对于：知其说者之于天下也

（3·11）⑤向：子禽问于子贡曰（1·10）⑥表原动者，被：屡憎于人（5·5）⑦表比较，比：季氏富于周公（11·17），吾党之直者异于是（13·18）⑧把表意旨的主动者介绍出来：食夫稻，衣夫锦，于女安乎（17·21）⑨无作用，不用亦可：多识于鸟兽草木之名（17·9）

亡（10次）㊀同"无"（8次），见"不如诸夏之亡也"（3·5）注。

㊁动词，死亡（1次）：亡之（6·10）

㊂动词，出外：孔子时其亡也而往拜之（17·1）

千（4次）数词：道千乘之国（1·5）

亿（2次）凭空猜想（有时亦作意）：亿则屡中（11·19）

卫（8次）国名，见"夫子为卫君乎"（7·15）注。

卫灵公（2次）见"子言卫灵公之无道也"（14·19）注。

口（1次）口舌：恶利口之覆邦
　家者（17·18）

口给（1次）言辞赡足，能说善
　道：御人以口给（5·5）

马（10次）陈文子有马十乘
　（5·19）

门（9次）将入门（6·15）

门人（8次）门弟子（2次）学
　生：门人问曰（4·15），召门
　弟子（8·3）

土（2次）㈠泥土：粪土之墙
　（5·10）

㈡乡土（或云，田土）：小人怀土
　（4·11）

士（15次）㈠泛指一般人士（3
　次）：虽执鞭之士（7·12）

㈡特指有一定社会地位或者有
　修养的人（12次）：士志于道
　（4·9）

士师（2次）古代司法官名：柳
　下惠为士师（18·2）

夕（1次）夕死可矣（4·8）

大（25次）㈠形容词（22次）：
　大哉问（3·4）

㈡副词（2次）：君子不可小知而

可大受（15·34）

㈢同“太”，副词（1次）：无乃大
　简乎（6·2）

大人（2次）在高位之人，见
　“畏大人”（16·8）注。

大夫（11次）古代的官名，大夫
　的家臣也可以称“大夫”：犹吾
　大夫崔子也（5·19），公叔文
　子之臣大夫僎（14·18）

大臣（3次）㈠具有很高政治
　修养的士大夫：所谓大臣者
　（11·24）

㈡高官，卿相：不使大臣怨乎不
　以（18·10）

大宰（2次）大音太，官名，春
　秋时吴鲁楚郑诸国都有此官，
　但职权不尽相同：大宰问于子
　贡曰（9·6）

大师（2次）古代乐官之长：子
　语鲁大师乐曰（3·23）

女（16次）对称代词，只用于单
　数：诲女知之乎（2·17）

女乐（1次）见“齐人归女乐”
　（18·4）译文。

子（431次）㈠儿女（19次）：孰

谓鄹人之子知礼乎（3·15），以其子妻之（5·1）

㊀对人的称呼（12次）：异乎三子者之撰（11·26）

㊁表敬的对称代词（23次）：子奚不为政（2·21）

㊃特指孔子（375次）

㊄用如动词：子不子（12·11）

子文（1次）人名，见"令尹子文"（5·19）注。

子羽（1次）人名，见"行人子羽"（14·8）注。

子西（1次）人名，见"问子西"（14·9）注。

子服景伯（2次）人名，见"子服景伯以告"（14·36）注。

子夏（23次）孔子学生卜商，见"子夏曰"（1·7）注。

子桑伯子（1次）人名，见"仲弓问子桑伯子"（6·2）注。

子羔（1次）孔子学生高柴，见"柴也愚"（11·18）注。

子贡（44次）孔子学生端木赐，见"子禽问于子贡曰"（1·10）注。

子张（23次）孔子学生颛孙师，见"子张学干禄"（2·18）注。

子产（3次）人名，见"子谓子产"（5·16）注。

子游（8次）孔子学生言偃，见"子游问孝"（2·7）注。

子华（1次）孔子学生公西赤，见"子华使于齐"（6·4）注。

子禽（1次）人名，即陈亢，见"子禽问于子贡曰"（1·10）注。

子路（47次）孔子学生仲由，见"由，诲女知之乎"（2·17）注。

子贱（1次）孔子学生宓不齐，见"子谓子贱"（5·3）注。

小（16次）㊀"大"之反（12次）：小车无軏（2·22）

㊁小事（2次）：小不忍则乱大谋（15·27）

㊂副词（2次）：君子不可小知（15·34）

小人（24次）㊀无德之人（20次）：小人比而不周（2·14）

㊁老百姓（4次）：小人之德草（12·19）

小子（6次）㊀自称之谦词（1

次）：则小子何述焉（17·19）

⊝老师称其学生（3次）：小子鸣鼓而攻之（11·17）

⊜学生（2次）：吾党之小子狂简（5·22），子夏之门人小子（19·12）

小童（1次）夫人自称曰小童（16·14）

尸（1次）用如动词，像死尸一般直挺着：寝不尸（10·24）

山（5次）⊖山水的山（4次）：仁者乐山（6·23）

⊝山神（1次）：山川其舍诸（6·6）

川（2次）⊖子在川上（9·17）

⊝水神：山川其舍诸（6·6）

工（2次）从事各种手工技术劳动者的总称：工欲善其事（15·10）

己（29次）己身称代词：⊖主语：己欲立而立人（6·30）

⊝宾语：不患人之不己知（1·16）

⊜领位：仁以为己任（8·7）

已（42次）⊖动词，止也（12

次）：斯害也已（2·16）

⊝动词，罢免（1次）：三已之（5·19）

⊜动词，不动作的意思（1次），见"为之犹贤乎已"（17·22）注。

⊗副词，已经（1次）：已知之矣（18·7）

⊕副词，太（2次）：疾之已甚（8·10）

⊖语气词，相当今日的"了"（25次）：可谓好学也已（1·14）

已矣（5次）语气词的连用，表示肯定的加强：始可与言《诗》已矣（1·15）

干（3次）⊖盾牌，古代用以防御的武器；"干戈"表示战争：而谋动干戈于邦内（16·1）

⊝动词，求谋（1次）：子张学干禄（2·18）

⊜人名：亚饭干适楚（18·9）

弋（1次）动词，用带着生丝的箭来射鸟：弋不射宿（7·27）

才（7次）⊖名词，才能（2次）：如有周公之才之美（8·11）

㊀名词，人才（3次）：才难（8·20）

㊁形容词，有才能（2次）：才不才（11·8）

四　画

无（113次）㊀没有（77次）：人而无信，不知其可也（2·22）

㊁否定副词，不（17次）：能无从乎（9·24）

㊂表禁止的副词，同毋，不要（14次）：无友不如己者（1·8）

㊃表愿望的否定副词（2次）：愿无伐善，无施劳（5·26）

㊄不论（2次）：君子无众寡，无小大（20·2）

㊅发语词，无义（1次）：无宁死于二三子之手乎（9·12）

无乃（3次）不是，只用于反诘句：无乃大简乎（6·2）

无道（12次）㊀古代成语，政治黑暗（10次）：邦无道则免于刑戮（5·2）

㊁君主的行事很坏（1次）：子言卫灵公之无道也（14·19）

㊂坏人（1次）：如杀无道以就有道（12·19）

不（548次）否定副词：人不知而不愠（1·1）

不亦……乎（11次）《论语》中的反问句型之一：不亦说乎（1·1）

不有（3次）㊀义同"若无"：不有祝鮀之佞（6·16）

㊁义同"岂无""难道没有"：不有博弈者乎（17·22）

㊂义同"无"，用于其他否定词下：莫不有文武之道焉（19·22）

中（23次）㊀方位词（10次）：禄在其中矣（2·18）

㊁半也（1次）：中道而废（6·12）

㊂表示上下之间的等第（2次）：中人以上（6·21）

㊃动词（1次）：立不中门（10·4）

㊄古代哲学家的术语，其最合理

而至当不移的叫"中"（1次）：允执其中（20·1）

㈥去声，音仲，不及物动词，中肯，符合客观事理（4次）：言必有中（11·14），亿则屡中（11·19）

㈦去声，及物动词，恰合于（4次）：言中伦（18·8）

专 独立自主地去做（1次）：不能专对（13·5）

中牟（1次）地名，见"佛肸以中牟畔"（17·7）注。

中行（1次）实行中庸之德的人：不得中行而与之（13·21）

中庸（1次）儒家最高的道德标准，见"中庸之为德也"（6·29）注。

之（596次）㈠他称代词，一般只用作宾语和兼语（306次）：学而时习之（1·1），使之闻之（17·20）

㈡用法同"其"（8次）：可使为之宰也（5·8），赤也为之小（11·26）

㈢小品词，相当今日的"的"

（180次）：其为仁之本与（1·2）

㈣小品词，使句子变为子句，也可以用"的"来译它（71次）：夫子之求之也其诸异乎人之求之与（1·10）

㈤小品词，使句子变为分句（4次）：天之将丧斯文也，后死者不得与于斯文也（9·5），我之大贤与，于人何所不容（19·3）

㈥小品词，为使宾语倒置在动词前用之（13次）：父母唯其疾之忧（2·6），何陋之有（9·14）

㈦无义，只起音节调节作用（8次）：亡之（6·10），譬之宫墙（19·23），迩之事父（17·9）

㈧动词，往也，适也（除倒装句法外，其下一定跟着表目的地的宾语）（6次）：之一邦（5·19），之三子告（14·21），何必公山氏之之也（17·5）

为（170次）㈠平声，音围，连系性动词，是（33次）：子为

谁（18·6）

㈢平声，动词，做，干，治理
（114次）：其为人也孝弟（1·
2），可以为师矣（2·11），为
治以德（2·1）

㈢平声，语气词，与"何""奚"
诸疑问词连用，表疑问（4
次）：何以文为（12·8）

㈣去声，音位，动词，帮助（2
次）：夫子为卫君乎（7·15）

㈤去声，介词，替（11次）：冉子
为其母请粟（6·4）

㈥去声，因为（5次）：为力不同
科（3·16）

㈦去声，介词，被（1次）：不为
酒困（9·16）

书（5次）㈠《尚书》，上古历史
的文献总集（3次）：《书》云
（2·21）

㈢书籍（1次）：何必读书（11·
25）

㈢动词，书写（1次）：子张书诸
绅（15·6）

予（25次）㈠自称代词，《论语》
中只用于单数（21次）：起予

者商也（3·8）

㈢孔子学生宰我之名（4次）：见
"哀公问社于宰我"（3·21）
注。

予一人 予小子 上古帝王自称
之词：予小子履，在予一人
（20·1）

云（15次）㈠代词，如此（2次）：
不知老之将至云尔（7·19）

㈢动词，说（7次）：《诗》云
（1·15），子夏云何（19·3）

㈢语气词，无义（6次）：礼云礼
云，玉帛云乎哉（17·11）

云（雲）（1次）于我如浮云
（7·16）

互乡（1次）地名：互乡难与言
（7·29）

五（15次）数词：冉子与之粟五
秉（6·4）

井（1次）井有仁焉（6·26）

仁（109次）㈠孔子的道德标准
（105次）：求仁而得仁（7·
15），人而不仁（3·3），仁者
安仁（4·2）

㈢仁人（3次）：泛爱众而亲仁

（1·6），殷有三仁焉（18·1）

㈢同"人"（1次）：观过，斯知仁矣（4·7）

从（43次）㈠动词，随，由（1次）：七十而从心所欲（2·4）

㈡动词，跟随，追随（13次）：先行其言，而后从之（2·13），且而与其从辟人之士也，岂若从辟世之士哉（18·6）

㈢动词，听从，顺从（8次）：见志不从（4·18）

㈣动词，去声，对人物的跟随，侍候（7次）：从我者其由与（5·7）

㈤动词，同纵（1次）：从之，纯如也（3·23）

㈥动词，参与工作（13次）：如"从事"（17·1）"从政"（6·8）

今（26次）㈠今之孝者（2·7），今吾于人也（5·10）

㈡现今之人（1次）：焉知来者之不如今也（9·23）

以（152次）㈠指示代词，此（1次）：以告者过也（14·13）

㈠指示词作副词用，如此，这样（1次）：无以为也（19·24）

㈢动词，用（8次）：毋吾以也（11·26）

㈣动词，及也（1次）：朕躬有罪，无以万方（20·1）

㈤动词，与（1次）：视其所以（2·10）

㈥介词，依，按（4次）：使民以时（1·5），以季孟之间待之（18·3）

㈦介词，用（85次）：为政以德（2·1），以不教民战（13·30），君子义以为上（17·23）

㈧介词，因（3次）：君子不以言举人（15·23）

㈨介词，表凭借（3次）：臧文仲以防求为后于鲁（14·14）

㈩介词，与（1次）：而谁以易之（18·6）

㈠连词，与（1次）：季康子问使民敬忠以劝（2·20）

㈢连词，因（4次）：以吾从大夫之后（11·8）

㈢连词，表两事之相关（36次）：

则修文德以来之（16·1）

㊅小品词，和方位词结合（3次）：中人以上（6·21）

仆（1次）驾御车马：冉有仆（13·9）

仍（1次）仍旧贯（11·14）

允（1次）诚也，信也：允执其中（20·1）

内（8次）四海之内（12·5），见不贤而内自省也（4·17）

公（8次）㊀指国家朝廷（5次）：公事（6·14），与文子同升诸公（14·18）

㊁诸侯称公（2次）：公曰：（12·11）

㊂公平正直（1次）：公则说（20·1）

公子纠（2次）人名，见"桓公杀公子纠"（14·16）注。

公子荆（1次）人名，见"子谓卫公子荆"（13·8）注。

公山氏　公山弗扰（1次）见"公山弗扰以费畔"（17·5）注。

公西华（3次）孔子学生，见"子华使于齐"（6·4）注。

公伯寮（3次）孔子学生，见"公伯寮愬子路于季孙"（14·36）注。

公冶长（1次）孔子学生，见"子谓公冶长"（5·1）注。

公叔文子（2次）人名，见"子问公叔文子于公明贾"（14·13）注。

公明贾（2次）人名，见"子问公叔文子于公明贾"（14·13）注。

公室（1次）公家：禄之去公室（16·3）

公孙朝（1次）人名，见"卫公孙朝问于子贡曰"（19·22）注。

公卿（1次）出则事公卿（9·16）

公绰（1次）人名，见"孟公绰为赵魏老"（14·11）注。

六（10次）可以托六尺之孤（8·6）

兮（5次）语气词，只用于诗歌中：巧笑倩兮（3·8）

凶服（1次）送死之衣物：凶服者式之（10·25）

凤（2次）凤鸟（1次）鸟名，古代以为神鸟：凤兮凤兮（18·5）

分（2次）㊀分开：三分天下有其二（8·20）

㊁分辨：五谷不分（18·7）

分崩离析（1次）支离破碎：邦分崩离析而不能守也（16·1）

切（2次）㊀对玉石、骨、角、象牙料的开料：如切如磋（1·15）

㊁恳切：切问而近思（19·6）

切切偲偲（2次）朋友间互相批评诚恳而严肃的样子：朋友切切偲偲（13·28）

勿（13次）㊀表禁止的否定词，若用于及物动词下，不用宾语（12次）：过则勿惮改（1·8）

㊁表示意志的否定副词（1次）：虽欲勿用（6·6）

区（1次）区分：区以别矣（19·12）

匹夫　匹妇（2次）指庶民中的个人：匹夫不可夺志也（9·26），岂若匹夫匹妇之为谅也（14·17）

历数（1次）古代以为帝王的兴起，与天地自然的运转的数理相关。这种运转之理，叫做天道，也叫做历数：天之历数在尔躬（20·1）

升（7次）㊀用法和"登"字一样（6次）：揖让而升（3·7）

㊁谷物登场（1次）：新谷既升（17·21）

卞庄子（1次）人名，见"卞庄子之勇"（14·12）注。

劝（2次）勉励：举善而教不能则劝（2·20）

及（27次）㊀动词，赶得上，做得到（14次）：非尔所及也（5·12）

㊁动词，至，达到（8次）：及阶（15·42）

㊂动词，涉及（1次）：言不及义（15·17）

㊃介词，等到，赶到（4次）：及其使人也，器之（13·25），及其壮也（16·7）

友（19次）㊀朋友（7次）：昔者吾友尝从事于斯矣（8·5）

㊁交朋友（11次）：匿怨而友其人

（5・25）

㈡敬爱兄弟（1次）：友于兄弟
（2・21）

反（6次）㈠回报（1次）：举一
隅不以三隅反（7・8）

㈡重复，再来一遍（1次）：必使
反之（7・32）

㈢相背，颠倒（1次）：小人反是
（12・16）

㈣同返，回，还（2次）：吾自卫
反鲁（9・15）

㈤反而，摇动的样子（1次）：偏
其反而（9・31）

反坫（2次）古代宴会时放酒杯
的设备，见"有反坫"（3・22）
注。

天（18次）㈠天空（3次）：犹天
之不可阶而升也（19・25）

㈡天神、天帝或者天理（16次）：
获罪于天（3・13）

天下（23次）一般指中国范围内
的全部土地：知其说者之于天
下也（3・11）

天子（2次）古代天下的最高统
治者，皇帝：天子穆穆（3・2）

天命（3次）见"五十而知天命"
（2・4）注。

天禄（1次）天子的禄位：天禄
永终（20・1）

天道（1次）见"夫子之言性与
天道"（5・13）注。

太庙（3次）太祖（开国之君）
的庙宇：子入太庙（3・15）

夫音扶（44次）㈠代词，他，那
（2次）：夫何为哉（15・5）

㈡指示形容词，近指，此（2
次）：夫人不言（11・14）

㈢指示形容词，远指，那，彼
（12次）：食夫稻，衣夫锦
（17・21）

㈣提挈词，用于句首（15次）：夫
仁者（6・30）

㈤语气词，相当今天的"罢"（13
次）：命矣夫（6・10）

夫人（2次）诸侯之妻：君称之
曰夫人（16・14）

夫子（38次）㈠对大夫以上的官
的尊称（8次），《上论》都是
"他老人家"之义，《下论》也
有"你老人家"之义。信乎夫

子不言不笑不取乎（14·13）

㈡孔子学生用以称孔子（30次）：
夫子温良恭俭让以得之（1·10）

夭夭（1次）和舒的样子：夭夭
如也（7·4）

孔子（69次）孔氏（2次）孔
丘（3次）

孔文子（1次）人名，见"孔文
子何以谓之文也"（5·15）注。

少（5次）㈠上声，副词，不多：
少有（13·8）

㈡去声，年轻（4次）：吾少也贱
（9·6）少者怀之（5·26）

少师阳（1次）少师，古代乐官；
阳，其人之名，见（18·9）

少连（2次）人名，见（18·8）
注。

尤（3次）㈠名词，过错：则寡
尤（2·18）

㈡动词，归过（2次）：不尤人
（14·35）

尺（1次）可以托六尺之孤（8·
6）

吊（1次）吊丧：羔裘玄冠不以
吊（10·6）

艺（4次）㈠艺术，技术（2次）：
游于艺（7·6）

㈡有才能，有技术（2次）：故艺
（9·7）

长（7次）㈠音常，长度（1次）：
长一身有半（10·6）

㈡音常，短之反，长度较大（1
次）：亵裘长（10·6）

㈢音常，副词，长久（2次）：不
可以长处乐（4·2）

㈣音掌，年纪较大（1次）：以吾
一日长乎尔（11·26）

㈤音掌，年纪大了（1次）：长而
无述焉（14·43）

㈥音掌，年纪大的（1次）：长幼
之节（18·7）

长府（1次）鲁国府库之名：鲁
人为长府（11·14）

长沮（2次）一个人的绰号，真
姓名已无传：长沮桀溺耦而耕
（18·6）

心（6次）七十而从心所欲
（2·4）

戈（1次）而谋动干戈于邦内
（16·1）

手（6次）自牖执其手（6·10）

文（24次）㊀文献以及文献
上的知识（11次）：则以学
文（1·6），文莫吾犹人也
（7·33）

㊁文采，有文采，古人"文"和
"质"对言（6次）：文质彬彬
（6·18），郁郁乎文哉（3·14）

㊂文辞（1次）：吾犹及史之阙文
也（15·26）

㊃动词，文饰涂饰（2次）：文之
以礼乐（14·12），小人之过也
必文（19·8）

㊄谥号（3次）：孔文子何以谓之
文也（5·15）

㊅周文王（2次）：文武之道
（19·22）

文子（1次）即"公叔文子"：与
文子同升诸公（14·18）

文王（1次）周文王：文王既没
（9·5）

文章（2次）㊀学术：夫子之文
章（5·13）

㊁礼仪制度：焕乎其有文章
（8·19）

文德（1次）指政治教育等等，
与"动干戈"相对：则修文德
以来之（16·1）

文学（1次）文献：文学子游子
夏（11·3）

文献（1次）典籍和贤人：文献
不足征也（3·9）

斗筲（1次）斗，量器；筲，竹
制盛物之器。犹言器量狭小，
见"斗筲之人"（13·20）注。

方（14次）㊀方向，地方（6
次）：有朋自远方来（1·1），
游必有方（4·19）

㊁国家（2次）：无以万方（20·1）

㊂古代计算面积的术语，如纵横
各一里，叫方一里：方六七十
（11·26）

㊃礼法，义理（1次）：且知方也
（11·26）

㊄方术，方法（1次）：可谓仁之
方也已（6·30）

㊅动词，同"谤"（1次）：见"子
贡方人"（14·29）注。

㊆副词，正：血气方刚（16·7）

风（4次）㊀名词（3次）：迅雷

风烈必变（10·25）

㈡动词，吹风（1次）：风乎舞雩（11·26）

气（1次）呼吸，气息：屏气似不息者（10·4）

日（14次）㈠日子，天（12次）：吾与回言终日（2·9），子于是日哭（7·10）

㈡副词，每天地（2次）：吾日三省吾身（1·4）

日月（5次）㈠太阳和月亮（3次）：如日月之食焉（19·21）

㈡一天，一个月（1次）：其余则日月至焉而已矣（6·7）

㈢光阴（1次）：日月逝矣（17·1）

曰（755次）㈠说，道：子曰（1·1）

㈡叫做，为，是：君称之曰夫人（16·14）

月（3次）㈠名词（2次）：其心三月不违仁（6·7）

㈡副词，每月地（1次）：月无忘其所能（19·5）

木（4次）㈠名词（3次）：朽木不可雕也（5·10），譬诸草木（19·12）

㈡质朴（1次）：刚毅木讷近仁（13·27）

木铎（1次）木舌铜质的摇铃，见"天将以夫子为木铎"（3·24）注。

止（8次）㈠停止（7次）：止，吾止也（9·19）

㈡留住，使他停止（及物动词）（1次）：止子路宿（18·7）

毋（8次）㈠同"无"，表示禁止之副词，一般用于不及物动词之前，如"毋意，毋必"（9·4）；动宾结构之前，如"毋友不如己者"（9·25），以及有代名副词之前，如"毋自辱焉"（12·23），因之和"勿"有别。

㈡独立使用（1次）：子曰，毋！（6·5）

㈢表示无指的代词（1次）：毋吾以也（11·26）

比（4次）㈠上声，比方，比拟（1次）：窃比于我老彭（7·1）

㈡去声，朋比，勾结（3次）：君

子周而不比（2·14）

㊁去声，依附，邻近（1次）：义之与比（4·10）

比干（1次）人名，见"比干谏而死"（18·1）注。

比及（2次）等到：比及三年（11·26）

车（8次）大车无輗（2·22）

水（4次）知者乐水（6·23），又见"饮水"（7·16）注。

火（3次）㊀甚于水火（15·35）

㊁取火之木（1次）：钻燧改火（17·21）

父（25次）㊀名词（23次）：事父母能竭其力（1·7）

㊁动词（2次）：父不父（12·11）

见（67次）㊀看见（47次）：多见阙殆（2·18）

㊁谒见（8次）：子路愠见曰（15·2）

㊂使接见（1次）：孺悲欲见孔子（17·20）

㊃使动用法，使谒见（1次）：阳货欲见孔子（17·1）

㊄旧读现，被接见（2次）：童子见（7·29），仪封人请见（3·24）

㊅旧读现，使动用法，使被接见（1次）：从者见之（3·24）

㊆旧读现，引见（1次）：见其二子焉（18·7）

㊇见得，觉得（2次）：安见方六七十如五六十而非邦也者（11·26），多见其不知量也（19·24）

㊈同现（1次）：天下有道则见（8·13）

㊉表被动助动词，被（1次）：年四十而见恶焉（17·26）

㊋入目曰见，置其他动词后作补语（2次）：久矣吾不复梦见周公（7·5），窥见室家之好（19·23）

片言（1次）诉讼中单方面的言语：片言可以折狱者（12·12）

牛（1次）割鸡焉用牛刀（17·4）

犬（2次）至于犬马（2·7）

王（3次）㊀君主（2次）：先王之道（1·12）

㊁具备德政的君主（1次）：如有

王者（13・12）

王孙贾（2次）人名，见"王孙贾问曰"（3・13）注。

斗（1次）斗殴：戒之在斗（16・7）

五 画

且（12次）表进层的连词，而且：有耻且格（2・3），且予纵不得大葬（9・12）

世（14次）㊀世代——一个人的一辈子（10次）：子张问十世可知也（2・23），君子疾没世而名不称焉（15・20）

㊁三十年为一世（1次）：必世而后仁（13・12）

㊂时代，意指当时社会（3次）：贤者避世（14・37）

世叔（1次）人名，见"世叔讨论之"（14・8）注。

东（1次）向东方：东首（10・19）

东周（1次）：见"吾其为东周乎"（17・5）译文。

东里（1次）地名，郑国子产所居：东里子产润色之（14・8）

东蒙（1次）山名，见"昔者先王以为东蒙主"（16・1）注。

丘（12次）孔子之名：丘亦耻之（5・25）

丘陵（1次）小山：丘陵也（19・24）

乐（46次）㊀音岳，yuè，音乐（22次）：子语鲁太师乐曰（3・23）

㊁音洛，lè，快乐（15次）：不亦乐乎（1・1）

㊂旧或读五教切，ào，及物动词，嗜好（9次）：好之者不如乐之者（6・20）

主（5次）㊀名词，主祭者（1次）：夫颛臾昔者先王以为东蒙主（16・1）

㊁动词，以他为主（4次）：主忠信（1・8），射不主皮（3・16）

乎（140次）㊀介词，用法同"于"，但一定置于述说词之下（27次）：①表所比：以吾一日长乎尔（11・26）②介出动作之地：今拜乎上（9・3）③和

动词连用：攻乎异端（2·16）④介出对象：致孝乎鬼神（8·21）

㈡小品词，和表态副词连用（9次）：郁郁乎文哉！（3·14），焕乎其有文章（8·19）

㈢语气词（104次）①表停顿：富哉言乎（12·22），能以礼让为国乎，何有（4·13）②表疑问：为人谋而不忠乎（1·4）③表商榷和不太肯定；相当今天的"罢"：由！诲女知之乎（2·17），必也射乎（3·7）④表呼唤和感叹：参乎（4·15），惜乎（9·21）

乎哉（8次）表反诘：仁远乎哉（7·30）

务（2次）专心力于：君子务本（1·2）

仕（8次）动词，做官：子使漆雕开仕（5·6）

他（5次）㈠旁指指示代词，别的（1次）：其他可能也（19·18）

㈡旁指指示形容词，别的（4次）：至于他邦（5·19）

仞（1次）七尺曰仞：夫子之墙数仞（19·23）

代（1次）朝代：周监于二代（3·14）

仪（1次）地名，见"仪封人请见"（3·24）注。

令（3次）㈠名词，政令（1次）：慢令致期谓之贼（20·2）

㈡动词，发命令（2次）：不令而行（13·6）

令尹（3次）楚国宰相叫令尹：令尹子文三仕为令尹（5·19）

令色（3次）伪善的面貌：巧言令色（1·3）

厉（5次）㈠严厉，严正（3次）：子温而厉（7·38）

㈡折磨，暴虐（1次）：未信，则以为厉己也（19·10）

㈢连着衣裳涉河（1次）：深则厉（14·39）

兄（4次）以其兄之子妻之（5·2）

兄弟（5次）㈠友于兄弟（2·21）

㈡借用为相差不远之意（1次）：鲁卫之政兄弟也（13·7）

冯河（1次）冯音凭，冯河，徒足（不用舟楫）涉河：暴虎冯河（7·11）

冉子（3次）冉有（11次）冉求（3次）孔子学生，见"子谓冉有曰"（3·6）注。

冉伯牛（1次）孔子学生，见"伯牛有疾"（6·10）注。

击（3次）敲打：子击磬于卫（14·39）

出（31次）㊀动词，"入"之反（22次）：出则弟（1·6），河不出图（9·9）

㊁上义的使动用法，使之出（1次）：必表而出之（10·6）

㊂发出政令（4次）：则礼乐征伐自天子出（16·2）

㊃出言（1次），见"孙以出之"（15·18）注。

㊄超越（3次）：祭肉不出三日（10·9），君子思不出其位（14·26）

出纳（1次）支出与收入，见"出纳之吝"（20·2）注。

功（2次）功绩：敏则有功（17·6）

加（8次）㊀增加：加我数年（7·17）㊁欺侮：吾亦欲无加诸人（5·12）

北辰（1次）北极，见"譬如北辰"（2·1）注。

半（1次）长一身有半（10·6）

占（1次）占卜：不占而已矣（13·22）

发（2次）㊀阐明（1次）：亦足以发（2·9）

㊁启发（1次）：不悱不发（7·8）

发愤（1次）用功：发愤忘食（7·19）

发（髪）（1次）头发：吾其被发左衽矣（14·17）

去（13次）㊀离开（5次）：微子去之（18·1）

㊁除掉，使离开（旧读上声）（8次）：去兵（12·7）

讨（1次）义正词严地用兵力诛伐有罪者：请讨之（14·21）

讨论（1次）提意见：世叔讨论之（14·8）

讪（1次）音山，又去声，毁谤：恶居下流而讪上者（17·24）

讦（1次）音杰（jié），当面揭发阴私：恶讦以为直者（17·24）

讱（3次）音刃，说话迟钝：其言也讱（12·3）

议（2次）㊀商量（1次）：未足与议也（4·9）

㊁谈论政事（1次）：则庶人不议（16·2）

让（7次）㊀谦逊（4次）：其言不让（11·26）

㊁推让（3次）：三以天下让（8·1）

帅（2次）㊀名词，元帅，统帅（1次）：三军可夺帅也（9·26）

㊁动词，帅领（1次）：子帅以正（12·17）

古（12次）古之道也（3·16），信而好古（7·1）

叩（2次）敲：我叩其两端（9·8）

叶（3次）音摄，地名，见"叶公问孔子于子路"（7·19）注。

叹（2次）叹气：颜渊喟然叹曰（9·11）

召（6次）召唤：召门弟子（8·3）

召忽（1次）人名，见"召忽死之"（14·16）注。

召南（2次）《诗经·国风》之一，见"女为《周南》《召南》矣乎"（17·10）注。

可（122次）可以（33次）：可谓孝矣（1·11），可以为师矣（2·11）

史（2次）㊀史书：吾犹及史之阙文也（15·26）

㊁借用上义形象地形容浮夸情况：文胜质则史（6·18）

史鱼（1次）人名，见"直哉史鱼"（15·7）注。

右（2次）㊀短右袂（10·6）

㊁动词，向右边：左右手（10·3）

司马牛（3次）孔子学生，见"司马牛问仁"（12·3）及"司马牛忧曰"（12·5）注。

四（13次）有君子之道四焉（5·16）

四时（1次）四季：四时行焉（17·19）

四海（2次）全国，天下：四海之内，皆兄弟也（12·5）

四饭（1次）古代掌理天子吃饭时奏乐的乐官：四饭缺适秦（18·9）

四体（1次）四肢：四体不勤（18·7）

失（17次）㊀丢掉（9次）：犹恐失之（8·17）

㊁离开（1次）：因不失其亲（1·13）

㊂没有掌握住（5次）：失饪不食（10·8），知者不失人，亦不失言（15·8）

㊃过失（2次）：以约失之者鲜矣（4·23），君子敬而无失（12·5）

宁（5次）宁可：与其奢也宁俭（3·4）

甯武子（1次）人名，见"甯武子邦有道则知"（5·21）注。

奴（1次）奴隶：箕子为之奴（18·1）

汉（1次）水名，源出陕西宁强县北之嶓冢山，东南流至湖北汉阳而入于长江：播鼗武入于汉（18·9）

左（2次）动词，向左边：左右手（10·3），左衽（14·17）

左丘明（2次）人名，见"左丘明耻之"（5·25）注。

巧（5次）形容词：巧言（1·3），巧笑（3·8）

圣（4次）㊀具有最高道德标准的人，名词（2次）：必也圣乎（6·30）

㊁区别词和叙述词（2次）：夫子圣者与，固天纵之将圣（9·6）

圣人（4次）具有最高道德标准的人：圣人，吾不得而见之矣（7·26）

市（1次）买来的：沽酒市脯不食（10·8）

市朝 市集和朝廷，见"吾力犹能肆诸市朝"（14·36）注。

布（1次）古代的生丝和麻、枲、葛的织品：见"齐，必有明衣，布"（10·7）注。

对（39次）对答，答覆：对曰（2·5）

平地（1次）地基：譬如平地（9·19）

平生（1次）平时，平日：久要不忘平生之言（14·12）

尔（28次）㊀对称代词，你，你们；你的，你们的（21次）：尔爱其羊（3·17），吾无隐乎尔（7·24），举尔所知（13·2），盍各言尔志（5·26）

㊁语气词，同耳，而已（3次）：不知老之将至云尔（7·19）

㊂小品词，作为副词的形态（4次）：如有所立卓尔（9·11）

幼（2次）年轻：幼而不孙弟（14·43），年轻的：长幼之节，不可废也（18·7）

弗（5次）否定副词，一般用于宾语被省略的句子中，便相当于"不……之"的意义：女弗能救与（3·6）——犹如说，女不能救之与。《论语》中唯"亦可以弗畔矣夫"（6·27，12·15）为例外，此句本不应有宾语。

弘（4次）㊀刚强，坚强，见"士不可不弘毅"（8·7），"执德不弘"（19·2）注。

㊁使之广大：人能弘道，非道弘人（15·29）

归（10次）㊀回去，回到原地（3次）：归与归与（5·22）

㊁聚于（3次）：民德归厚矣（1·9）

㊂依附（1次）：无所归（10·22）

㊃称许（1次）：天下归仁焉（12·1）

㊄同"馈"，赠送（2次）：归孔子豚（17·1）

处（4次）上声，动词，居住，存身于：择不处仁（4·1）

节（6次）㊀节省，节制（3次）：节用而爱人（1·5），不以礼节之（1·12）

㊁分际，礼度（1次）：长幼之节，不可废也（18·7）

㊂柱头斗栱（1次）：山节藻棁（5·18）

㊃节操，气节（1次）：临大节而不可夺也（8·6）

饥（饑）（2次）五谷不熟，灾荒：年饥（12·9）

必（76次）副词，一定：必闻其

政（1·10）

未（57次）㊀对历程、事实的否定副词，不曾（53次）：未之有也（1·2）

㊁用法与"不"相同（4次）：未若贫而乐，富而好礼者也（1·15），子未可以去乎（18·2）

末（6次）㊀无指代词（5次）①没有办法：吾末如之何也已矣（9·24）②没有地方：末之也已（17·5）

㊁"本"之反，细节，末节（1次）：抑末也（19·12）

本（5次）㊀名词，根本，基础（4次）：君子务本（1·2）

㊁动词，探本（1次）：本之则无（19·12）

灭（1次）被灭亡的：兴灭国（20·1）

正（24次）㊀端正，引伸为合规矩（9次）：然后乐正（9·15），割不正不食（10·8）

㊁作风正派（2次）：晋文公谲而不正，齐桓公正而不谲（14·15）

㊂副词，端正地（1次）：升车必正立执绥（10·26）

㊃动词，正对着（2次）：恭己正南面而已矣（15·5），其犹正墙面而立也与（17·9）

㊄纠正，改正，匡正（1次）：就有道而正焉（1·14）

㊅动词的使动用法，使端正（8次）：必正席先尝之（10·18）

㊆副词，恰好（1次）：正唯弟子不能学也（7·34）

母（10次）父母在（4·19）

民（48次）㊀老百姓（42次）：见"使民以时"（1·5）及"修己以安百姓"（14·42）注。

㊁一般人，用法和"人"的广义相似（6次）：民鲜久矣（6·29）民斯为下矣（16·9）

民人（1次）即今日的"人民"：有民人焉（11·25）

礼（75次）礼意，礼仪，礼制，礼法：礼之用（1·12）

永（1次）副词，永远地：天禄永终（20·1）

旧（4次）以前的，过去的：

旧令尹之政必以告新令尹
（5·19）

犯（4次）对上级的人有所抵触，
有所违反：而好犯上者鲜矣
（1·2）

玄（2次）黑色的：羔裘玄冠不
以吊（10·6）

玉（3次）有美玉于斯（9·13）

甘（1次）甜：食旨不甘（17·21）

生（16次）㊀出生，生长，发生
（6次）：本立而道生（1·2）

㊁生存，活着（9次）：生，事之
以礼（2·5）

㊂活物（1次）：君赐生（10·18）

用（18次）㊀动词，使用（10
次）：有能一日用其力于仁矣乎
（4·6）

㊁动词，需要（一般用于反诘
句）（5次）：割鸡焉用牛刀
（17·4）

㊂动词，杀牲以祭（1次），见
"虽欲勿用"（6·6）注。

㊃名词，用度（1次）：用不足
（12·9）

㊄名词，用处，用途，效用（2

次）：礼之用，和为贵（1·12）

由（31次）㊀动词，从此而行
（17次）：小大由之（1·12），
行不由径（6·14）

㊁动词，凭，随着（2次）：为仁
由己（12·1）

㊂孔子弟子子路之名（22次），参
"由！诲女知之乎"（2·17）注。

申申（1次）整敕的样子：申申
如也（7·4）

申枨（1次）人名，参"申枨"
（5·11）注。

白（1次）不曰白乎（17·7）

皮（1次）射不主皮（3·16）

目（2次）㊀眼睛（1次）：美目
盼兮（3·8）

㊁条目，纲目（1次）：请问其目
（12·1）

矢（3次）㊀箭（2次）：邦有道
如矢（15·7）

㊁发誓（1次）：夫子矢之曰
（6·28）

石门（1次）地名，见"子路宿
于石门"（14·38）注。

示（1次）假借为"置"：其如示

诸斯乎（3·11）

立（26次）㊀站立（11次）：立
不中门（10·4）

㊁树立（2次）：本立而道生（1·
2），如有所立（9·11）

㊂立足，在社会上做人（12次）：
三十而立（2·4）

㊃古文有时与"位"字通用（2
次）：患所以立（4·14）

鸟（3次）鸟兽不可与同居
（18·6）

六　画

军旅（2次）军队：王孙贾治军
旅（14·19）

交（4次）动词，交朋友：与朋
友交而不信乎（1·4），子夏之
门人问交于子张（19·3）

亦（35次）副词，也，表示同样
和并行：亦不可行也（1·12）

关雎（2次）《诗经》以及其乐章
的篇名，见"《关雎》乐而不
淫"（3·20）注。

会（1次）动词，聚合，会合：

以文会友（12·24）

会同（2次）名词，盟会：如会
同（11·26）

众（13次）㊀名词，群众，众人
（11次）：泛爱众（1·6）

㊁形容词，众多的（1次）：而众
星共之（2·1）

㊂人多为众（1次）：君子无众寡
（20·2）

优（3次）优裕，有余力：孟公
绰为赵魏老则优（14·11）

仰（2次）仰望，抬头观看：仰
之弥高（9·11）

仲弓（7次）即孔子学生冉雍，见
"雍也仁而不佞"（5·5）注。

仲尼（6次）

仲由（3次）孔子学生，即子
路，见"由！诲汝知之乎"
（2·17）注。

仲叔圉（1次）人名，见"仲叔圉
治宾客"（14·19）注。

仲忽　仲突（1次）都是人名，见
"周有八士"（18·11）注。

传（2次）㊀老师所传授的东西：
传不习乎（1·4）

㊀传授：孰先传焉（19·12）

伤（4次）㊀伤害，损害，防碍（3次）：伤人乎（10·17），何伤乎（11·26）

㊁过度悲哀以致伤害身心（1次）：哀而不伤（3·20）

任（4次）㊀名词，责任（2次）：任重而道远（8·7）

㊁信任，交责任给他（2次）：信则人任焉（17·6）

伦（2次）㊀道理，法则（1次）：言中伦（18·8）

㊁人和人间的在某一社会基础上一定的必然的关系（1次）：而乱大伦（18·7）

伊尹（1次）人名，见"举伊尹"（12·22）注。

伐（7次）㊀征讨（4次）：季氏将伐颛臾（16·1）

㊁夸张（3次）：愿无伐善（5·26）

似（3次）动词，好像：似不能言者（10·1）

先（15次）㊀副词（8次）：先行其言而后从之（2·13）

㊁动词（5次）：摆在第一：于斯三者何先（12·7），子将奚先（13·3）

㊂动词，带头（2次）：先之劳之（13·1）

先王（2次）过去的君王：先王之道（1·12）

先生（2次）年长的人：有酒食，先生馔（2·8）

兴（9次）㊀旺盛，兴隆（1次）：则民兴于仁（8·2）

㊁使兴盛（3次）：定公问一言可以兴邦（13·15）

㊂举办（2次）：则礼乐不兴（13·3）

㊃起床（1次）：莫能兴（15·2）

㊄联想，由此而想及彼（2次）：可以兴（17·9）

共（4次）㊀副词，共同（2次）：与朋友共敝之而无憾（5·26）

㊁同"拱"，拱手，打拱（1次）：子路共之（10·27）

㊂音拱，环绕（1次）：居其所而众星共之（2·1）

厌（9次）㊀厌弃，抛弃（2次）：天厌之（6·28）

㊀厌倦（2次）：学而不厌（7·2）

㊁嫌弃，厌恶（5次）：人不厌其言（14·13）

再（2次）副词，二，两：再，斯可矣（5·20），再拜而送之（10·15）

农（1次）农人，种田的人：吾不如老农（13·4）

阳货（1次）人名，见"阳货欲见孔子"（17·1）注。

阳肤（1次）人名，见"孟氏使阳肤为士师"（19·19）注。

阶（4次）㊀名词，台阶（3次）：没阶（10·4）

㊁动词，使用阶梯（1次）：犹天之不可阶而升也（19·25）

冰（1次）如履薄冰（8·3）

华（1次）即现代的"花"字：唐棣之华（9·31）

刑（3次）㊀刑罚，刑戮（2次）：齐之以刑（2·3），邦无道免于刑戮（5·2）

㊁法制，法度（1次）：君子怀刑（4·11）

刑罚（2次）则刑罚不中（13·3）

列（1次）名词，位：陈力就列（16·1）

则（121次）连词，①表示上下文的因果关系：行有余力，则以学文（1·6）②表示对比：弟子入则孝，出则弟（1·6）③表示初被发现的事情的结果，却非发现者所愿意的：使子路反见之，至，则行矣（18·7）

刚（5次）㊀刚强，"柔弱"的反面（4次）：吾未见刚者（5·11）

㊁强盛，旺盛（1次）：血气方刚（16·7）

亚饭（1次）见"亚饭干适楚"（18·9）注。

匡（4次）㊀动词，匡正（1次）：一匡天下（14·17）

㊁地名（3次）：详"子畏于匡"（9·5）注。

讲（1次）讲习：学之不讲（7·3）

论（1次）议论：论笃是与（11·21）

讼（3次）㊀动词，争是非曲直

（1次）：吾未见能见其过而内自讼者也（5·27）

㈡名词，官司，诉讼案件（2次）：听讼，吾犹人也。必也使无讼乎（12·13）

讷（2次）言语迟钝：君子欲讷于言而敏于行（4·24）

争（3次）不相让地力求胜利：君子无所争（3·7）

邦（48次）㈠国家（47次）：夫子至是邦也（1·10）

㈡和"封"字古通用（1次）：且在邦域之中矣（16·1）

邪（1次）不正：思无邪（2·2）

防（1次）地名，见"臧武仲以防求为后于鲁"（14·14）注。

危（6次）㈠危险（2次）：见危授命（14·12）

㈡危险的（2次）：危邦不入（8·13）

㈢动词，使高峻，使与众不同（2次）：见"危言危行"（14·3）注。

动（6次）㈠性情是喜欢动的（1次）：知者动（6·23）

㈡行动，做（2次）：非礼勿动（12·1）

㈢使之动（3次）：动容貌（8·4）

迁（2次）迁移，搬动：不迁怒（6·3）

迂（1次）迂曲，迂远，迂阔，不切实际：有是哉子之迂也（13·3）

迅（1次）疾速，快：迅雷（10·25）

过（32次）㈠去声，guò，错误（20次）：过则勿惮改（1·8），且尔言过矣（16·1），以告者过也（14·13）

㈡去声，责备，错误（1次）：无乃尔是过与（16·1）

㈢过火，急躁冒进（2次）：师也过，过犹不及（11·16）

㈣去声，超出，超过（2次）：由也好勇过我（5·7）

㈤旧读平声，音锅，经过（7次）：过之必趋（9·10）

达（19次）㈠通达事物的道理（1次）：赐也达（6·8）

㈡透彻了解，彻底明白（2次）：

丘未达（10·16）

㈢遇事行得通，达到目的，实现一定的企图（14次）：①欲速则不达（13·17）②使动用法：己欲达而达人（6·30）

㈣把意思表达出来（1次）：辞达而已矣（15·41）

㈤地名，见"达巷党人曰"（9·2）注。

并（2次）副词，一齐，平排着：见其与先生并行也（14·44）

师（13次）㈠老师的师（4次）：可以为师矣（2·11）

㈡古代的乐官，太师少师之师（5次）：师挚之始（8·15）

㈢孔子学生子张之名（4次），参"子张学干禄"（2·18）注。

师旅（1次）即军旅，军队：加之以师旅（11·26）

各（6次）副词：盍各言尔志（5·26）

合（2次）㈠纠合（1次）：桓公九合诸侯（14·16）

㈡足够（1次）：见"苟合矣"（13·8）注。

吉月（1次）元日，大年初一：吉月必朝服而朝（10·6）

同（9次）㈠一样，一样的（4次）：为力不同科（3·16），君取于吴为同姓（7·31）

㈡同流合污（2次）：君子和而不同（13·23）

㈢共同，一起（1次）：与文子同升诸公（14·18）

㈣诸侯间的大盟会（2次）：如会同（11·26）

名（8次）㈠名词，名字，名目（3次）：多识于鸟兽草木之名（17·9）

㈡名词，名声，名望（3次）：恶乎成名（4·5）

㈢动词，叫出个名字来，称赞（2次）：荡荡乎民无能名焉（8·19）

后帝（1次）天帝，上天：敢昭告于皇皇后帝（20·1）

后（後）（19次）㈠方位词（4次）：忽焉在后（9·11）

㈡形容词（2次）：后生可畏（9·23），后世必为子孙忧

（16·1）

㊀动词，在……之后，后于（2次）：绘事后素（3·8）

㉃动词，在后，落后（4次）：子畏于匡，颜渊后（11·23）

㊄使动用法，使之后（1次）：事君，敬其事而后其食（15·38）

㊅副词（5次）：先事后得（12·21）

㊆后代，后嗣（1次）：臧武仲以防求为后于鲁（14·14）

纣（1次）商朝最末之君，见"纣之不善"（19·20）注。

约（6次）㊀窘困（2次）：不可以久处约（4·2）

㊁不放肆，约束（4次）：以约失之者鲜矣（4·23），约之以礼（6·27）

红（1次）丝绸的粉红色，桃红色：红紫不以为亵服（10·6）

回（15次）孔子学生颜渊的名字，参"吾与回言终日"（2·9）注。

因（5次）㊀依靠，凭借（1次）：因不失其亲（1·13）

㊁沿袭，依循（3次）：殷因于夏礼（2·23）

㊂又加以（1次）：因之以饥馑（11·26）

问（120次）㊀动词，发问（117次）：子禽问于子贡曰（1·10）

㊁名词（2次）：大哉问（3·4）

㊂问遗，赠送礼品（1次）：见"问人于他邦"（10·15）注。

岂（8次）反诘副词，难道：岂若从辟世之士哉（18·6）

在（51次）父在观其志（1·11），子在陈曰（5·22），戒之在色（16·7）

圭（1次）古代的一种玉制礼器：见"执圭"（10·5）注。

地（2次）㊀地面：未坠于地（19·22）

㊁地方：其次辟地（14·37）

庄（4次）严肃：临之以庄则敬（2·20）

尧（4次）传说中的上古帝王：尧舜其犹病诸（6·30）

多（19次）㊀"少"之反（17次）：①形容词：肉虽多（10·

8）②动词，多起来：放于利而行多怨（4·12）③副词：多识于鸟兽草木之名（17·9）

㈡多闻的人（1次）：以多问于寡（8·5）

㈢副词，只，适（1次）：多见其不知量也（19·24）

夷（3次）㈠古代对东方的别的部族的侮辱性的称呼（2次）：夷狄之有君不如诸夏之亡也（3·5）

㈡箕踞，像箕一样坐地（1次）：原壤夷俟（14·43）

好（53次）㈠上声，美好（1次）：窥见室家之好（19·23）

㈡去声，音号，动词，喜爱（51次）：而好犯上者鲜矣（1·2）

㈢去声，名词，交好，友好（1次）：邦君为两君之好（3·22）

如（111次）㈠动词，像，似（37次）：如切如磋（1·15），不违，如愚（2·9）

㈡动词，及，赶得上（只跟否定词用在一起）（16次）：不如诸夏之亡也（3·5），弗如也

（5·9）

㈢动词，跟"何"字用在一起，"如……何"，"怎样对付他"的意思（8次）：人而不仁，如礼何（3·3）

㈣连系性动词，就是，乃是（2次）：如其仁，如其仁（14·16）

㈤抉择连词，或者（3次）：方六七十，如五六十（11·26）

㈥假设连词，假若（16次）：如有复我者（6·9）

㈦他转转折连词，至于（1次）：如其礼乐，以俟君子（11·26）

㈧小品词（28次）：訚訚如也（3·23）申申如也（7·4）

如之何　怎么样（15次）：季康子问使民敬忠以劝，如之何（2·20），如之何其拒人也（19·3）

妇人（1次）已婚的女子：有妇人焉（8·20）

存（1次）动词，在：则有司存（8·4）

异（11次）㈠动词，不同（6

次）：其诸异乎人之求之与
（1·10）

㈡形容词，不同的，别的，另外
的（4次）：异端（2·16），异
闻（16·13），异邦（16·14）

㈢旁指代词，别的（1次）：吾以
子为异之问（11·24）

守（5次）㈠不移（1次）：守死
善道（8·13）——守死，不移
于死，不为死所移。

㈡使它不移，保持不失（4次）：
仁不能守之（15·33）

安（17次）㈠稳定，宁静（有
时专指心情的宁静而言，如
后二例句）（9次）：不患贫而
患不安（16·1），察其所安
（2·10），仁者安仁（4·2）

㈡使稳定，使宁静（5次）：修己
以安人（14·42）

㈢安适（2次）：居无求安（1·14）

㈣疑问副词，何（1次）：安见
方六七十如五六十而非邦也者
（11·26）

尽（6次）㈠动词，竭力去做（2
次）：事君尽礼（3·18）

㈡副词，达到极点，完全（4次）：
尽美矣，又尽善也（3·25）

夺（5次）用强力抢去：临大节
而不可夺也（8·6），恶紫之夺
朱也（17·18）

岁（2次）㈠光阴，年月：岁不
我与（17·1）

㈡日子：岁寒（9·28）

州里（1次）本乡本土：虽州里
行乎哉（15·6）

当（3次）㈠介词，正当某一时
候，面临着某一情况（2次）：
当暑（10·6），当仁（15·36）

㈡助动词，应当（1次）：当洒埽
应对（19·12）

年（20次）㈠年龄（2次）：父母
之年（4·21），年四十而见恶
焉（17·26）

㈡年月（17次）：三年无改于父之
道（1·11）

㈢年成（1次）：年饥（12·9）

托（1次）托付，寄托：可以托
六尺之孤（8·6）

执（14次）㈠拿着，把握着（6
次）：自牖执其手（6·10），陪

臣执国命（16·2）

㈡操持，从事于某一工作，某一职业（8次）：《诗》《书》执礼（7·18），执御乎，执射乎，吾执御矣（9·2）

式（2次）动词，站在车上的人（古代只有年老的和妇女才坐在车中）倚于车前横木（轼）以表示敬意，又参"凶服者式之"（10·25）注。

孙（9次）㈠子孙的孙（2次）：后世必为子孙忧（16·1）

㈡同逊，谦让，恭顺（7次）：奢则不孙（7·36）

贞（1次）讲大信，合乎义的诚信：君子贞而不谅（15·37）

负（2次）背：式负版者（10·25）

成（20次）㈠动词（18次）：做好，完成：以成（3·23），恶乎成名（4·5）

㈡形容词，已过去的（1次）：成事不说（3·21）

㈢动词，定（1次）：春服既成（11·26）

成人（4次）全人，道德和才能都达到了一定水平的人：子路问成人（14·12）

成功（1次）大功绩：巍巍乎其有成功也（8·19）

戎（1次）战争：亦可以即戎矣（13·29）

戏（1次）开顽笑：前言戏之耳（17·4）

壮（1次）壮健的时候：及其壮也（16·7）

旨（1次）美味：食旨不甘（17·21）

曲（1次）动词，曲着：曲肱而枕之（7·16）

有（154次）㈠动词，"无"之反（150次）：未之有也（1·2）

㈡小品词，用于名词前（1次）：施于有政（2·21）

㈢同又，副词（1次）：唯恐有闻（5·14）

㈣同又，连词（2次）：吾十有五而志于学（2·4）

有子（4次）有若（2次）孔子学生，见"有子曰"（1·2）注。

有司（3次）古代管理事务的小吏：则有司存（8·4）

有事（1次）古代成语，用于战争或者丧祭：季氏将有事于颛臾（16·1）

有道（14次）㊀古代成语，政治清明，天下太平（12次）：邦有道则知（5·21）

㊁有道德学问的人，好人（2次）：就有道而正焉（1·14），如杀无道以就有道（12·19）

杀（9次）㊀杀死（8次）：如杀无道以就有道（12·19）

㊁去声，shài，减少，裁去（1次）：非帷裳，必杀之（10·6）

朱（1次）大红色：恶紫之夺朱也（17·18）

朱张（1次）人名，事迹已无考。（18·8）

朽（1次）腐朽：朽木不可雕也（5·10）

权（3次）㊀权衡，铢、两、斤、钧、石等重量的总名（1次）：谨权量（20·1）

㊁权变，为着更求切合当前现实而违反平常的法规的措施（2次）：未可与权（9·30）

次（9次）差一等的：知之次也（7·28），敢问其次（13·20）

死（38次）死，葬之以礼（2·5）

泛（1次）广泛地：泛爱众而亲仁（1·6）

汤（2次）㊀沸水（1次）：见不善如探汤（16·11）

㊁商汤，商代第一个君主（1次）：见"汤有天下"（12·22）注。

观（11次）观看：吾不欲观之矣（3·10）

百（11次）数词：《诗》三百（2·2），也用以表其多，如百官（19·23），百物（17·19）

百里（1次）犹言小国：可以寄百里之命（8·6）

百姓（5次）人民：百姓足（12·9）

羊（4次）子贡欲去告朔之饩羊（3·17）

老（8次）㊀（4次）不知老之将至云尔（7·19），老而不死（14·43）

㈠年老的，有经验的（3次）：吾不如老农（13·4）

㈡大夫的家臣（1次）：孟公绰为赵魏老（14·11）

老彭（1次）人名，见"窃比于我老彭"（7·1）注。

而（319次）㈠连词（307次）①表两事的并列：敬事而信，节用而爱人（1·5）②表两事的相因：学而时习之（1·1）③连络副词或者副词语与动词，表示其修饰关系：子路率尔而对曰（11·26）④连络助动词与动词，表示其相因仍的关系：可得而闻也（5·13）⑤连接"来""往"诸词：而今而后，吾知免夫（8·3）⑥表时间的紧接，而后，然后：孔子时其亡也而往拜之（17·1）⑦表两事的相关连，则，就：子欲善而民善矣（12·19）⑧表转折，却：贫而无谄（1·15）

㈡用法同于小品词"之"（1次）：君子耻其言而过其行（14·27）

㈢假设连词，如，若（3次）：管氏而知礼，孰不知礼（3·22）

㈣语气词（4次）：已而已而，今之从政者殆而（18·5）

㈤同"尔"，代词，你（1次）：且而与其从辟人之士也（18·6）

㈥小品词（2次）：既而曰（14·39）

㈦同"为"，见"奚而不丧"（14·19）注。

而已（13次）语气词，表限止：夫子之道，忠恕而已矣（4·15）

而后（9次）连词，表两事时间上之顺承：季文子三思而后行（5·20）

耳（4次）㈠耳朵（3次）：六十而耳顺（2·4）

㈡语气词，"而已"的合音（1次）：前言戏之耳（17·4）

肉（6次）三月不知肉味（7·14）

臣（24次）㈠名词（18次）：定公问君使臣，臣事君如之何（3·19）

㈡动词（2次）：臣不臣（12·11）

㊂治丧之人（4次）：子路使门人为臣（9·12）

自（20次）㊀副词，自己（8次）：见其过而内自讼者也（5·27）

㊁介词，从（12次）：有朋自远方来（1·1）

至（18次）㊀动词，到（14次）：夫子至于是邦也（1·10），又参"不至于谷"（8·12）注。

㊁表示程度之词，极（4次）：泰伯其可谓至德也已矣（8·1），中庸之为德也其至矣乎（6·29）

至于（1次）连词，见"至于犬马"（2·7）注。

舌（1次）借以指言语：驷不及舌（12·8）

舟（1次）：荡舟（14·5）

色（18次）㊀颜色（1次）：色恶不食（10·8）

㊁面色，容色（13次）：无喜色（5·19）

㊂女色美貌（4次）：贤贤易色（1·7）

血气（3次）人的精力志气：血气未定（16·7）

行（72次）㊀走（11次）：行不由径（6·14）

㊁做（29次）：行有余力（1·6）

㊂做得通（9次）：虽蛮貊之邦行矣（15·6）

㊃义较广泛（4次），如"行诈"（9·12）有似今日之言"行骗"；率领三军曰"行三军"（7·11）；致送礼物曰"行束脩"（7·7），都不可以某一固定的意义去解释它。又见"子行三军"（7·11）注。

㊄用（4次）：行夏之时（15·11）

㊅去声，音幸，名词，行为（15次）：听其言而观其行（5·10）

行人（1次）古代的外交官：行人子羽（14·8）

行行（1次）音沆，hàng，刚强的样子：行行如也（11·13）

齐（15次）㊀与之相等，与之一致（1次）：见贤思齐焉（4·17）

㊁整齐它，使之齐一（2次）：齐之以刑，齐之以礼（2·3）

㊂音咨，衣的下摆（1次）：摄齐升堂（10·4）

④同斋，斋戒，古代于从事某一隆重典礼之先，作一番整洁身心的工作（4次）：齐，必有明衣，布（10·7）

⑤国名，周武王封太公望于齐，拥有今山东半岛及北部之地（7次）：崔子弑齐君（5·19）

齐桓公（1次）人名，见"齐桓公正而不谲"（14·15）注。

齐衰（2次）音咨崔，古代孝服的一种：子见齐衰者（9·10）

齐景公（3次）见"齐景公问政于孔子"（12·11）注。

衣（13次）㊀名词，衣服（8次）：而耻恶衣恶食者（4·9）

㊁去声，音异，动词，穿衣服（5次）：衣敝缊袍与衣狐貉者立（9·27）

衣服（1次）恶衣服而致美乎黻冕（8·21）

七　画

两（2次）二：邦国为两君之好（3·22）

乱（15次）㊀作乱，做违反社会一般秩序和叛变的事（2次）：勇而无礼则乱（8·2）

㊁叛变的事，不正常的情况（5次）：子不语怪、力、乱、神（7·21）

㊂没有秩序的（1次）：乱邦不居（8·13）

㊃打乱了，破坏，混淆（4次）：巧言乱德，小不忍则乱大谋（15·27）

㊄能够治理的（1次）：予有乱臣十人（8·20）

㊅诗乐最后合乐的一章（1次）：《关雎》之乱（8·15）

㊆神志昏乱（1次），见"不及乱"（10·8）注。

体（1次）肢体，手足：四体不勤（18·7）

伯氏（1次）人名，见"夺伯氏骈邑三百"（14·9）注。

伯牛（1次）孔子学生冉伯牛，见"伯牛有疾"（6·10）注。

伯夷（5次）人名，见"伯夷叔齐不念旧恶"（5·23）注。

伯适 伯达（1次）人名，见"周有八士"（18·11）注。

伯鱼（2次）孔子的儿子，名鲤，参"鲤也死"（11·8）注。

位（8次）㊀坐位（3次），所在的地方：过位，复其位（10·4）

㊁官位，职位（5次）：不患无位（4·14）

何（54次）㊀疑问代词，什么（30次）：于予与何诛（5·10），子夏云何（19·3）

㊁疑问形容词，什么（6次）：何器也（5·4）

㊂疑问副词，为什么，怎么（18次）：赐也何敢望回（5·9），子在，回何敢死（11·23）

何以（8次）㊀为什么：何以伐为（16·1）

㊁如何，怎样：不敬，何以别乎（2·7）

何用（1次）何以：何用不臧（9·27）

何如（21次）怎么样：子贡曰，贫而无谄，富而无骄，何如（1·15）

何有（7次）不难之词，有什么困难：能以礼让为国乎，何有（4·13）

佚游（1次）游荡忘返：乐佚游（16·5）

佛肸（2次）人名，参"佛肸召"（17·7）注。

作（11次）㊀做（2次）：不可以作巫医（13·22）

㊁制造，造作创制（4次）：而好作乱者（1·2），述而不作（7·1）

㊂兴起（1次）：始作（3·23）

㊃站立起来（4次）：虽少必作（9·10）

佞（8次）㊀有口才，能说善道（5次）：雍也仁而不佞（5·5）

㊁有口才的，能说善道的（3次）：是故恶夫佞者（11·25）

应对（1次）对答，答话：当洒扫应对进退则可矣（19·12）

克（3次）㊀克制（2次）：克己复礼为仁（12·1）

㊁好胜（1次）：克伐怨欲不行焉（14·1）

免（6次）㊀解除（2次）：然后
免于父母之怀（17·21）

㊁免罪，免刑，免祸（4次）：民
免而无耻（2·3）

龟（1次）乌龟：龟玉毁于椟中
（16·1）

兵（2次）兵器：见"足食足兵"
（12·7）注。

兵车（1次）战车：不以兵车
（14·16）

别（2次）动词，分别出来：不
敬，何以别乎（2·7）

证（1次）告发，检举，见"其父
攘羊而子证之"（13·18）注。

识（6次）㊀音志，记住（5次）：
默而识之（7·2）

㊁音式，知道，认得，能辨别
（1次）：多识于鸟兽草木之名
（17·9）

诈（3次）欺假：由之行诈也
（9·12）

利（10次）㊀名词，个人或小团
体的好处，利益（6次）：放于
利而行，多怨（4·12）

㊁动词，利用（1次）：知者利仁
（4·2）

㊂动词的使动用法，使有利（1
次）：因民之所利而利之
（20·2）

㊃尖锐的，像刀口一样快的（1
次）：恶利口之覆邦家者（17·
18）

㊄动词的使动用法，使锐利（1
次）：必先利其器（15·10）

兕（1次）犀牛：虎兕出于柙
（16·1）

际（1次）时间（或者空间）相
交接之处：唐虞之际（8·20）

阼阶　阼音祚，阼阶，东边的台
阶，见"朝服而立于阼阶"
（10·14）注。

附益（1次）增加：而求也为之
聚敛而附益之（11·17）

陈（6次）㊀陈列，摆出来（1
次）：陈力就列（16·1）

㊁国名（4次）：参"子在陈曰"
（5·22）注。

㊂同阵（1次）：卫灵公问陈于孔
子（15·1）

陈子禽（1次）陈亢（2次）人

372　　　　　　　　　　　　　　　论语译注

名，见"子禽问于子贡曰"（1·10）注。

陈文子（1次）人名，见"陈文子有马十乘"（5·19）注。

陈司败（1次）见"陈司败问昭公知礼乎"（7·31）注。

陈成子（1次）**陈恒**（1次）人名，见"陈成子弑简公"（14·21）注。

邻（2次）所居相接近的：德不孤，必有邻（4·25），乞诸其邻而与之（5·24）

邻里（1次）古代统治人民的基层编制，见"以与尔邻里乡党乎"（6·5）注。

助（1次）动词，帮助：回也非助我者也（11·4）

劳（10次）㈠劳苦（2次）：有事，弟子服其劳（2·8），恭而无礼则劳（8·2）

㈡忧愁（2次）：劳而不怨（4·18）

㈢功劳、劳绩（1次）：无施劳（5·26）

㈣动词的使动用法，使其劳动（5次）：信而后劳其民（19·10）

即（2次）动词，就，凑近去，往那儿前去：亦可以即戎矣（13·29），即之也温（19·9）

芸（1次）亦作耘，除草：植其杖而芸（18·7）

远（26次）㈠不近（17次）：有朋自远方来（1·1），致远恐泥（19·4）

㈡名词，指祖先而言（1次）：慎终，追远（1·9）

㈢旧读去声，音院，使之远离（8次）：远耻辱也（1·13）

近（11次）㈠不远的，目前的，即将到来的（3次）：①形容词，必有近忧（15·12）②副词，能近取譬（6·30）

㈡相距不远（7次）：信近于义（1·13）

㈢亲近，亲匿（1次）：近之则不孙（17·25）

违（14次）㈠违背，违反（6次）：虽违众（9·3）

㈡违犯，触犯（1次）：又敬不违（4·18）

㈢离开（5次）：君子无终食之间

违仁（4·5）

㈣违背礼节（2次），见"无违"（2·5）注。

张（2次）孔子学生子张，参"子张学干禄"（2·18）注。

君（46次）古代的天子、诸侯都称君：信如君不君（12·11）

君子（107次）㈠有道德的人：人不知而不愠，不亦君子乎（1·1）

㈡在高位的人：君子之德风（12·19）

吝（2次）吝啬，舍不得花钱：使骄且吝（8·11），出纳之吝（20·2）

启（3次）㈠启发（1次）：不愤不启（7·8）

㈡看看（2次）：启予足，启予手（8·3）

否（1次）不善，不合礼：予所否者（6·28）

吴（1次）春秋时国名，参"君取于吴"（7·31）注。

吴孟子（1次）人名，见"谓之吴孟子"（7·31）注。

吾（113次）代词㈠我，我们（一般用为主语，若用为宾语，则用于否定句，"吾"字放在动词前）：吾必谓之学矣（1·7），吾二臣者皆不欲也（16·1），不吾知也（11·26）

㈡我的，我们的：是吾忧也（7·3），犹吾大夫崔子也（5·19）

告（16次）㈠告诉（15次）：告诸往而知来者（1·15）

㈡旧读梏，对朋友尽心力去规劝，叫做忠告（1次）：忠告而善道之（12·23）

告朔（1次）古代诸侯每月初一告庙的一种礼节，见"子贡欲去告朔之饩羊"（3·17）注。

听（8次）㈠听其言而信其行（5·10）

㈡治理（1次）：听讼吾犹人也（12·13）

㈢服从，顺从，接受教令（1次）：百官总己以听于冢宰（14·40）

呜呼（1次）感叹词：呜呼！曾谓泰山不如林放乎（3·6）

纯（1次）无杂质的丝：今也纯

（9·3）

纯如（1次）音乐和谐的样子：纯如也（3·23）

纵（2次）㊀动词，让，使（1次）：固天纵之将圣（9·6）

㊁让步连词，纵使，即使（1次）：且予纵不得大葬（9·12）

系（1次）悬挂：焉能系而不食（17·7）

困（3次）陷于艰难痛苦之中：不为酒困（9·16）

困穷（1次）四海困穷（20·1）

均（2次）平均：不患寡而患不均（16·1）

彻（3次）㊀十分抽一的税率（2次）：盍彻乎（12·9）

㊁撤除祭品（1次）：以《雍》彻（3·2）

坚（2次）坚硬：钻之弥坚（9·11）

坐（4次）㊀动词（2次）：席不正不坐（10·12）

㊁名词，坐位，坐席（2次）：孔子与之坐而问焉（14·25）

坠（1次）落下来：文武之道未坠于地（19·22）

坏（1次）败坏：礼必坏（17·21）

声（2次）声音：闻弦歌之声（17·4）

孝（19次）敬爱父母：其为人也孝弟（1·2）

弃（5次）舍弃，扔掉：弃而违之（5·19）

间（7次）㊀平声，中间（3次）：终食之间（4·5），摄乎大国之间（11·26）

㊁去声，不同的意见，不同（3次）：禹，吾无间然矣（8·21），人不间于其父母昆弟之言（11·5）

㊂去声，病稍稍痊愈（1次）：病间（9·12）

闲（1次）一定的范围：大德不逾闲（19·11）

闵子（1次）**闵子骞**（4次）孔子学生，见"季氏使闵子骞为费宰"（6·9）注。

宋（1次）春秋时的国名，见"宋不足征也"（3·9）注。

宋朝（1次）人名，见"而有宋朝之美"（6·16）注。

完（1次）完备，完全：苟完矣（13·8）

巫医（1次）古代用禳祷的方术为人治病的人：人而无恒，不可以作巫医（13·22）

巫马期（2次）孔子学生，见"揖巫马期而进之"（7·31）注。

希（5次）同稀，稀少，①形容词：怨是用希（5·23）②副词：盖十世希不失矣（16·2）

饪（1次）烹饪，把食物弄熟：失饪不食（10·8）

饮（5次）㈠喝（3次）：饮水（7·16）

㈡饮料（2次）：一瓢饮（6·11）

饭（3次）吃饭：饭蔬食（7·16）

饩（1次）活牲口：子贡欲去告朔之饩羊（3·17）

弟（11次）㈠同悌，弟弟对哥哥的敬爱（4次）：其为人也孝弟（1·2）

㈡兄弟（7次）：友于兄弟（2·21）

弟子（5次）㈠上有父兄的年轻人（2次）：弟子入则孝（1·6），弟子服其劳（2·8）

㈡学生（3次）：哀公问弟子孰为好学（6·3）

寿（1次）长命，享高年：仁者寿（6·23）

怀（9次）㈠怀念，怀想（5次）：君子怀德（4·11）

㈡使之想念（1次）：少者怀之（5·26）

㈢怀藏（2次）：邦无道，则卷可而怀之（15·7）

㈣怀抱（1次）：然后免于父母之怀（17·21）

忍（3次）㈠反慈为忍，狠心（2次）：是可忍也，孰不可忍也（3·1）

㈡忍耐（1次）：小不忍则乱大谋（15·27）

志（16次）㈠名词，意志，志向（12次）：父在观其志（1·11）

㈡动词，有志于，立志于（4次）：吾十有五而志于学（2·4）

志士（1次）坚持善良意志的人：

志士仁人（15·9）

忘（5次）发愤忘食（7·19）

怃然（1次）怃音武，怃然，失望
的样子：夫子怃然曰（18·6）

忮（1次）因嫉妒而害人：不忮
不求（9·27）

忧（15次）忧愁：父母唯其疾之
忧（2·6），人不堪其忧（6·
11）

我（46次）㊀自称代词，我，我
的（45次）：孟孙问孝于我
（2·5），三人行必有我师焉
（7·22）

㊁由第一义引伸借作"自以为是"
的意义（1次）：毋我（9·4）

戒（5次）㊀动词，警惕着不要去
做（3次）：戒之在色（16·7）

㊁名词，所警惕而不做的事情（1
次）：君子有三戒（16·7）

㊂动词，警告，申诫（1次）：不
戒视成谓之暴（20·2）

扶（1次）扶持：颠而不扶（16·
1）

报（4次）报答，酬答：以德报
怨（14·34）

抑（5次）㊀连词，表抉择，还
是（1次）：求之与？抑与之
与？（1·10）

㊁连词，表转折，却是，但是（4
次）：若圣与仁，则吾岂敢；抑
为之不厌，诲人不倦，则可谓
云尔已矣（7·34）

折（1次）动词，判断：片言可
以折狱者（12·12）

拒（3次）拒绝：其不可者拒之
（19·3）

改（14次）更改，改变（对过错
的改正也是改变）：过则勿惮改
（1·8），于予与改是（5·10），
回也不改其乐（6·11）

攻（4次）攻击，批判：攻乎异
端（2·16），小子鸣鼓而攻之
（11·17）

更（1次）音庚，gēng，改变：
更也，人皆仰之（19·21）

来（10次）㊀动词，"去"之反
（7次）：有朋自远方来（1·1）

㊁动词，使动用法，使之来（3
次）：则修文德以来之（16·1）

杇（1次）抹墙，见"粪土之墙

不可杇也"（5·10）注。

材（1次）同哉：无所取材
（5·7）

杖（4次）㈠手杖，拐杖（3次）：
以杖叩其胫（14·43）

㈡撑拐杖的（1次）：杖者出
（10·13）

杞（1次）春秋时国名，见"杞
不足征也"（3·9）注。

束（1次）动词，捆住：束带立
于朝（5·8）

束脩（1次）一捆（十条）肉干，
后来用以为给老师的财礼的名
称：自行束脩以上，吾未尝无
诲焉（7·7）

社（1次）土神的木主，见"哀
公问社于宰我"（3·21）注。

每（3次）指示形容词，表逐指：
每事问（3·15）

求（36次）㈠（20次）：居无求
安（1·14）

㈡孔子学生冉有的名字（16次），
参"子谓冉有曰"（3·6）注。

汶（1次）水名，即今山东大汶
河：则吾必在汶上矣（6·9）

沂（1次）水名，见"浴乎沂"
（11·26）注。

沐（1次）洗发：孔子沐浴而朝
（14·21）

没（5次）㈠完了，尽了（3次）：
没阶（10·4），旧谷既没（17·
21）

㈡死（人的生命完尽了）（2次）：
父没观其行（1·11）

没齿（1次）终生：没齿无怨言
（14·9）

沟洫（1次）田间水道：卑宫室
而尽力乎沟洫（8·21）

沟渎（1次）山沟：见"自经于沟
渎而莫之知也"（14·17）注。

狂（7次）㈠志向高大而勇于进
取的人（2次）：必也狂狷乎
（13·21）

㈡狂放而不以礼自制（1次）：狂
而不直（8·16）

㈢狂放的人（3次）：古之狂也肆
（17·16），楚狂接舆（18·5）

狂简（1次）志向高大之貌：吾
党之小子狂简（5·22）

犹（23次）㈠动词，好像，好

似，如同（13次）：犹吾大夫
崔子也（5·19）

㈡动词，"犹之"犹言"均之"
"等之"（1次）：犹之与人也
（20·2）

㈢副词，尚且，还（9次）：尧舜
其犹病诸（6·30）

狄（2次）古代对北方的异族部
落的带侮辱性的称呼：夷狄之
有君（3·5）

牡（1次）雄兽，公牛：敢用玄
牡（20·1）

牢（1次）人名，见"牢曰"（9·
7）注。

时（10次）㈠时候（1次）：少之
时（16·7）

㈡历法（1次）：行夏之时（15·
11）

㈢时机，机会（1次）好从事而亟
失时（17·1）

㈣一定的时候，适当的时候（6
次）①名词：使民以时（1·5）
②述说词：不时不食（10·8），
时哉时哉（10·27），夫子时然
后言（14·13）③副词：学而

时习之（1·1）

⑮动词，窥伺，探听（1次）：孔
子时其亡也而往拜之（17·1）

灶（1次）灶神，灶君司命：宁
媚于灶（3·13）

矣（138次）语气词：①表停顿，
兼提起下文：苟志于仁矣，无
恶也（4·4），其为仁矣，不使
不仁者加乎其身（4·6）②表
坚强的决定和肯定：回虽不敏，
请事斯语矣（12·1），虽曰未
学，吾必谓之学矣（1·7）③
表肯定，若用倒装句法，便兼
有感叹之意：巧言令色，鲜矣
仁（1·3），甚矣，吾衰也！
久矣吾不复梦见周公（7·5）
④表已然之事实：不幸短命死
矣（6·3），宾不顾矣（10·3）
⑤表理论上或者事实上必然
之结果：足，则吾能征之矣
（3·9），如有复我者，则吾必
在汶上矣（6·9）⑥表疑问，
但句中必有疑问词：则将焉用
彼相矣（16·1），何如斯可以
谓之士矣（13·20）⑦表推测，

估量，但句中必有传疑副词：
盖有之矣（4·6）

矣夫（7次）除有"矣"字的作
用外，再加"夫"字，兼表推
测，估量，"夫"相当"吧"：命
矣夫（6·10），亦可以弗畔矣夫
（6·27），吾已矣夫（9·9），苗
而不秀者有矣夫（9·22），今
亡矣夫（15·26）

矣乎（7次）除有"矣"字的作
用外，再加"乎"字，㊀兼表
疑问：有能一日用其力于仁矣
乎（4·6），女闻六言六蔽矣乎
（17·8）

㊁兼表赞叹：中庸之为德也，其
至矣乎（6·29）

矣哉（3次）除有"矣"字的作
用外，又加"哉"字，兼表感
叹：庶矣哉（13·9），难矣哉
（15·17）

秀（2次）谷物吐穗开花：苗而
不秀者有矣夫（9·22）

鸡（2次）割鸡焉用牛刀（17·4）

私（2次）㊀名词，个人居处（1
次）：退而省其私（2·9）

㊁副词，个人地，私人身份地（1
次）：私觌（10·5）

穷（3次）贫困得没有解救的办
法：君子亦有穷乎（15·2）

罕（1次）副词，少，见"子罕
言利"（9·1）注。

良（1次）善良：夫子温良恭俭
让以得之（1·10）

角（1次）角长得周正：犁牛之
子骍且角（6·6）

谷（6次）㊀庄稼和粮食的总称
（3次）：旧谷既没（17·21）

㊁得到俸禄（古代以田地、谷物
为俸禄），做官（3次）：邦有
道谷（14·1）

言（126次）㊀名词，言语
（59次）：先行其言而后从之
（2·13）

㊁名词，一个字或一句话（9
次）：一言以蔽之（2·2），又
参"六言六蔽"（17·8）注。

㊂动词，说：言而有信（1·7）

言游（1次）孔子学生言偃，见
"子游问孝"（2·7）注。

言语（1次）善于说话者：言语，

宰我，子贡（11·3）

豆（2次）古代盛有汁的食物的礼器：笾豆之事则有司存（8·4）

赤（7次）孔子学生公西华的名字，参"子华使于齐"（6·4）注。

足（26次）㊀名词，脚（4次）：启予足（8·3）

㊁足够（12次）：文献不足故也（3·9），用不足（12·9）

㊂上义的使动用法，使充足（3次）：可使足民（11·26），足食足兵（12·7）

㊃助动词，够得上，完全能够（7次）：未足与议也（4·9）

足以（3次）助动词：亦足以发（2·9）

足恭（1次）十足的恭顺：足恭（5·25）

軏（1次）音月，又音兀，小车上支持横木的关键：小车无軏（2·22）

身（14次）㊀名词，身体，本身，本人（13次）：吾日三省

吾身（1·4）

㊁量词（1次）：长一身有半（10·6）

进（14次）㊀向前走（12次）：马不进也（6·15）

㊁动词使动用法，使其前进（2次）：揖巫马期而进之（7·31）

邑（2次）春秋时候的人民聚居之地，见"千室之邑"（5·8）注。

里（4次）㊀量词，地积单位（1次）：可以寄百里之命（8·6）

㊁名词，人民所居叫里（2次）：以与尔邻里乡党乎（6·5），虽州里行乎哉（15·6）

㊂动词，定居（1次）：里仁为美（4·1）

八　画

丧（22次）㊀平声，音桑，死亡（9次）：临丧不哀（3·26）

㊁居丧的日期、礼节、制度等事（5次）：宰我问三年之丧，期已久矣（17·21）

㈢去声，丧失，失去，一般指失位、失国（8次）：二三子何患于丧乎（3·24）

事（56次）㈠名词，事情，工作（25次）：敬事而信（1·5），敏于事而慎于言（1·14），每事问（3·15）

㈡名词，和"政"相对，事务性的工作，或者非关国家的私家事务（1次）：其事也（13·14）

㈢名词，古人戎事亦单称事（1次）：季氏将有事于颛臾（16·1）

㈣动词，侍奉，服务（26次）：事父母能竭其力，事君能致其身（1·7）

㈤动词，工作，做，治（2次）：请事斯语矣（12·1），先事后得（12·21）

㈥止（1次）：何事于仁（6·30）

亟（1次）音器，屡屡：好从事而亟失时（17·1）

享礼（1次）出使外国递献礼物：享礼，有容色（10·5）

佩（1次）动词，佩带：无所不佩（10·6）

使（47次）㈠动词，役使，使用（9次）：使民以时（1·5）

㈡动词，使令（30次）：季康子问使民敬忠以劝（2·20）

㈢去声，动词，出使，到外国去作国家的代表（5次）：子华使于齐（6·4）

㈣去声，名词，使者（2次）：使乎使乎（14·25）

㈤连词，假使（1次）：使骄且吝（8·11）

侃侃（2次）温和而快乐之貌：侃侃如也（10·2）

侍（4次）陪侍，在旁边陪着：颜渊季路侍（5·26）

侍坐（1次）被侍者固然坐着，侍者也坐着相陪：子路曾皙冉有公西华侍坐（11·26）

侗（1次）无知，幼稚：侗而不愿（8·16）

侧（2次）旁边：子食于有丧者之侧（7·9）

依（1次）依据：依于仁（7·6）

其（254次）㊀代词，他，他的，它，它的（181次）：其为人也孝弟（1·2），事父母能竭其力（1·7）

㊁指示代词，远指，那，那个（15次）：其斯之谓与（1·15）

㊂指示形容词，那（17次）：尔爱其羊，我爱其礼（3·17）

㊃副词，表不肯定的推测和拟议，殆，怕莫，句尾一般有疑问语气词"乎"或"与"（16次）：从我者其由与（5·7），尧舜其犹病诸（6·30），回也其庶乎（11·19）

㊄副词，表示将来，将（6次）：桓魋其如予何（7·23）

㊅副词，表反问，岂，难道（3次）：山川其舍诸（6·6）

㊆同"之"（2次）：言不可以若是其几也（13·15）

㊇问句中的语气副词（14次）：奚其为为政（2·21），如之何其废之（18·7）

其诸（1次）表示不肯定的语词，参见"其诸异乎人之求与"

（1·10）注。

具臣（1次）有一定的才能，足以胜任相当工作的僚属：今由与求也可谓具臣矣（11·24）

试（2次）试用：吾不试，故艺（9·7）

诗（14次）《诗经》：《诗》三百（2·2）

诔（1次）为着祈求幸福来祷告的文章：诔曰（7·35）

诛（1次）谴责，责罚（用言语、用武力都可叫诛）：于予与何诛（5·10）

诚（2次）真正，真实：诚不以富（12·10）

到（2次）民到于今受其赐（14·17）

郁郁（1次）文采丰富的样子：郁郁乎文哉（3·14）

郑声（3次）郑国的音乐：放郑声（15·11）

陋（3次）㊀狭窄的（1次）：在陋巷（6·11）

㊁简陋，不好（2次）：何陋之有（9·14）

降（3次）㈠下降，走下来（1
次）：降一等（10·4）

㈡压落下来（2次）：不降其志
（18·8）

卑（1次）形容词作动词用，使
低下：卑宫室（8·21）

卒（1次）终，首末之末：有始
有卒者其为圣人乎（19·12）

卓尔（1次）独立之貌：如有所
立，卓尔（9·11）

卷（1次）同"捲"：卷而怀之
（15·7）

变（7次）改变，变化：齐一变
至于鲁（6·24）

叔夜　叔夏（1次）人名，见
"周有八士"（18·11）注。

叔孙武叔（2次）人名，见"叔
孙武叔语大夫于朝曰"（19·
23）注。

叔齐（5次）人名，见"伯夷叔
齐不念旧恶"（5·23）注。

取（12次）　㈠采取，择用（5
次），奚取于三家之堂（3·2），
无所取材（5·7）

㈡拿，拿下来，拿到手（6次）：

义然后取（14·13），今不取，
后世必为子孙忧（16·1）

㈡去声，同娶（1次）：君取于吴
（7·31）

受（8次）收受，接受：拜而受
之（10·16）

奔（1次）逃跑：奔而殿（6·15）

周（12次）㈠以义相结合，团
结（2次）：君子周而不比
（2·14）

㈡动词，周济，救济，接济（1
次）：君子周急不继富（6·4）

㈢朝代名（9次）：周因于殷礼
（2·23）

周公（4次）名姬旦，见"久矣
吾不复梦见周公"（7·5）注。

周任（1次）人名，见"周任有
言曰"（16·1）注。

周南（2次）《诗经·国风》之
一：女为《周南》《召南》矣乎
（17·10）

周亲（1次）至亲：虽有周亲，
不如仁人（20·1）

参㈠音餐，并排站着（1次）：立
则见其参于前也（15·6）

㊀音身,孔子学生曾参之名(2次):见"曾子曰"(1·4)注。

味(1次)三月不知肉味(7·14)

咏(1次)唱诗:咏而归(11·26)

鸣(2次)㊀鸟叫(1次):其鸣也哀(8·4)

㊁擂鼓(1次):小子鸣鼓而攻之(11·17)

命(21次)㊀寿命(2次):不幸短命死矣(6·3)

㊁命运(10次):命矣夫(6·10)

㊂生命(2次):见危授命(14·12)

㊃辞令,公文,政令(1次):为命(14·8)

㊄使命(5次):必复命曰(10·3)

㊅动词,命令,召诰(1次):舜亦以命禹(20·1)

和(8次)㊀和谐,恰当,恰到好处(4次):和为贵(1·12)

㊁春秋时术语,"同"之反(2次):见"君子和而不同"(13·23)注。

㊂和睦,团结(1次):和无寡(16·1)

㊃去声,音货,声音相应(1次):而后和之(7·32)

咎(1次)追咎,补行谴责或处分:既往不咎(3·21)

国(10次)国家:道千乘之国(1·5)

固(10次)㊀牢实,巩固,坚固(2次):学则不固(1·8),固而近于费(16·1)

㊁上义,用作动词,"固守"之意(1次):君子固穷(15·2)

㊂顽固(2次):毋固(9·4),疾固也(14·32)

㊃固陋,寒伧(2次):俭则固(7·36)

㊄副词,本来,固然(3次):固天纵之将圣(9·6)

图(2次)㊀猜想(1次):不图为乐之至于斯也(7·14)

㊁即河图(1次):河不出图(9·9)

细(1次)细小,细碎:脍不厌

细（10·8）

绅（2次）大带，古人穿礼服时用它：加朝服拖绅（10·19）

绀（1次）音赣，gàn，天青色：君子不以绀緅饰（10·6）

终（11次）㊀死亡（1次）：慎终，追远（1·9）

㊁从开始到末尾的整段时间（8次）：吾与回言终日（2·9）

㊂终身（1次）：其终也已（17·26）

㊃终止（1次）：天禄永终（20·1）

绎（2次）分析，解析：绎之为贵（9·24）

绎如（1次）乐音不绝之貌：绎如也以成（3·23）

坦（1次）心地平静而宽朗的样子：君子坦荡荡（7·37）

夜（2次）不舍昼夜（9·17）

妻（5次）㊀名词，夫妻的妻（1次）：邦君之妻（16·14）

㊁去声，动词，嫁给（4次）：以其子妻之（5·1）

始（7次）㊀开始（6次）：始可与言《诗》已矣（1·15）

㊁先前（1次）：始吾于人也

（5·10）

姓（1次）为同姓（7·31）

学（64次）学而时习之（1·1）

孟之反（1次）人名，见"孟之反不伐"（6·15）注。

孟公绰（1次）人名，见"孟公绰为赵魏老则优"（14·11）注。

孟氏（1次）孟氏使阳肤为士师（19·19）

孟武伯（2次）人名，见"孟武伯问孝"（2·6）注。

孟庄子（1次）人名，见"孟庄子之孝"（19·18）注。

孟孙（1次）孟孙问孝于我（2·5）

孟敬子（1次）人名，见"孟敬子问之"（8·4）注。

孟懿子（1次）人名，见"孟懿子问孝"（2·5）注。

季子然（1次）人名，见"季子然问"（11·24）注。

季文子（1次）人名，见"季文子三思而后行"（5·20）注。

季氏（8次）季孙（2次）孔子谓季氏（3·1），公伯寮愬子路

于季孙（14·36）

季桓子（1次）人名，见"季桓子受之"（18·4）注。

季康子（6次）人名，见"季康子问"（2·20）注。

季路（4次）即孔子学生仲由，参"由！诲女知之乎"（2·17）注。

季随　季䯄（1次）人名，见"周有八士"（18·11）注。

孤（2次）㊀名词，孤子，幼年死去父亲的人（1次）：可以托六尺之孤（8·6）

㊁孤单，孤独（1次）：德不孤（4·25）

宝（1次）珍宝：怀其宝而迷其邦（17·1）

宗（1次）动词，尊奉：亦可宗也（1·13）

宗族（1次）家族，同一家一族的人：宗族称孝焉（13·20）

宗庙（4次）祖宗的庙宇以及关于祭祀宗庙之事：其在宗庙朝廷（10·1），宗庙会同（11·26）

实（2次）㊀有内容，充实（1次）：实若虚（8·5）

㊁结果实，结谷粒（1次）：秀而不实者有矣夫（9·22）

官（4次）㊀国家事务工作和职位（2次）：修废官（20·1）

㊁治理国家事务的人（1次）：百官总己以听于冢宰三年（14·40）

㊂房舍（1次）：见"百官之富"（19·23）注。

定（1次）不变更，不移动：血气未定（16·7）

定公（2次）鲁君，见"定公问"（3·19）注。

宜（1次）应该：不亦宜乎（19·23）

审（1次）审定：审法度（20·1）

尚（3次）㊀动词，在上（1次）：无以尚之（4·6）

㊁动词，尊尚，注重（2次）：尚德哉若人（14·5）

废（8次）㊀废弃，停止而不再进行或者使用（5次）：中道而废（6·12）

㊁被废弃，失掉官职（2次）：邦

有道不废（5·2）

㈡被废弃的（1次）：修废官（20·1）

居（26次）㈠居住（10次）：居无求安（1·14）

㈡使居住，安放（1次）：臧文仲居蔡（5·18）

㈢处于某地位或情况（8次）：居上不宽（3·26），夫君子之居丧（17·21）

㈣存心，基于（2次）：居敬而行简（6·2）

㈤平日，平时，平常（1次），见"居则曰"（11·26）注。

㈥坐（4次）：居不客（10·24）

居室（1次）居家过日子：子谓卫公子荆善居室（13·8）

居处（2次）㈠指平日的容貌（1次）：居处恭（13·19）

㈡指平日的生活享受（1次）：居处不安（17·21）

帛（1次）丝织品的总称：玉帛云乎哉（17·11）

经（1次）缢，用绳索勒死，吊颈：自经于沟渎（14·17）

幸（4次）幸运，侥幸：罔之生也幸而免（6·19）

弥（2次）益发，更，愈：仰之弥高，钻之弥坚（9·11）

弦（1次）琴瑟之弦：闻弦歌之声（17·4）

驾（1次）驾好车马：不俟驾行矣（10·20）

驷（2次）四匹马：驷不及舌（12·8）

饰（1次）装饰，镶边以为装饰：君子不以绀缬饰（10·6）

饱（3次）吃够：君子食无求饱（1·14）

彼（3次）㈠他称代词，他（2次）：见"彼哉！彼哉"（14·9）注。

㈡指示词，那（1次）：则将焉用彼相矣（16·1）

往（10次）㈠去（5次）：吾往也（9·19）

㈡过去，过去的（4次）：往者不可谏（18·5），既往不咎（3·21）

㈢后，"而往"即"而后"（1

次）：自既灌而往者（3·10）

征（3次）证明：宋不足征也
（3·9）

征伐（2次）有理由地向别人实
行武力制裁：则礼乐征伐自天
子出（16·2）

径（1次）小路：行不由径（6·
14）

备（2次）完备，完全：求备焉
（13·25）

忠（18次）对别人，尤其是对上
级竭心尽力：为人谋而不忠乎
（1·4），忠焉能勿诲乎（14·
7），忠告而善道之（12·23）

念（1次）惦记，挂怀：伯夷叔
齐不念旧恶（5·23）

忽焉（1次）突然：忽焉在后
（9·11）

忿（2次）生气，忿怒：一朝之忿
（12·21），忿思难（16·10）

忿戾（1次）老羞成怒，无理取
闹：今之矜也忿戾（17·16）

怍（1次）惭愧：其言之不怍
（14·20）

怡怡（3次）㊀心中无顾虑拘束

而自得的样子（2次）：逞颜
色，怡怡如也（10·4）

㊁兄弟间相处和睦的样子（1
次）：兄弟怡怡（13·28）

性（2次）夫子之言性与天道
（5·13）

怪（1次）怪异，不合常理常情
的事物：子不语怪、力、乱、
神（7·21）

或（15次）㊀代词，只用作主
语，有人（13次）：或谓孔子
曰（2·21）

㊁表示不肯定的副词，或者，或
许（2次）：今也，或是之亡也
（17·16）

所（47次）㊀名词，地方（2次）：
居其所而众星共之（2·1）

㊁小品词，与动词或动词语连用
结合而成名词语（44次）：有
所不行（1·12）

㊂假设连词，假若，只用于誓词
中（1次）：予所否者（6·28）

所以（3次）小品词语，"的方
法""的原因"的意思：不知所
以裁之（5·22），三代之所以

直道而行也（15·25）

者（202次）㊀相当现代汉语的
　“的”"的人”"的事”"的……”
　（169次）：而好犯上者鲜矣
　（1·2），告诸往而知来者（1·
　15）

㊁语气词，表拟度，相当现代汉
　语的“的样子”（4次）：似不
　能言者（10·1）

㊂语气词，表提示（5次）：政者
　正也（12·17）

祇（1次）地神：祷尔于上下神
　祇（7·35）

视（7次）㊀看（4次）：视其所
　以（2·10）

㊁看待（2次）：视予犹父也（11·
　11）

㊂探病，访问（1次）：君视之
　（10·19）

视成（1次）责其成功：不戒视
　成谓之暴（20·2）

承（2次）承受，接受：使民如
　承大祭（12·2）

择（4次）选择：择不处仁（4·1）

拖（1次）垂下来：拖绅（10·19）

贤（25次）㊀富于道德或者才能
　（14次）：贤哉回也（6·11），
　知柳下惠之贤（15·14）

㊁名词，富于道德或者才能的人
　（6次）：见贤思齐焉（4·17）

㊂动词，以为贤（1次）：贤贤易
　色（1·7）

㊃好一些，强一些（4次）：为之
　犹贤乎已（17·22）

质（8次）本质，内容：质胜文
　则野（6·18）

贫（9次）钱财极少：贫而无谄
　（1·15）

货殖（1次）作以利润为目的的
　工商业：赐不受命而货殖焉
　（11·19）

贪（2次）不知足而求多（一
　般指贪财而言）：欲而不贪
　（20·2）

贯（3次）㊀贯穿，统率（2次）：
　吾道一以贯之（4·15）

㊁行，做（1次）：仍旧贯（11·
　14）

责（1次）追究责任，指摘过失：
　躬自厚而薄责于人（15·15）

败（1次）败坏，腐烂：鱼馁而肉败，不食（10·8）

放（3次）㈠旧读上声，音访，依循（1次）：放于利而行多怨（4·12）

㈡去声，舍弃，屏除（1次）：放郑声（15·11）

㈢去声，放肆，放纵，无所拘束（1次）：隐居放言（18·8）

昆（1次）哥哥：人不间于其父母昆弟之言（11·5）

明（3次）㈠明白，看得清楚（2次）：视思明（16·10）

㈡明白，不糊涂（1次）：子张问明（12·6）

明日（2次）第二天：明日遂行（15·1）

明衣（1次）斋戒时的浴衣：斋必有明衣（10·7）

易（12次）㈠动词，改变，改革（2次）：而谁以易之（18·6）

㈡动词，轻视（1次）：贤贤易色（1·7）

㈢把事情办好（1次）：见"与其易也，宁戚"（3·4）注。

㈣去声，副词，容易（7次）：不易得也（8·12）

㈤古人占卜之书（1次）：五十以学《易》（7·17）

昔者（4次）过去，以前：昔者吾友尝从事于斯矣（8·5）

肤（2次）皮肤：肤受之愬（12·6）

朋（1次）朋友（8次）：有朋自远方来（1·1），与朋友交而不信乎（1·4）

服（13次）㈠名词，衣服（5次）：红紫不以为亵服（10·6）

㈡动词，穿戴（1次）：服周之冕（15·11）

㈢动词，服事，服务（1次）：有事，弟子服其劳（2·8）

㈣动词，信服，顺从（6次）：何为则民服（2·19）

服事（1次）以服事殷（8·20）

松（2次）松树：夏后氏以松（3·21）

枉（7次）㈠非正直的，邪恶的（3次）：能使枉者直（12·22），枉道而事人（18·2）

㊀邪恶的人（4次）：举直错诸枉
　　则民服（2·19）

枕（1次）名词作动词用，旧读
　　去声：曲肱而枕之（7·16）

枨（1次）申枨，见"申枨"（5·
　　11）注。

林放（2次）人名，见"林放问
　　礼之本"（3·4）注。

果（3次）对一件事情坚持到底，
　　贯彻到底：由也果（6·8），行
　　必果（13·20）

果敢（1次）无顾虑无畏惧而勇
　　于行其所自以为是：恶果敢而
　　窒者（17·24）

武（4次）㊀周武王时的乐章
　　名（1次）：谓《武》尽美矣
　　（3·25）

㊁人名（1次）：播鼗武入于汉
　　（18·9）

㊂周武王（2次）：文武之道
　　（19·22）

武王（1次）周朝开国之君姬发，
　　见"武王曰"（8·20）注。

武城（2次）地名，见"子游为
　　武城宰"（6·14）注。

河（2次）古称黄河为河：鼓方
　　叔入于河（18·9）

浅（1次）水不深：浅则揭（14·
　　39）

治（6次）㊀及物动词，治理，
　　处理，管理（4次）：可使治其
　　赋也（5·8）

㊁太平，政治清明（2次）：无为
　　而治者（15·5）

沽（4次）㊀出卖（3次）：求善
　　贾而沽诸（9·13）

㊁出卖的：买来的（1次）：沽酒
　　市脯不食（10·8）

法度（1次）分、寸、尺、丈、
　　引等长度，见"审法度"（20·
　　1）注。

法语（1次）严肃的，合乎法
　　则的话（1次）：法语之言
　　（9·24）

泥（1次）地土沾雨便为泥，行
　　路时易为泥所滞陷而妨碍前进，
　　因之引伸为被阻滞的意思：致
　　远恐泥（19·4）

版（1次）国家的图籍：式负版
　　者（10·25）

物（1次）东西：百物生焉（17·19）

狎（2次）亲近而欠缺互敬，不敬重，狎侮：虽狎必变（10·25），狎大人（16·8）

狐（3次）狐皮：狐貉之厚以居（10·6）

疚（1次）有心病，内愧：内省不疚（12·4）

直（22次）㊀坦白爽快（9次）：孰谓微生高直（5·24），吾党有直躬者（13·18）

㊁公平正直（9次）：以直报怨（14·34）

㊂正直的人（4次）：举直错诸枉（2·19）

知（116次）㊀名词，知识（2次）：吾有知乎哉（9·8）

㊁动词，知道，晓得（89次）：人不知而不愠（1·1）

㊂同"智"，聪明，有智慧（25次）：焉得知（4·1）

秉（1次）古代量名，十六斛为秉：冉子与之粟五秉（6·4）

空（1次）既贫且穷，穷得没有办法：屡空（11·19）

空空（1次）没有知识的样子：空空如也（9·8）

罔（3次）㊀欺骗，陷害，见"学而不思则罔"（2·15）和"不可罔也"（6·26）注。

㊁欺骗而陷害别人的人，不正直而邪曲的人：罔之生也幸而免（6·19）

纲（1次）用大纲网鱼：子钓而不纲（7·27）

肥（1次）肥壮的：乘肥马（6·4）

肩（1次）肩膀：赐之墙也及肩（19·23）

肱（1次）胳膊由肘到肩的部分：曲肱而枕之（7·16）

舍（6次）同捨，舍弃：山川其舍诸（6·6）

苗（1次）生苗，初生：苗而不秀者有矣夫（9·22）

苟（10次）㊀动词，苟且，不审慎（1次）：无所苟而已矣（13·3）

㊁副词，大致，差不多（3次）：

苟合矣（13·8）

㊁连词，假设（6次）：苟志于仁矣，无恶也（4·4）

若（14次）㊀动词，像，如（8次）：有若无，实若虚（8·5）

㊁动词，及，赶得上（2次）：未若贫而乐富而好礼者也（1·15）

㊂指示形容词，此（3次）：君子哉若人（5·3）

㊃连词，表示他转，至于，至若（1次）：若圣与仁，则吾岂敢（7·34）

钓（1次）钓鱼：子钓而不纲（7·27）

画（1次）停住着不动：今女画（6·12）

虎（2次）虎豹之鞟（12·8）

表（1次）使之在外：必表而出之（10·6）

述（3次）讲述，记述，陈说：述而不作（7·1），长而无述焉（14·43）

迩（1次）远近的近：迩之事父，远之事君（17·9）

非（33次）不是：非其鬼而祭之（2·24）

鱼（1次）鱼肉：鱼馁而肉败（10·8）

齿（1次）人的年寿：没齿无怨言（14·9）

九　画

临（6次）面临，面对着：临之以庄则敬（2·20）

举（14次）㊀提拔，推举（12次）：举贤才（13·2）

㊁提出（1次）：举一隅不以三隅反（7·8）

㊂动，扬起（1次）：色斯举矣（10·27）

兹（1次）指示词，近指，此处，这里：文不在兹乎（9·5）

养（4次）㊀养育（2次）：其养民也惠（5·16）

㊁旧读去声，音漾，供奉父母（2次）：是谓能养（2·7）

侮（2次）㊀轻贱，侮慢：侮圣人之言（16·8）

㊁遭受轻侮：恭则不侮（17·6）

便佞（1次）便音骈，便佞，夸
　夸其谈的人：友便佞（16·4）

便便（1次）音骈骈，说话明白
　流畅的样子：便便言（10·1）

便辟（1次）便音骈，便辟，耍
　弄手腕的人：友便辟（16·4）

俨然（2次）有威严的样子：俨
　然人望而畏之（20·2）

俎豆（1次）见"俎豆之事"
　（15·1）注。

保（1次）守着不变，死死记住：
　不保其往也（7·29）

俟（3次）等待：不俟驾行矣
　（10·20）

信（38次）㈠诚实不欺（24次）：
　与朋友交而不信乎（1·4），主
　忠信（1·8）

㈡相信，认为可靠（11次）：听其
　言而信其行（5·10）

㈢使相信，使信任（1次）：朋友
　信之（5·26）

㈣形容词或者副词，真，诚（2
　次）：信如君不君（12·11），
　信乎夫子不言不笑不取乎
　（14·13）

俭（4次）节俭：与其奢也宁俭
　（3·4）

修（9次）㈠培养，研究（6次）：
　德之不修（7·3）

㈡治理，整理（3次）：敢问崇德
　修慝辨惑（12·21）

修饰（1次）使它更美好，完善：
　行人子羽修饰之（14·8）

冠（3次）㈠音官，帽子（2次）：
　羔裘玄冠不以吊（10·6）

㈡音贯，戴上帽子（1次）：冠者
　五六人（11·26）

亲（9次）㈠父母（2次）：忘其
　身以及其亲（12·21）

㈡同族或有婚姻关系的人（4
　次）：因不失其亲（1·13），君
　子笃于亲（8·2）

㈢动词：亲近（1次）：泛爱众而
　亲仁（1·6）

㈣副词，亲自（2次）：不亲指
　（10·26）

诱（1次）诱导：夫子循循然善
　诱人（9·11）

语（12次）㈠上声，音圄，说（2
　次）：子不语怪、力、乱、神

（7·21）

㊀上声，说的话（3次）：请试斯语矣（12·1）

㊁去声，音御，告诉（7次）：子语鲁太师乐（3·23）

诬（1次）诬罔：焉可诬也（19·12）

诵（2次）诵读：子路终身诵之（9·27）

诲（5次）教诲：诲女知之乎（2·17）

说（21次）㊀同悦，高兴（11次）：不亦说乎（1·1）

㊁同悦，求得别人的高兴和喜爱，使人家喜爱（5次）：君子易事而难说也（13·25），近者说（13·16）

㊂shuō，说话，谈论（3次）：成事不说（3·21）

㊃言论，说法（2次）：或问禘之说（3·11）

前（3次）㊀前面（2次）：瞻之在前（9·11）

㊁过去的，刚才的（1次）：前言戏之耳（17·4）

前后（1次）俯仰：衣前后，襜如也（10·3）

勃如（3次）面色矜庄貌：色勃如也（10·3）

勇（16次）有胆量，勇敢：见义不为，无勇也（2·24）

勉（1次）尽力去做：丧事不敢不勉（9·16）

南（1次）南方的：南人有言曰（13·22）

南子（1次）人名，见"子见南子"（6·28）注。

南面见"雍也可使南面"（6·1）注。

南宫适（2次）即孔子学生南容。

南容（2次）孔子学生，见"子谓南容"（5·2）注。

厚（5次）㊀厚的东西，厚毛（1次）：狐貉之厚以居（10·6）

㊁厚道，笃实，忠厚（1次）：民德归厚矣（1·9）

㊂副词，阔气地，隆重地（2次）：门人欲厚葬之（11·11）

㊃副词，严厉地（1次）：躬自厚而薄责于人（15·15）

草（4次）小人之德草（12·19）

草创（1次）拟草稿（以后凡开始一种新的制作也叫草创）：裨谌草创之（14·8）

荏（1次）音饪，柔弱，胆小：色厉而内荏（17·12）

荐（1次）进献：必熟而荐之（10·18）

药（1次）康子馈药（10·16）

莒父（1次）鲁国城邑之名，现在已不能确指其所在：子夏为莒父宰（13·17）

荡（2次）放荡，不循礼法：其蔽也荡（17·8）

荡荡（2次）㊀心地宽广而无所忧戚的样子（1次）：君子坦荡荡（7·37）

㊁博大的样子（1次）：荡荡乎民无能名焉（8·19）

荡舟（1次）以舟船冲锋陷阵：奡荡舟（14·5）

庭（3次）院子：八佾舞于庭（3·1）

迹（1次）脚迹，人家已经走过的路：不践迹（11·20）

追（2次）㊀追念：慎终，追远（1·9）

㊁赶得上：来者犹可追（18·5）

退（13次）㊀回到原处（10次）：退而省其私（2·9）

㊁后退（1次）：不与其退也（7·29）

㊂退缩（1次）：求也退（11·22）

㊃上义的使动用法，使之退缩，压抑（1次）：故退之（11·22）

送（1次）送行：再拜而送之（10·15）

逆（1次）预料：不逆诈（14·31）

迷（1次）动词，使动用法，使之迷惑：怀其宝而迷其邦（17·1）

适（9次）㊀往，去（8次）：赤之适齐也（6·4）

㊁一定的主张（1次）：无適也（4·10）

选（2次）选择：选于众（12·22）

将（18次）㊀时间副词，表将来（16次）：天将以夫子为木铎（3·24）

㊁动词，传达，致送（2次）：阙

党童子将命（14·44）

咨（1次）叹词：咨！尔舜（2·1）

哀（6次）悲哀：哀而不伤（3·20）

哀公（5次）鲁国之君，见"哀公问曰"（2·19）注。

哀矜（1次）怜悯，同情：则哀矜而勿喜（19·19）

哂（3次）微笑：夫子哂之（11·26）

哉（45次）语气词，①表示感叹：郁郁乎文哉（3·14）②和表疑问的词连用，则形式是疑问句，而实兼有感叹之意：人焉廋哉，人焉廋哉（2·10）③和表反诘的副词"岂"连用，表反诘：夫召我者，而岂徒哉（17·5）

弈（1次）下棋：不有博弈者乎（17·12）

姜（1次）不撤姜食（10·8）

贰（1次）同样的事情有了两次或者做了两次：不贰过（6·3）

贵（8次）㊀高官，高位（4次）：富与贵是人之所欲也（4·5）

㊁可贵，美好（3次）：和为贵（1·12）

㊂动词，重视，珍重（1次）：君子所贵乎道者三（8·4）

费（7次）㊀音秘，地名，在今山东平邑东南七十里（4次）：季氏使闵子骞为费宰（6·9）

㊁花费，耗费（一般指钱财）（3次）：君子惠而不费（20·2）

威（4次）表现出使人敬畏的气魄：君子不重则不威（1·8）

闻（58次）㊀听到（48次）：必闻其政（1·10）

㊁所听到的事物（3次）：子亦有异闻乎（16·13）

㊂名望，名声（1次）：四十五十而无闻焉（9·23）

㊃有名声（6次）：在邦必闻，在家必闻（12·20）

客（3次）㊀"宾客"为一词，见"可使与宾客言也"（5·8）注。

㊁动词，同作客或者待客一样（1次）：见"居不客"（10·24）注。

宪（1次）孔子学生原思之名，见"原思为之宰"（6·5）注。

室（8次）㈠房屋，住宅（3次）：千室之邑（5·8）

㈡内房，住房（3次）：未入于室也（11·15）

㈢与"家"同义，如"居室"（13·8）为"居家"，"公室"（16·3）为"公家"。

室家（1次）房屋：窥见室家之好（19·23）

宫室（1次）房屋：卑宫室而尽力乎沟洫（8·21）

宫墙（1次）围墙，房屋周围的墙垣：譬之宫墙（19·23）

封人（1次）国境上的地方官：见"仪封人请见"（3·24）注。

屏（2次）㈠抑制：屏气似不息者（10·4）

㈡排除：屏四恶（20·2）

巷（1次）巷党（1次）弄堂，胡同：在陋巷（6·11），又见"达巷党人曰"（9·2）注。

骄（8次）骄傲：富而无骄（1·15）

骈邑（1次）地名，见"夺伯氏骈邑三百"（14·9）注。

帝（3次）上帝，最高的天神：敢昭告于皇皇后帝（20·1）

带（1次）束腰的大带子：束带立于朝（5·8）

待（4次）㈠等待（2次）：我待贾者也（9·13）

㈡对待（2次）：以季孟之间待之（18·3）

尝（10次）㈠动词，试吃，吃一吃（2次）：不敢尝（10·16）

㈡副词，曾经（8次）：吾未尝不得见也（3·24）

复（9次）㈠动词，再做一次，再说一次，重复，反覆（3次）：如有复我者（6·9）

㈡动词，回报（1次）：必复命曰（10·3）

㈢动词，回到（3次）：复其位（10·4），克己复礼为仁（12·1）

㈣动词（1次）：复言，实践诺言也，见"言可复也"（1·13）注。

㈤副词，再（1次）：久矣吾不复梦见周公（7·5）

独（3次）单独，独自：我独亡

（12·5）

狱（1次）官司，诉讼：片言可以折狱者（12·12）

总（1次）总括，收束：百官总己以听于冢宰三年（14·40）

怒（1次）气愤：不迁怒（6·3）

思（24次）思虑，思想：思无邪（2·2），学而不思则罔（2·15）

急（1次）急难，困难：君子周急不继富（6·4）

怨（20次）怨恨：放于利而行多怨（4·12），匿怨而友其人（5·25）

恸（4次）悲哀过度：子哭之恸（11·10）

恂恂（1次）恭顺的样子：孔子于乡党，恂恂如也（10·1）

恒（4次）名词：得见有恒者（7·26），动词：不恒其德（13·22），解释见注。

拜（5次）㊀磕头，作揖（4次），古代的一种敬礼：再拜而送之（10·15）

㊁拜访（1次）：孔子时其亡也而往拜之（17·1）

拜下（1次）古代对君王的一种最敬礼，见"拜下礼也"（9·3）注。

拱（1次）两手相合以表示敬意：子路拱而立（18·7）

持（1次）扶持：危而不持（16·1）

指（2次）动词，指向：指其掌（3·11）

故（11次）㊀已知的东西，旧有的东西（1次）：温故而知新（2·11）

㊁事故，错过，罪恶（1次）：故旧无大故（18·10）

㊂……的缘故（1次）：文献不足故也（3·9）

㊃连词，所以（7次）：吾少也贱，故多能鄙事（9·6）

㊄提挈之词（1次）：故远人不服（16·1）

故旧（2次）相识和相交多年的人：故旧不遗（8·2）

政（41次）㊀政治，政事（37次）：必闻其政（1·10）

　　　　　　　　　　　　　　　　论语译注

㈢政令（1次）：四方之政行焉
（20·1）

㈢政权，政柄（2次）：则政不
在大夫（16·2），政逮于大夫
（16·3）

㈣卿相大臣（1次），见"施于有
政"（2·21）注。

政事（12次）善于处理政事：政
事，冉有、季路（11·3）

施（6次）㈠延及（1次）：施于
有政（2·21）

㈡施舍，给与（3次）：如有博施
于民而能济众（6·30），勿施
于人（12·2）

㈢表白（1次）：无施劳（5·26）

㈣同弛，简慢（1次）：君子不施
其亲（18·10）

星（1次）众星共之（2·1）

春（2次）春季：莫春者，春服
既成（11·26）

昼（2次）白天：宰予昼寝（5·
10）

昭（1次）明白地：敢昭告于皇
皇后帝（20·1）

昭公（1次）鲁君，名周，见

"陈司败问昭公知礼乎"（7·
31）注。

是（54次）㈠指示代词，这，此
（37次）：是可忍也（3·1）

㈡指示形容词，这个，此（6
次）：夫子至于是邦也（1·10）

㈢连系性动词（5次）：富与贵是
人之所欲也（4·5）

㈣对，对的（2次）：偃之言是也
（17·4）

㈤副词，这样地（1次）：丘何为
是栖栖者与（14·32）

㈥小品词，用于动宾结构的倒
装（3次）：无乃尔是过与
（16·1），善人是富（20·1）

是以（3次）连词，所以：是以
谓之文也（5·15）

是用（1次）连词，所以：怨是
用希（5·23）

是故（2次）连词，所以：是故
哂之（11·26）

战（3次）作战，打仗：齐、战、
疾（7·13）

战栗（1次）**战战** 因害怕而身
体颤抖，哆嗦：曰，使民战栗

（3·21），战战兢兢（8·3）

柏（2次）殷人以柏（3·21）

某（2次）代名词，虚指：某在斯（15·42）

柙（1次）关猛兽的木栏：虎兕出于柙（16·1）

树（2次）建立：邦君树塞门（3·22）

柳下惠（4次）人名，见"知柳下惠之贤而不与立也"（15·14）注。

轻（2次）不重：衣轻裘（6·4）

残（1次）暴虐残杀：亦可以胜残去杀矣（13·11）

殆（4次）㈠危险（2次）：佞人殆（15·11）

㈡疑问（2次）：多见阙殆（2·18），思而不学则殆（2·15）

祝鮀（2次）人名，见"不有祝鮀之佞"（6·16）注。

神（17次）天神，包括日月星辰风雨雷电等古人所谓的灵物（地神叫做祇，人死叫做鬼）：祭神如神在（3·12）

洁（3次）㈠干净：与其洁也（7·29）

㈡使干净（2次）：欲洁其身而乱大伦（18·7）

洋洋（1次）满满地，洋溢地：洋洋乎盈耳哉（8·15）

洒（1次）洒水：当洒扫应对进退（19·12）

济（1次）使人有成，使人能渡过困难：如有博施于民而能济众（6·30）

津（2次）渡口：使子路问津焉（18·6）

胜（5次）㈠去声，超过（3次）：质胜文则野（6·18）

㈡旧读平声，音升，克服（1次）：亦可以胜残去杀矣（13·11）

㈢平声，能尽责任（1次）：如不胜（10·5）

胫（1次）小腿：以杖叩其胫（14·43）

点（2次）孔子学生曾皙之名：点！尔何如？（11·26）

觉（1次）发觉：抑亦先觉者（14·31）

甚（5次）很，厉害：甚矣吾衰

也（7·5）

畏（10次）㊀惧怕（8次）：后生可畏（9·23），君子有三畏（16·8）

㊁囚禁（2次）：子畏于匡（9·5）

皆（15次）副词，都：至于犬马皆能有养（2·7）

皇皇（1次）光明伟大的：敢昭告于皇皇后帝（20·1）

既（14次）㊀时间副词，已经，业已（13次）：禘自既灌而往者（3·10）

㊁时间副词，常与"而"字连用，作"既而"，表旋嗣，一会儿（1次）：既而曰（14·39）

盈（2次）充满：虚而为盈（7·26）

相（10次）㊀平声，副词：互相，交互（3次）：道不同不相为谋（15·40）

㊁去声，音象，辅助，佐理（4次）：管仲相桓公（14·17），固相师之道也（15·42）

㊂音象，辅助、佐理的人（3次）：相维辟公（3·2），愿为

小相焉（11·26）

盼（1次）眼睛的黑白分明：美目盼兮（3·8）

省（4次）音醒，自我检查，反省：吾日三省吾身（1·4）

矜（5次）㊀矜持，庄重而拘谨（3次）：君子矜而不争（15·22）

㊁同情，怜悯（2次）：嘉善而矜不能（19·3）

禹（5次）夏代开国之君，见"巍巍乎舜禹之有天下也"（8·18）注。

科（1次）等，类：为力不同科（3·16）

钟（锺）（1次）同"鐘"，古代乐器：钟鼓云乎哉（17·11）

穿（1次）打洞，凿通：其犹穿窬之盗也与（17·12）

窃（3次）㊀偷盗（2次）：虽赏之不窃（12·18）

㊁表示谦让的副词（1次）：窃比于我老彭（7·1）

绘（1次）画花：绘事后素（3·8）

绝（4次）㊀动词，断绝（3次）：子绝四（9·4），在陈绝粮（15·2）

㊁形容词，后代子孙的祭祀被断绝了的（1次）：继绝世（20·1）

绞（2次）说话尖刻刺人：直而无礼则绞（8·2）

绚（1次）音炫，xuàn，有文采：素以为绚兮（3·8）

袂（1次）衣袖（1次）：短右袂（10·6）

衽（1次）音饪，衣襟：吾其被发左衽矣（14·17）

美（14次）㊀好，好的（7次）：斯为美（1·12），有美玉于斯（9·13）

㊁美好的事（3次）：君子成人之美（12·16）

㊂漂亮，美丽（4次）：美目盼兮（3·8），而有宋朝之美（6·16）

羿（1次）人名，见"羿善射"（14·5）注。

者（202次）㊀相当现代汉语的"的""的人""的事""的……"（169次）：而好犯上者鲜矣（1·2），告诸往而知来者（1·15）

㊁语气词，表拟度，相当现代汉语的"的样子"（4次）：似不能言者（10·1）

㊂语气词，表提示（5次）：政者正也（12·17）

㊃语气词，表停顿（17次）：昔者吾友尝从事于斯矣（8·5）

㊄语气词，表假设（6次）：鲁无君子者，斯焉取斯（5·3），力不足者，中道而废（6·12）

㊅语气词，表疑问（1次）：安见方六七十如五六十而非邦也者（11·26）

贱（3次）卑贱，地位不高：贫与贱是人之所恶也（4·5）

荣（1次）光荣：其生也荣（19·25）

虐（1次）暴虐：不教而杀谓之虐（20·2）

虽（31次）让步连词，即使：虽曰未学，吾必谓之学矣（1·7）

要（2次）㊀"约"的借字，穷困（1次），见"久要不忘平生之言"（14·12）注。

㈡要挟，借用强力以求达得某
种目的（1次）：虽曰不要君
（14·14）

类（1次）类别：有教无类（15·
39）

顺（3次）顺理：言不顺（13·3）

笃（7次）㈠动词，忠诚厚道，
笃厚，笃实（2次）：君子笃于
亲（8·2）

㈡副词，笃厚（5次）：信道不笃
（19·2）

赵（1次）晋国的三卿之一：孟
公绰为赵魏老则优（14·11）

重（4次）㈠不轻（2次）：任重
而道远（8·7）

㈡注重，重视（1次）：所重民食
丧祭（20·1）

㈢庄重（1次）：君子不重则不威
（1·8）

面（3次）面向，面对着：雍也
可使南面（6·1），其犹正墙面
而立也与（17·10）

食（41次）㈠吃（30次）：君子
食无求饱（1·14），君子无终

食之间违仁（4·5）

㈡粮食（3次）：足食足兵（12·7）

㈢俸禄（1次）：事君敬其事而后其
食（15·38）

㈣旧读嗣，饭（3次）：一箪食
（6·11）

㈤旧读嗣，已熟的食物（2次）：
有酒食（2·8）

㈥音嗣，给他吃，使他吃（1
次）：杀鸡为黍而食之（18·7）

㈦同蚀（1次）：如日月之食焉
（19·21）

食气 饭料：不使胜食气（10·8）

鬼（5次）古代以为人死了还有
灵魂存在，这灵魂便叫鬼，因
之死了的祖先也叫鬼：非其鬼
而祭之（2·24）

首（1次）动词，旧读去声，音
受，脑袋向着：东首（10·19）

首阳（1次）山名，见"伯夷叔齐
饿于首阳之下"（16·12）注。

十　画

乘（9次）㈠平声，chéng，动词

（4次）：乘桴浮于海（5·7）

㋁音剩，量词，一辆车（4次）：道千乘之国（1·5）

㋂音剩，量词，四匹（1次）：陈文子有马十乘（5·19）

俱（1次）副词，都：俱不得其死然（14·5）

倍（1次）同"背"，不合理：斯远鄙倍矣（8·4）

倚（1次）靠：在舆则见其倚于衡也（15·6）

借（1次）借给：有马者借人乘之（15·26）

倦（5次）疲劳厌倦：诲人不倦（7·2）

倩（1次）面颊（口辅）长得好的样子：巧笑倩兮（3·8）

倾（1次）倾倒，倾危：安无倾（16·1）

党（10次）㊀上古居民的基层组织，五百家为党，亦引申为乡里之义（5次）：吾党有直躬者（13·18）

㋁类（1次）：各于其党（4·7）

㋂集团（1次）：吾党之小子狂简（5·22）

㋃偏私，袒护私人（3次）：吾闻君子不党，君子亦党乎（7·31）

匿（1次）隐藏：匿怨而友其人（5·25）

兼（1次）加倍，倍于：由也兼人（11·22）

陪臣（1次）大夫的家臣。古代，天子以诸侯为臣，诸侯以大夫为臣，大夫又自有家臣。因之大夫对于天子，大夫之家臣对于诸侯，都是隔了一层的臣，因之都称为陪臣：陪臣执国命（16·2）

陷（1次）做成陷阱、圈套来谋害人：不可陷也（6·26）

卿（1次）古代的执政大臣：出则事公卿（9·16）

冢宰（1次）上古的官名，为百官之长，即后代所谓宰相：百官总己以听于冢宰三年（14·40）

原思（1次）孔子学生，见"原思为之宰"（6·5）注。

原壤（1次）人名，见"原壤夷

侯"（14·43）注。

读（1次）何必读书，然后为学（11·25）

谄（3次）谄媚，讨好：贫而无谄（1·15）

请（12次）㊀乞求（9次）：仪封人请见（3·24）

㊁表敬副词（3次）：请事斯语矣（12·1）

谅（3次）㊀小信，无原则地守信（2次）：岂若匹夫匹妇之为谅也（14·17）

㊁诚信不欺（1次）：友谅（16·4）

谅阴（1次）谅旧读良，谅阴，守孝的凶庐：高宗谅阴（14·40）

诸（36次）㊀指示代词，之（1次）：告诸往而知来者（1·15）

㊁兼词，"之于"的合音（18次）：举直错诸枉，则民服（2·19）

㊂兼词，"之乎"的合音（14次）：山川其舍诸（6·6）

㊃兼词，"之如"的合音（2次）：譬诸小人（17·12）

㊄同"于"（1次）：与文子同升诸公（14·18）

诸侯（5次）春秋时的国君：非诸侯而何（11·26）

诸夏（1次）春秋时汉民族的各国：不如诸夏之亡也（3·5）

诺（3次）㊀诺言（1次）：子路无宿诺（12·12）

㊁应对之词，表示应允（2次）：诺，吾将问之（7·15）

谁（12次）何人：谁能出不由户（6·17）

訚訚（2次）说话之时和颜悦色而持正不阿的样子：訚訚如也（10·2）

哭（2次）子于是日哭（7·10）

唐（1次）朝代名，传说中称上古帝尧的时代，约在公元前2357—前2258年：唐虞之际（8·20）

唐棣（1次）蔷薇科落叶乔木，亦曰枎栘：见"唐棣之华"（9·31）注。

圃（2次）㊀种菜：请学为圃（13·4）

㊁种菜的人：吾不如老圃（13·4）

夏（3次）夏后氏（1次）朝代

名，传说是禹建立的，约在公元前 2205—前 1766 年。

奚（7次）㈠疑问代词（4次）①代事：子将奚先（13·3）②代地方：奚自（14·38）

㈡疑问副词，何故，为什么（3次）：子奚不为政（2·21）

奚而（1次）**奚其**（3次）疑问副词，为什么：奚而不丧，奚其丧（14·19）

宽（4次）宽厚：居上不宽（3·26）

宰（7次）㈠为卿大夫办事的总管（3次）：原思为之宰（6·5）

㈡一邑（县城）的地方官（4次）：季氏使闵子骞为费宰（6·9）

害（2次）㈠名词，祸害，害处（1次）：斯害也已（2·16）

㈡动词，使受损伤（1次）：无求生以害人（15·9）

宴乐（1次）饮食荒淫之乐：乐宴乐（16·5）

家（10次）㈠古代的卿大夫有一定的地方被他统治，被他剥削，叫做家（6次）：三家者以雍彻（3·2），丘也闻有国有家者（16·1）

㈡家庭（2次）：在家无怨（12·2）

宾（3次）被尊敬的客人：宾退（10·3）

宾客（2次）外宾：可使与宾客言也（5·8）

容（3次）容纳：如不容（10·4）

容色（1次）**容貌**（1次）面色：有容色（10·5），动容貌（8·4）

骍（1次）牛马赤色：犁牛之子骍且角（6·6）

射（5次）射箭：必也射乎（3·7），弋不射宿（7·27）

馁（2次）㈠饥饿：耕也馁在其中矣（15·32）

㈡鱼的腐烂：鱼馁而肉败（10·8）

饿（1次）饿死：伯夷叔齐饿于首阳之下（16·12）

余（馀）（5次）多余的，以外的：行有余力（1·6），慎言其余（2·18）

席（4次）坐位，坐垫：席不正不坐（10·12）

损（4次）㊀减少（1次）：所损
　益可知也（2·23）

㊁损害，有害处（3次）：损矣
　（16·4）

挚（2次）人名，见"师挚之始"
　（8·15）注。

徒（4次）㊀同派系、同信仰的
　人，门徒，党徒（3次）：非吾
　徒也（11·17）

㊁白白的，空空的（1次）：而岂
　徒哉（17·5）

徒行（2次）步行：吾不徒行以
　为之椁（11·8）

恭（13次）㊀容貌的端庄严肃
　（11次）：其行己也恭（5·16），
　貌思恭（16·10）

㊁对别人的谦顺（2次）：巧言
　令色足恭（5·25），子为恭也
　（19·25）

恶（37次）㊀善恶美恶的恶（14
　次）：①名词：攻其恶（12·21）
　②形容词：而耻恶衣恶食者
　（4·9）③动词使动用法：恶衣
　服而致美乎黻冕（8·21）

㊁去声，wù（22次）：能恶人

（4·3）

㊂平声，音乌，副词，何也（1
　次）：恶乎成名（4·5）

恐（4次）恐怕：唯恐有闻（5·
　14）

恕（2次）见"忠恕而已矣"（4·
　15）注。

息（1次）呼吸：屏气似不息者
　（10·4）

悔（3次）悔恨：死而无悔（7·
　11）

旅（1次）动词，祭祀山神：季
　氏旅于泰山（3·6）

柴（1次）孔子学生高柴，见
　"柴也愚"（11·18）注。

晋文公（1次）春秋时五霸之
　一，见"晋文公谲而不正"
　（14·15）注。

晏（1次）迟，晚：何晏也（13·
　14）

晏平仲（1次）人名，见"晏平
　仲善与人交"（5·17）注。

朕（2次）自称代词，我：朕躬
　有罪（20·1）

脩（1次）㊀肉干：自行束脩以

上，吾未尝无诲焉。（7·7）

〇同修，见"修"字下

脍（1次）切得很细的肉：脍不厌细（10·8）

栖栖（1次）忙碌的样子：丘何为是栖栖者与（14·32）

栗（1次）木名：周人以栗（3·21）

校（1次）计较：犯而不校（8·5）

格（1次）来，至，归服：有耻且格（2·3）

桀溺（3次）一个人的绰号：长沮桀溺耦而耕（18·6）

桓公（4次）指齐桓公，见"齐桓公正而不谲"（14·15）和"桓公杀公子纠"（14·16）注。

桓魋（1次）人名，见"桓魋其如予何"（7·23）注。

殷（7次）朝代名，文献相传商朝的后期，由盘庚起称殷，约在公元前1401—前1122年。但从卜辞看来，商是国名，殷是国都之名。

贾（2次）音古，商人。一云同价，货物的价格：求善贾而沽诸（9·13）

贼（5次）〇风气道德或者社会秩序的破坏的行为或者破坏的人（3次）：是为贼（14·43），其蔽也贼（17·8）

〇在政治上对人民的残害行为（1次）：慢令致期谓之贼（20·2）

〇动词，毁坏（1次）：贼夫人之子（11·25）

泰（6次）〇倨傲（1次）：今拜乎上，泰也（9·3）

〇用度奢侈（1次）：约而为泰（7·26）

〇安详舒泰（4次）：君子泰而不骄（13·26）

泰山（2次）即今山东省的泰山：季氏旅于泰山（3·6）

泰伯（1次）人名，见"泰伯其可谓至德也已矣"（8·1）注。

浮（2次）飘游：乘桴浮于海（5·7），于我如浮云（7·16）

浴（2次）洗澡，澡身：浴乎沂（11·26）

海（2次）乘桴浮于海（5·7）

浸润（2次）一点一滴渐渐而来的：浸润之谮（12·6）

涅（1次）染为黑色：涅而不缁（17·7）

润色（1次）使之光泽，使之更美：东里子产润色之（14·8）

莫（18次）㊀代词，无指，一般指人，等于说"没有人"（14次）：不患莫己知（4·14）

㊁代词，无指，偶尔用以指地，没有地方（7次）：莫不有文武之道焉（19·22）

㊂副词，大约，约莫（1次）：文，莫吾犹人也（7·33）

㊃暮的本字（1次）：莫春者（11·26）

㊄否定词（1次），见"无莫也"（4·10）注。

莞尔（1次）微笑貌：夫子莞尔而笑（17·3）

莅（2次）临民，面临着治理国家统治人民的工作：不庄以莅之（15·33）

获（2次）得：仁者先难而后获（6·22），获罪于天（3·13）

荷（2次）去声，负荷，扛挑：有荷蒉而过孔氏之门者（14·39）

蓧（1次）草器：以杖荷蓧（18·7）

烈（1次）猛烈，厉害：风烈（10·25）

狷（2次）㊀狷介保守的：狷者有所不为也（13·21）

㊁狷介之士，保守的人：必也狂狷乎（13·21）

辂（1次）音路，车：乘殷之辂（15·11）

爱（9次）㊀喜爱，爱护（6次）：节用而爱人（1·5）

㊁喜爱的感情（1次）：予也有三年之爱于其父母乎（17·21）

㊂爱惜，可惜（2次）：尔爱其羊，我爱其礼（3·17）

皋陶（1次）音高摇，人名，见"举皋陶"（12·22）注。

畔（4次）㊀违背道理（2次）：亦可以弗畔矣夫（6·27）

㊁造反（2次）：公山弗扰以费畔（17·5）

畜（1次）饲养：君赐生，必畜之（10·18）

疾（15次）㈠疾病（8次）：父母唯其疾之忧（2·6）

㈡毛病，不正常的情况（1次）：古者民有三疾（17·16）

㈢动词，以为疾，痛恨（5次）：好勇疾贫（8·10）

㈣副词，快，迅速地（1次）：不疾言（10·26）

疾病（2次）病重：子疾病（7·35）

病（6次）㈠名词，较重的病痛（4次）：病间（9·12）

㈡动词，以为苦，引为病，以为不足（2次）：尧舜其犹病诸（6·30）

监（1次）观察，以为借镜：周监于二代（3·14）

益（11次）㈠增加，长进（6次）：所损益可知也（2·23），非求益者也（14·44）

㈡利益，好处（1次）：无益（15·31）

㈢有利益，有好处（4次）：益矣

（16·4）

盍（2次）"何不"的合音：盍各言尔志（5·26）

罢（1次）停止：欲罢不能（9·11）

矩（1次）古代画九十度直角的工具，引申为规矩礼法的意思：不逾矩（2·4）

秦（1次）春秋时国名，拥有今陕西长安以西以至甘肃天水一带的地方：四饭缺适秦（18·9）

称（14次）㈠称赞（8次）：民无得而称焉（8·1）

㈡称述，述说（1次）：恶称人之恶者（17·24）

㈢称呼（5次）：夫人自称曰小童（16·14）

硁硁（2次）狭小，鄙贱的样子：硁硁然小人哉（13·20）

笑（5次）乐然后笑（14·13）

絺（1次）音郗，chī，细葛布：袗絺绤（10·6）

绤（1次）音隙，粗葛布：袗絺绤（10·6）

绥（2次）㊀名词，执以上车的带子：执绥（10·26）

㊁安抚：绥之斯来（19·25）

继（3次）㊀承继（1次）：其或继周者（2·23）

㊁使之继续（1次）：继绝世（20·1）

㊂继续，增益（1次）：君子周急不继富（6·4）

素（3次）㊀白色的丝绸：素以为绚兮（3·8）

㊁白色（1次）：素衣麑裘（10·6）

缺（1次）人名：四饭缺适秦（18·9）

羔（2次）紫羔，黑色羊皮：缁衣羔裘（10·6）

羞（1次）耻辱：或承之羞（13·22）

耕（2次）耕种：耕也馁在其中矣（15·32）

能（69次）㊀名词，能力（4次）：何其多能也（9·6）

㊁有能力的人（3次）：以能问于不能（8·5）

㊂助动词，"能够"（和"得"的用法不同，"能"一般从主观的力量着眼，"得"则从客观条件着眼）（62次）：事父母能竭其力（1·7）

耻（16次）㊀名词，耻辱（7次）：民免而无耻（2·3）

㊁动词，以为羞耻（9次）：而耻恶衣恶食者（4·9）

耻辱（1次）远耻辱也（1·13）

致（8次）㊀送去，贡献（4次）：事君能致其身（1·7）

㊁达到（1次）：致远恐泥（19·4）

㊂使之来，招来（1次）：君子学以致其道（19·7）

㊃极，尽心尽情（2次）：丧致乎哀而止（19·14），人未有自致者也（19·17）

致期（1次）限期：慢令致期谓之贼（20·2）

臭（1次）气味：臭恶不食（10·8）

衰（3次）衰老，衰微：甚矣吾衰也（7·5），血气既衰（16·7）

袍（1次）长衣：衣敝缊袍（9·27）

袗（1次）音诊，动词，单：袗
　绤绤（10·6）

被（1次）同"披"：吾其被发左
　衽矣（14·17）

虑（3次）思虑，考虑，忧虑：
　人无远虑（15·12）

顾（2次）回头：宾不顾矣（10·
　3）

豹（1次）虎豹之鞟（12·8）

起（1次）启发，见"起予者商
　也"（3·8）注。

躬（7次）㈠名词，身体，本
　身（5次）：天之历数在尔躬
　（20·1）

㈡副词，亲身地（2次）：禹稷躬
　稼而有天下（14·5）

躬自（1次）双音节副词，见
　"躬自厚而薄责于人"（15·
　15）注。

辱（5次）侮辱，受侮辱：不辱
　君命（13·20），事君数，斯辱
　矣（4·26）

通（1次）通行的，共同遵守的：
　天下之通丧也（17·21）

逝（3次）㈠去而不返（2次）：

逝者如斯夫（9·17）

㈡使动用法，使之去（1次）：君
　子可逝也（6·26）

逞（1次）快意地表现出来，放
　松（不紧张）：逞颜色（10·4）

速（3次）赶快：欲速成者也
　（14·44）

造次（1次）仓卒，匆忙：造次
　必于是（4·5）

酒（5次）有酒食（2·8）

钻（2次）穿孔，其后因之引
　申有钻研的意义：钻之弥坚
　（9·11）

釜（1次）古代量名，合当日的
　量器六斗四升：与之釜（6·4）

难（22次）㈠平声，不容易（18
　次）：色难（2·8），难乎免于
　今之世矣（6·16）

㈡表示绝望之辞，一定和语气词
　"矣哉"连用（2次）：难矣哉
　（15·17）

㈢去声，患难（1次）：忿思难
　（16·10）

㈣去声，责备，责难（1次）：未
　之难矣（14·39）

　　　　　　　　　　　　论语译注

高（1 次）仰之弥高（9·11）

高宗（2 次）殷高宗，名曰武丁：高宗谅阴，三年不言（14·40）

十一画

兽（2 次）鸟兽不可与同群（18·6）

偃（4 次）㊀仆倒（1 次）：草上之风必偃（12·19）

㊁孔子学生子游之名（3 次）：参"子游问孝"（2·7）注。

偏其（1 次）翩翩地：偏其反而（9·31）

偷（1 次）薄，冷淡少情：则民不偷（8·2）

偲偲（2 次）朋友间尽力规劝之貌：切切偲偲（13·28）

厩（1 次）马栏：厩焚（10·17）

隅（2 次）"四边"，"四方"的方，四角的"角"：举一隅不以三隅反（7·8）

隐（9 次）㊀隐瞒（5 次）：二三子以我为隐乎（7·24）

㊁隐避不问世事（4 次）：无道则隐（8·13）

冕（5 次）㊀名词，古代大夫以上戴的帽子（3 次）：恶衣服而致美乎黻冕（8·21）

㊁动词，戴礼帽（2 次）：见冕者与瞽者（10·25）

㊂人名（2 次）：师冕见（15·42）

匏瓜（1 次）即瓠瓜：吾岂匏瓜也哉，焉能系而不食（17·7）

唯（16 次）㊀副词，独，只，仅仅（14 次）：父母唯其疾之忧（2·6）

㊁应对副词（1 次）：曾子曰，唯（4·15）

㊂语首词，无义（1 次）：唯何甚（7·29）

商（4 次）孔子学生子夏之名，见"子夏曰"（1·7）注。

域（1 次）境界，疆土：且在邦域之中矣（16·1）

堂（3 次）殿堂，正厅：奚取于三家之堂（3·2）

堂堂（1 次）过于唱高调，别出一格而不合群的样子：堂堂乎张也（19·16）

埽（1次）扫地：洒埽（19·12）

孰（16次）㈠疑问代词，代物，甚么（3次）：是可忍也，孰不可忍也（3·1）

㈡疑问代词，代人，谁（9次）：孰谓鄹人之子知礼乎（3·15）

㈢疑问代词，表选择，哪一个（4次）：女与回也孰愈（5·9）

宿（5次）㈠夜里睡觉，过夜（2次）：子路宿于石门（14·38）

㈡留之过夜（1次）：祭于公不宿肉（10·9）

㈢留了过夜的，不如时履行的（1次）：子路无宿诺（12·12）

㈣睡觉了的东西，归巢的鸟（1次）：弋不射宿（7·27）

寄（1次）托付，寄托：可以寄百里之命（8·6）

阈（1次）门坎，门限：行不履阈（10·4）

谏（5次）㈠用言语对尊长的错误有所纠正，劝阻（3次）：事父母几谏（4·18）

㈡纠正（2次）：遂事不谏（3·21）

谋（8次）计谋，求谋：好谋而成者也（7·11），君子谋道不谋食（15·32）

谓（78次）㈠说，叫做（55次）：吾必谓之学矣（1·7），以不教民战，是谓弃之（13·30）

㈡讲给，说给（用于对别人说话的场合）（13次）：或谓孔子曰（2·21）

㈢评论，谈到（10次）：孔子谓季氏，八佾舞于庭（3·1）

崇（4次）提高：子张问崇德辨惑（12·10）

崔子（3次）即崔杼，见"崔子弑齐君"（5·19）注。

崩（1次）败坏：乐必崩（17·21）

帷裳（1次）用整幅布做的裙子：非帷裳必杀之（10·6）

常（1次）一定的，经常的：亦何常师之有（19·22）

奢（2次）奢侈，奢华：与其奢也宁俭（3·4）

庶（3次）㈠人多（2次）：庶矣哉（13·9）

㈡庶几，差不多（1次）：回也其

庶乎（11·19）

庶人（1次）普通老百姓：则庶人不议（16·2）

康子（2次）即季康子，参“季康子问”（2·20）注。

庾（1次）古代容量名，容当时的二斗四升：与之庾（6·4）

彬彬（1次）各种不同事物配合得适当的样子：文质彬彬（6·18）

得（50次）㊀动词，取得，拿到（28次）：夫子温良恭俭让以得之（1·10）

㊁助动词，表示客观条件的可能（17次）：吾未尝不得见也（3·24）

㊂动词，算得（5次）：焉得俭?（3·22）

徙（2次）迁往：闻义不能徙（7·3）

患（17次）着急，忧虑：不患人之不己知（1·16）

悱（1次）音斐，fěi，口里想说却不知如何说的样子：不悱不发（7·8）

悾悾（1次）音空空，无能的样子：悾悾而不信（8·16）

情（2次）名词，情实，真实情况：莫敢不用情（13·4）如得其情（19·19）

惜（2次）可惜：惜乎（9·21）

惮（2次）怕，有顾忌有所困难而畏惧：过则勿惮改（1·8）

惟（2次）㊀语中衬字，无意义（1次）：孝乎惟孝（2·21）

㊁副词，只，独，仅仅（1次）：惟我与尔有是夫（7·11）

惧（7次）害怕：一则以惧（4·21）

戚（1次）悲哀太过：宁戚（3·4）

戚戚（1次）忧愁而不开展的样子：小人长戚戚（7·37）

授（3次）交给，授与：授之以政（13·5）

探（1次）把手深深地伸进去拿东西：见不善如探汤（16·11）

接舆（1次）见“楚狂接舆”（18·5）注。

措（1次）安置，与“错”同：则民无所措手足（13·3）

据（1次）依据：据于德（7·6）

教（7次）教导，训海：举善而
　教不能，则劝（2·20）

敏（9次）㈠敏捷，勤敏（7次）：
　敏于事而慎于言（1·14）

㈡灵便，聪明（2次）：回虽不敏
　（12·1）

救（1次）禁止，阻止：女弗能
　救与（3·6）

敝（2次）㈠破烂的：衣敝缊袍
　（9·27）

㈡弄破：敝之而无憾（5·26）

敢（22次）㈠助动词（16次）：
　赐也何敢望回（5·9）

㈡表敬副词（6次）：敢问死
　（11·12）

晨门（1次）早上看管城门的人：
　晨门曰（14·38）

望（3次）㈠希图，希望赶得
　上（1次）：赐也何敢望回？
　（5·9）

㈡远远看到（2次）：望之俨然
　（19·9）

祷（4次）祈祷，向鬼神求福：
　无所祷也（3·13）

梦（1次）作梦：久矣吾不复梦

见周公（7·5）

桴（1次）小的竹木簰：乘桴浮于
　海（5·7）

梁（1次）桥梁：山梁雌雉（10·
　27）

棁（1次）zhuō，屋梁上的短柱：
　山节藻棁（5·18）

欲（43次）㈠想要（40次）：吾
　不欲观之矣（3·10）

㈡贪心（2次）：克、伐、怨、欲
　不行焉（14·1），苟子之不欲
　（12·18）

㈢个人的欲望强：枨也欲（5·11）

菜（1次）蔬菜：虽疏食菜羹
　（10·11）

菲（1次）动词，使之菲薄：菲
　饮食（8·21）

萧墙（1次）好像现在的照壁：
　而在萧墙之内也（16·1）

淫（2次）过分而失当，淫乱：
　乐而不淫（3·20），郑声淫
　（15·11）

深（2次）如临深渊（8·3）

渊（1次）深水池：如临深渊
　（8·3）

清（2次）清洁、干净（此处指人的行为而言）：清矣（5·19）

犁牛（1次）耕牛，见"犁牛之子骍且角"（6·6）注。

辅（1次）辅助：以友辅仁（12·24）

焉（38次）㊀代词，同"之"（8次）：见贤思齐焉（4·17），信则人任焉（20·1）

㊁于是（2次）：又何加焉（13·9）

㊂于他（7次）：忠焉能勿诲乎（14·7）

㊃疑问代词，什么，何物（1次）：又焉贪（20·2）

㊄疑问代词，哪里，何处（6次）：人焉廋哉（2·10）

㊅疑问副词，同"何"，怎么（19次）：焉得俭（3·22）

㊆小品词，放在表态副词后（1次）：怨焉在后（9·11）

㊇语气词，存在句或者陈述句用它（42次）：有君子之道四焉（5·16）

㊈语气词，如句中有疑问词，亦可用于疑问句（2次）：孰先传

焉（19·12）

猛（3次）凶猛：威而不猛（7·38）

盖（5次）㊀副词，表示不确定（4次）：盖有之矣（4·6）

㊁连词，承接上文而推论其原因（1次）：盖均无贫，和无寡，安无倾（16·1）

率尔（1次）不假思索，匆促急忙的样子：子路率尔而对曰（11·26）

祭（14次）对鬼神祖先的供奉：祭之以礼（2·5）

移（1次）变动，改变：唯上知与下愚不移（17·3）

窒（1次）阻塞不通，顽强不化：恶果敢而窒者（17·24）

章（1次）文彩：斐然成章（5·22）

章甫（1次）一种礼帽：端章甫（11·26）

绀（1次）青赤色的丝绸：君子不以绀緅饰（10·6）

维（1次）连系性动词，是：相维辟公（3·2）

缁（2次）黑色：缁衣羔裘（10·6），涅而不缁（17·7）

脯（1次）肉干：沽酒市脯不食（10·8）

焕（1次）文采光明之貌：焕乎其有文章（8·19）

豚（1次）小猪：归孔子豚（17·1）

赉（1次）赐予：周有大赉（20·1）

赦（2次）赦免罪过：赦小过（13·2）

逮（2次）及，到：耻躬之不逮也（4·22）

逸民（2次）遗佚之人，不曾做官的人：举逸民（20·1）

盛（2次）㊀兴盛（1次）：于斯为盛（8·20）

㊁丰富的（1次）：有盛馔（10·25）

盗（3次）㊀偷窃以至抢劫别人财物的人（2次）：季康子患盗（12·18），其犹穿窬之盗也与（17·12）

㊁凭借勇力去做坏事（1次）：有勇无义为盗（17·23）

虚（2次）空虚：虚而为盈（7·26）

笾豆（1次）都是古代盛食物的器皿，笾用竹制，盛干东西；豆用木制，盛湿东西。笾豆，代表祭祀礼仪：笾豆之事（8·4）

野（2次）粗鄙，粗野：质胜文则野（6·18）

野人（1次）未曾做过官位得过俸禄的人：先进于礼乐，野人也（11·1）

麻冕（1次）麻织的礼帽：麻冕，礼也（9·3）

黄（1次）黄衣狐裘（10·6）

十二画

裘（3次）㊀平日家居常穿的：裘裘长，红紫不以为裘服（10·6）

㊁亲近，常相见：虽裘必以貌（10·25）

傩（1次）古人驱逐流行病（古

人叫疫）的一种求神的仪式：
乡人傩（10·14）

割（2次）宰割：割不正不食
（10·8）

博（7次）㊀古代一种棋局（1
次）：见"不有博弈者乎"
（17·22）注。

㊁副词，广博地（5次）：君子博
学于文（6·27）

㊂动词的使动用法，使我学识广
博（1次）：博我以文（9·11）

谤（1次）举出别人的过失来毁
坏他（和诬不同，诬是以无为
有，谤是明言其实）：未信则以
为谤己也（19·10）

善（36次）㊀形容词，好（22
次）：又尽善也（3·25）

㊁名词，好人，好处，好事情（5
次）：举善而教不能（2·20），
愿无伐善（5·26），见善如不
及，见不善如探汤（16·11）

㊂动词，好起来了（1次）：子欲
善而民善矣（12·19）

㊃动词，善于，长于，能做到（3
次）：晏平仲善与人交（5·17）

㊄副词，好好地（3次）：善为我
辞焉（6·9）

㊅动词，使它好（2次）：工欲善
其事（15·10）

善人（5次）见"子张问善人之
道"（11·20）注。

善柔（1次）当面恭维背后毁谤
的人：友善柔（16·4）

喜（5次）一则以喜（4·21）

喟然（2次）长叹息的样子：颜
渊喟然叹曰（9·11）

喻（2次）晓得，明白，理会：
君子喻于义，小人喻于利
（4·16）

馈（2次）馈赠，赠送：康子
馈药（10·16），朋友之馈
（10·23）

餲（1次）ài，饭发臭：食饐而餲
（10·8）

喭（1次）跋扈，强项：由也喭
（11·18）

堪（1次）受得住，能支持：人
不堪其忧（6·11）

奥（1次）屋子里的西南角，屋
内西南角的神：与其媚于奥

（3·13）

敖（1次）音傲，ào，人名，见
"敖荡舟"（14·5）注。

媚（2次）谄媚，讨好：与其媚
于奥，宁媚于灶（3·13）

富（17次）㊀财产多（12次）：
富而无骄（1·15）

㊁丰富，富有意义或内容（3
次）：富哉言乎（12·22），百
官之富（19·23）

㊂使它阔起来（2次）：富之
（13·9），善人是富（20·1）

寒（1次）冷：岁寒（9·28）

尊（3次）动词，敬重，崇重：
君子尊贤而容众（19·3）

就（3次）往那里去：就有道而
正焉（1·14）

屡（3次）副词，多次地：屡憎
于人（5·5）

巽与（1次）顺从，附和：巽与
之言，能无说乎（9·24）

庾（2次）隐匿，隐蔽：人焉庾
哉（2·10）

弑（4次）以下杀上叫弑：崔子
弑齐君（5·19）

循（1次）缘循：足躩躩如有循
（10·5）

循循（1次）有一定程序地，按
步骤地：夫子循循然善诱人
（9·11）

御（3次）㊀动词，驾车马，赶
马车（1次）：樊迟御（2·5）

㊁名词，赶马车的工作（2次）：
执御乎？（9·2）

御（禦）（1次）抵抗：御人以
口给（5·5）

惑（10次）㊀疑惑（2次）：门人
惑（7·29）

㊁迷惑，迷乱（8次）：是惑也
（12·10）

惠（8次）仁爱，恩惠：小人怀
惠（4·11）

愤（1次）心中想求彻底的明白
然而未能的样子：不愤不启
（7·8）

惰（1次）懈怠：语之而不惰者
（9·20）

愉愉（1次）轻松愉快的样子：
愉愉如也（10·5）

愠（3次）怨恨：人不知而不愠

（1·1）

掌（1次）手掌：指其掌（3·11）

揖（4次）拱手为礼，作揖：揖让
而升（3·7）

揭（1次）qì，撩起衣裳渡河：浅
则揭（14·39）

敬（21次）㊀对工作的严肃认真
（18次）：敬事而信（1·5）

㊁对待人物真心诚意的有礼貌（3
次）：又敬不违（4·18）

散（1次）离散：民散久矣
（19·19）

斐然（1次）有文彩的样子：斐
然成章（5·22）

斯（71次）㊀指示代词，这人，
这个，这里，这样（25次）：
斯为美（1·12），有美玉于斯
（9·13）

㊁指示形容词，这个，这种（15
次）：斯人也而有斯疾也（6·
10）

㊂连词，这就，于是（31次）：观
过，斯知仁矣（4·7）

暑（1次）热天：当暑（10·6）

曾（3次）音层，副词，竟：曾

是以为孝乎（2·8），曾谓泰山
不如林放乎（3·6）

曾子（17次）孔子学生曾参，见
"曾子曰"（1·4）注。

曾晳（3次）孔子学生，见"子
路、曾晳、冉有、公西华侍坐"
（11·26）注。

朝㊀阴平声，zhāo，早上（1次）：
朝闻道，夕死可矣（4·8）

㊁阳平声，音潮，朝廷（4次）：
束带立于朝（5·8）

㊂音潮，动词，朝见，臣去谒见
君王（4次）：吉月必朝服而朝
（10·6）

朝廷（1次）君主时代人君听政
之地：其在宗庙朝廷（10·1）

朝服（3次）上朝时的礼服：朝
服立于阼阶（10·14）

期（2次）㊀音奇，qí，时期（1
次）：期已久矣（17·21）

㊁同朞，音基，jī，一年（1次）：
期可已矣（17·21）

期月（1次）一年，见"期月而
已可也"（13·10）注。

棘子成（1次）人名，见"棘子

成"（12·8）注。

椟（1次）同"匵"，木匣子：玉毁于椟中（16·1）

棺（1次）棺材：有棺而无椁（11·8）

植（1次）扶着：植其杖而芸（18·7）

椁（3次）古代盛死尸，富贵人家用两重甚至几重棺木，在内的叫棺，在外的叫椁：有棺而无椁（11·8）

欺（4次）欺骗：可欺也（6·26）

温（5次）㈠温和（常指面容而言）（4次）：夫子温良恭俭让以得之（1·10）

㈡温习（1次）：温故而知新（2·11）

游（4次）闲游，遨游，游历：不远游（4·19）

焚（1次）焚烧，失火：厩焚（10·17）

禄（5次）㈠俸禄，俸给（4次）：子张学干禄（2·18）

㈡代表政权（1次）：禄之去公室（16·3）

然（24次）㈠如此，这么样（6次）：何为其然也（6·26）

㈡对的（6次）：雍之言然（6·2），对曰：然（15·3）

㈢语气词，同"焉"（2次）：若由也，不得其死然（11·13）

㈣小品词，用为形容词，或副词语尾（10次）：斐然成章（5·22），望之俨然（19·9）

然而（1次）表示转折的连词，如此而，但是：吾友张也，为难能也，然而未仁（19·15）

然则（3次）表示顺承的连词，如此就，那末：然则管仲知礼乎（3·22）

然后（9次）表示时间先后顺承的连词，这样才：岁寒然后知松柏之后凋也（9·28）

辍（1次）中途停止：耰而不辍（18·6）

輗（1次）牛车上辕和衡相接处的关键：大车无輗（2·22）

琢（1次）细刻玉石：如琢如磨（1·15）

疏（1次）疏远，不亲近：斯疏

矣（4·26）

疏食（2次）粗粮，糙米饭：饭
疏食（7·16）

短（3次）不幸短命死矣（6·
3），短右袂（10·6）

铿尔（1次）象声词，表示把器
物放下来的声音：铿尔，舍瑟
而作（11·26）

童子（3次）小孩，未成年的人：
童子见（7·29）

等 台阶的层次：降一等（10·4）

答（1次）夫子不答（14·5）

策（1次）动词，鞭策：策其马
（6·15）

粟（4次）小米，古人也用作粮
食之总称：冉子为其母请粟
（6·4）

粪土（1次）粪土之墙（5·10）

紫（2次）黑与赤（大红）相
间的颜色：红紫不以为亵服
（10·6）

缊（1次）旧绵絮：衣敝缊袍
（9·27）

翔（1次）飞翔，鸟在空中盘旋：
翔而后集（10·27）

翕如（1次）乐声兴盛的样子：
翕如也（3·23）

舜（8次）传说中的古代皇帝，
见"尧舜其犹病诸"（6·30）
注。

葬（4次）埋葬：死，葬之以礼
（2·5）

葸（1次）畏葸，胆小怕事：慎
而无礼则葸（8·2）

蒉（1次）草织的盛物之器：有
荷蒉而过孔氏之门者（14·39）

裁（1次）剪裁，引申为教育：
不知所以裁之（5·22）

遂（2次）㈠已经过去的，已
经完成的（1次）：遂事不谏
（3·21）

㈡副词，因而，于是（1次）：明
日遂行（15·1）

遇（2次）意外的碰到，遭逢：
遇诸涂（17·1）

道（60次）㈠孔子的术语（44
次），有时指道德，有时指
学术，有时指方法：本立而
道生（1·2），吾道一以贯之
（4·15），不以其道得之（4·5）

㈠合理的行为（2次）：三年无改
于父之道（1·11）

㈢道路，路途（4次）：中道而废
（6·12）

㈣技艺（1次）：虽小道必有可观
者焉（19·4）

㈤动词，行走，做（1次）：君子
道者三（14·28）

㈥动词，说（3次）：夫子自道也
（14·28）

㈦动词，治理（3次）：道千乘之
国（1·5）

㈧动词，诱导，引导（2次）：
道之以政（2·3），道之斯行
（19·25）

道路（1次）予死于道路乎
（9·12）

逾（4次）跳过，超越：七十而
从心所欲，不逾矩（2·4）

遗（1次）遗弃，不加理会：故
旧不遗（8·2）

蛮（1次）上古把南方的异族叫
蛮：虽蛮貊之邦行矣（15·6）

践（1次）践履，踩，踏：不践
迹（11·20）

量（3次）㈠容量，升、斗、斛之
总称（1次）：谨权量（20·1）

㈢限度（1次）：唯酒无量（10·
8）

㈢估量（1次）：多见其不知量也
（19·24）

趋（5次）疾行，用较快的步子
行走：过之必趋（9·10）

雅（4次）㈠正常的，作为标
准的：雅言（7·18），雅乐
（17·18）

㈢古代诗歌和乐曲的类名，《诗
经》中有《大雅》，《小雅》（1
次）：《雅》、《颂》各得其所
（9·15）

集（1次）几个鸟停在一块儿：
翔而后集（10·27）

觚（3次）酒器，木简也叫做觚：
觚不觚（6·25）

赐（17次）㈠上面的人对下面
的人的给与（4次）：君赐食
（10·18），民到于今受其赐
（14·17）

㈢孔子学生子贡之名（13次）：参
"子禽问于子贡曰"（1·10）注。

赏（1次）奖赏，因其有功而有所给与：虽赏之不窃（12·18）

赋（1次）兵役，征兵，凡关于军旅的工作：可使治其赋也（5·8）

鲁（11次）㊀鲁钝，迟钝（1次）：参也鲁（11·18）

㊁国名，周武王封周公旦之子伯禽于鲁，都于曲阜。国境有现在山东滋阳县以东南及江苏沛县、安徽泗县一带之地。其后为楚所灭（10次）：子语鲁太师乐曰（3·23）

鲁公（1次）指周公旦之子伯禽：周公谓鲁公曰（18·10）

黍（1次）黄米，穄子：杀鸡为黍而食之（18·7）

十三画

勤（1次）勤劳：四体不勤（18·7）

鄙（2次）㊀轻贱的（1次）：故多能鄙事（9·6）

㊁粗野（2次）：鄙哉，硁硁乎（14·39）

鄙夫（2次）㊀轻贱之人：鄙夫可与事君也与哉（17·15）

㊁野人：有鄙夫问于我（9·8）

嗅（1次）张两翅之貌：三嗅而作（10·27）

塞门（2次）古代诸侯用的照壁：邦君树塞门（3·22）

寝（4次）睡觉：宰予昼寝（5·10）

寝衣（1次）盖的小被：必有寝衣（10·6）

廉（1次）有廉隅，有棱角，有不可触犯之处：古之矜也廉（17·16）

谨（3次）㊀说话少：谨而信（1·6）

㊁严密：谨权量（20·1）

誉（2次）称赞：吾之于人也，谁毁谁誉（15·25）

阙（3次）动词，空而不言，保留：多闻阙疑（2·18）

阙如（1次）保留：盖阙如也（13·3）

阙党（1次）地名：见"阙党童

子将命"（14·44）注。

微（2次）㊀若没有（1次）：见
"微管仲，吾其被发左衽矣"
（14·17）注。

㊁衰微，没落（1次）：故夫三桓
之子孙微矣（16·3）

微子（1次）人名，见"微子去
之"（18·1）注。

微生高（1次）人名，见"孰谓
微生高直"（5·24）注。

微生亩（1次）人名，见"微生
亩谓孔子曰"（14·32）注。

傧（1次）接待外宾：君召使傧
（10·3）

摄（3次）㊀兼（职）（1次）：官
事不摄（3·22）

㊁被迫于（1次）：摄乎大国之间
（11·26）

㊂提起（衣襟）（1次）：摄齐升堂
（10·4）

慈（1次）上爱下，父母爱子女：
孝慈则忠（2·20）

愆（1次）过错，差错：侍于君
子有三愆（16·6）

愈（2次）胜过一些，强些：女
与回也孰愈（5·9）

意（1次）同亿，凭空猜想：毋
意（9·4）

愚（9次）㊀愚蠢（7次）：不违
如愚（2·9）

㊁愚蠢的人（2次）：古之愚也直
（17·16）

慎（7次）谨慎：慎终，追远
（1·9）

数（4次）㊀去声，几（2次）：
加我数年（7·17）

㊁音朔，密，频繁（2次）：事君
数（4·26）

新（3次）㊀形容词（2次）：必
以告新令尹（5·19）

㊁新的事物（如知识等）（1次）：
温故而知新（2·11）

暇（1次）闲暇：夫我则不暇
（14·29）

楚（2次）国名，见"楚狂接舆"
（18·5）注。

殿（1次）殿末，军队移动时为
最后部队：奔而殿（6·15）

毁（4次）㊀损坏，毁坏（1次）：
龟玉毁于椟中（16·1）

㊀毁谤，说别人的坏话（3次）：
　谁毁谁誉（15·25）

滥（1次）胡作乱为：小人穷斯
　滥矣（15·2）

滔滔（1次）像洪水泛滥时一样
　的：滔滔者天下皆是也（18·6）

瑚琏（1次）古代的礼器：瑚琏
　也（5·4）

瑟（4次）古代的乐器：由之瑟
　奚为于丘之门（11·15）

禘（2次）古代的一种隆重的祭
　祀始祖的典礼：禘自既灌而往
　者（3·10）

韫（1次）包裹：韫椟而藏诸
　（9·13）

罪（6次）获罪于天（3·13）

群（4次）㊀动词，合群（3次）：
　群而不党（15·22）

㊁副词，同大家一道（1次）：群
　居终日（15·17）

窥（1次）从缝隙中看，偷看：
　窥见室家之好（19·23）

肆（3次）㊀名词：陈列货物或
　者工艺品的处所（1次）：百工
　居肆以成其事（19·7）

㊁放肆，放胆（1次）：古之狂也
　肆（17·16）

㊂陈列尸首（1次）：吾力犹能肆
　诸市朝（14·36）

腥（1次）生肉：君赐腥（10·18）

锦（1次）有彩色有花纹的上等
　绸缎：衣夫锦（17·21）

错（4次）安放，安置：举直错
　诸枉（2·19）

粮（1次）粮食：在陈绝粮（15·
　2）

虞（1次）朝代名：唐虞之际（8·
　20）

虞仲（2次）人名，见"逸民，
　伯夷叔齐虞仲"（18·8）注。

裨谌（1次）人名，见"裨谌草
　创之"（14·8）注。

裘（6次）皮衣，皮袄子：衣轻裘
　（5·26），缁衣羔裘（10·6）

简（6次）㊀简单（5次）：可也
　简（6·2）

㊁选择（1次）：简在帝心（20·1）

简公（1次）齐简公，见"陈成
　子弑简公"（14·21）注。

貉（2次）貉绒：狐貉之厚以居

（10·6）

貊（1次）音陌，上古对北方的落后部族的称呼：虽蛮貊之邦行矣（15·6）

酱（1次）和味用的作料：不得其酱不食（10·8）

辟（8次）㊀偏激（1次）：师也辟（11·18）

㊁同避（7次）：贤者辟世（14·37）

辟公（1次）天子的公卿大臣：相维辟公（3·2）

辞（5次）㊀拒绝，辞脱（3次）：善为我辞焉（6·9）

㊁言辞（1次）：辞达而已矣（15·41）

㊂解释，解说（1次）：而必为之辞（16·1）

辞气（1次）谈吐：出辞气（8·4）

雉（1次）野鸡：山梁雌雉（10·27）

雍（5次）㊀《诗经》的篇名（1次）：三家者以《雍》彻（3·2）

㊁孔子学生仲弓的名字（4次），见"雍也仁而不佞"（5·5）注。

雷（1次）迅雷（10·25）

颂（1次）《诗经》中的赞颂的诗：《雅》、《颂》各得其所（9·15）

鼓（4次）㊀乐器（2次）：小子鸣鼓而攻之可也（11·17）

㊁弹奏（1次）：鼓瑟希（11·26）

㊂打鼓的乐官（1次）：鼓方叔入于河（18·9）

十四画

僎（1次）人名，见"大夫撰"（14·18）注。

兢兢（1次）谨慎恐怕的样子：战战兢兢（8·3）

谲（2次）权诈，玩弄手段以行骗取：晋文公谲而不正（14·15）

谮（1次）小话，谗言：浸润之谮（12·6）

嘉（1次）赞美：嘉善而矜不能（19·3）

墙（5次）墙壁：粪土之墙不可杇也（5·10）

察（4次）仔细地考察：察其所

安（2·10）

寡（10次）㊀人少（4次）：不患寡而患不均（16·1）

㊁少（4次）：则寡尤（2·18）

㊂能力少、知识少的人（1次）：以多问于寡（8·5）

㊃使它少（1次）：夫子欲寡其过而未能也（14·25）

寡小君（1次）对外国人称呼自己国君的夫人：称诸异邦曰寡小君（16·14）

馑（1次）灾荒，收成坏：因之以饥馑（11·26）

慢（3次）轻视，怠慢：无敢慢（20·2）

慝（2次）藏匿在心中、未曾外露的怨恨：敢问崇德修慝辨惑（12·21）

愿（1次）谨慎老实：侗而不愿（8·16）

愿（願）（5次）愿意：愿闻子之志（5·26）

愬（3次）控诉：肤受之愬（12·6），公伯寮愬子路于季孙（14·36）

蔡（3次）㊀国名，周武王封其弟叔度于蔡（2次）：从我于陈蔡者（11·2）

㊁大乌龟（1次）：臧文仲居蔡（5·18）

蔽（9次）㊀概括（1次）：一言以蔽之（2·2）

㊁掩盖不使人知（1次）：帝臣不蔽（20·1）

㊂流弊，弊病（7次）：女闻六言六蔽矣乎（17·8）

歌（5次）歌唱：则不歌（7·10）

漆雕开（1次）孔子学生，见"子使漆雕开仕"（5·6）注。

缧绁（1次）名词，本义为捆绑用的绳索，引申之义为囚禁，拘押：虽在缧绁之中（5·1）

殡（1次）停丧，停柩，此处则泛指一切丧葬之事：于我殡（10·22）

疑（3次）疑惑：多闻阙疑（2·18），居之不疑（12·20）

窬（1次）音俞，借为"逾"，越墙：其犹穿窬之盗也与（17·12）

竭（3次）尽：事父母能竭其力
（1·7）

端（3次）㊀头绪，事物的起点和
终点，事物的各方面（2次）：
攻乎异端（2·16），我叩其两
端（9·8）

㊁古代用整幅布做的礼服（1
次）：端章甫（11·26）

磋（1次）粗锉玉石：如切如磋
（1·15）

箕子（1次）人名，见"箕子为
之奴"（18·1）注。

算（1次）计算：何足算也（13·
20）

管氏（4次）管仲（9次）人名，
见"管仲之器小哉"（3·22）
注。

箪（1次）上古用以盛饭的圆筐：
一箪食（6·11）

精（1次）上等细米：食不厌精
（10·8）

聚敛（1次）收括钱财：而求也
为之聚敛而附益之（11·17）

臧（2次）好，善：何用不臧
（9·27）

臧文仲（2次）人名，见"臧文
仲居蔡"（5·18）注。

臧武仲（2次）人名，见"若臧
武仲之知"（14·12）注。

舞（2次）㊀舞蹈，歌舞：八佾
舞于庭（3·1）

㊁假借为武，武王时的乐名：乐
则《韶》《舞》（15·11）

舞雩（2次）台名，用以求雨的：
风乎舞雩（11·26）

裳（2次）古时下身所穿的衣服，
形式好像长裙子：冕衣裳者
（9·10）

舆（2次）车箱：在舆则见其倚
于衡也（15·6）

貌（2次）㊀容貌（1次）：貌思
恭（16·10）

㊁动容貌与人为礼：虽亵必以貌
（10·25）

静（1次）"动"之反：仁者静
（6·23）

雌（1次）阴性的，母的（一般
指禽鸟）：山梁雌雉（10·27）

鲜（6次）不多，少：而好犯上
者鲜矣（1·2）

　　　　　　　　　　论语译注

韶（3次）舜时的音乐名：子谓《韶》（3·25）

十五画

履（3次）㊀踩，践履（2次）：如履薄冰（8·3）

㊁成汤之名（1次）：予小子履（20·1）

德（38次）㊀行为，作风，品质（6次）：君子之德风，小人之德草（12·19）

㊁恩德，恩惠（4次）：以德报德（14·34）

㊂道德（27次）：为政以德（2·1）

㊃品质（1次）：称其德也（14·33）

德行（1次）道德，好的品德：德行，颜渊、闵子骞（11·3）

缭（1次）人名：三饭缭适蔡（18·9）

慧（1次）聪明：好行小慧（15·17）

憎（1次）厌恶，嫌恶：屡憎于人（5·5）

馔（2次）㊀名词，菜肴，饮食品：有盛馔（10·25）

㊁动词，饮食，吃喝：先生馔（2·8）

馈（1次）音意，饭馊（因受热发酵而发生酸臭）：食馈而餲（10·8）

戮（1次）杀戮，加以罪而杀之：邦无道免于刑戮（5·2）

撤（1次）除去：不撤姜食（10·8）

播（1次）摇动：播鼗武入于汉（18·9）

撰（1次）具有：异乎三子者之撰（11·26）

暴（2次）㊀政令严而急：不戒视成谓之暴（20·2）

㊁粗暴（1次）：斯远暴慢矣（8·4）

暴虎（1次）空手和老虎搏斗：暴虎冯河（7·11）

樊须（1次）樊迟（10次）孔子学生，见"樊迟曰"（2·5）注。

毅（1次）有决心，有果断和不为外力所动摇的勇敢：士不可以不弘毅（8·7）

滕（1次）国名，见"不可以为滕薛大夫"（14·11）注。

熟（1次）弄熟：必熟而荐之（10·18）

牖（1次）窗：自牖执其手（6·10）

稷（1次）人名，见"禹稷躬稼而有天下"（14·5）注。

稻（1次）稻米：食夫稻（17·21）

稼（3次）种田：樊迟请学稼（13·4）

颜回（2次）颜渊（15次）孔子学生，见"吾与回言终日"（2·9）注。

颜色（3次）脸色：正颜色（8·4）

颜路（1次）孔子学生，见"颜路请子之车以为之椁"（11·8）注。

颛臾（5次）国名，见"季氏将伐颛臾"（16·1）注。

耦（1次）古代两人并耕：长沮桀溺耦而耕（18·6）

蔬食（1次）与"疏食"同：虽蔬食菜羹（10·11）

篑（2次）盛土的筐子：未成一篑（9·19）

踧踖（2次）音蹴鹊，走路谨慎而恭敬的样子：踧踖如也（10·2）

鲤（5次）孔子儿子，见"鲤也死"（11·8）注。

十六画

儒（2次）读书人：女为君子儒，无为小人儒（6·13）

鄹（1次）地名，见"孰谓鄹人之子知礼乎"（3·15）注。

器（6次）㊀器皿（2次）：女器也（5·4）

㊁工具（1次）：必先利其器（15·10）

㊂器量，器度（1次）：管仲之器小哉（3·22）

㊃动词，把他看成器物（2次）：及其使人也，器之（13·25）

噫（3次）叹词，相当今天的

"咳"：噫！天丧予，天丧予！
（11·9）

微（1次）音骁，抄袭：恶徼以
为知者（17·24）

憾（1次）怨恨：敝之而无憾
（5·26）

薄（2次）㊀形容词：如履薄冰
（8·3）

㊁副词：躬自厚而薄责于人
（15·15）

薛（1次）国名，见"不可以为
滕薛大夫"（14·11）注。

薨（1次）诸侯死，君主死：君
薨（14·40）

澹台灭明（1次）人名，见"有
澹台灭明者"（6·14）注。

燧（1次）打火用的工具：钻燧
改火（17·21）

燕居（1次）平日在家的起居生
活：子之燕居（7·4）

瓢（1次）舀水的用具，古代把
葫芦剖开为两半以制成：一瓢
饮（6·11）

磨（2次）㊀把玉石等料磨光：
如琢如磨（1·15）

㊁摩擦：磨而不磷（17·7）

磬（3次）古代的乐器，石
质，挂起来敲打：子击磬于卫
（14·39）

穆穆（1次）静默而庄严的样子：
天子穆穆（3·2）

衡（1次）车辕前端驾在牲口脖
子上的横木：在舆则见其倚于
衡也（15·6）

颠（1次）失足而倒，向前跌倒：
颠而不扶（16·1）

颠沛（1次）危险，狼狈，艰难
困苦：颠沛必于是（4·5）

辨（2次）分别：辨惑（12·10）

雕（1次）雕刻：朽木不可雕也
（5·10）

默（1次）寂静而不言语：默而
识之（7·2）

十七画

匵（1次）同椟，音独，木匣子：
韫匵而藏诸（9·13）

孺悲（1次）人名，见"孺悲欲
见孔子"（17·20）注。

藏（2次）收藏：舍之则藏（7·11）

磷（1次）音吝，薄：磨而不磷（17·7）

褓（1次）背负小孩用的带子：褓负其子而至矣（13·4）

襄（1次）人名：击磬襄入于海（18·9）

翼如（2次）像舒展翅膀一样地：翼如也（10·3）

蹈（2次）以身赴之：水火吾见蹈而死者矣（15·35）

鞠躬（3次）双声区别词，见"鞠躬如也"（10·5）注。

鞟（2次）去了毛的兽皮：虎豹之鞟犹犬羊之鞟（12·8）

魏（1次）春秋时晋国之卿：为赵魏老则优（14·11）

黜（2次）罢免，革退，贬逐：三黜（18·2）

黻冕（1次）黻音弗，用熟牛皮做的大巾，所以蔽膝，祭祀时穿它。冕，礼帽。黻冕，即用以指祭祀的礼服：而致美乎黻冕（8·21）

十八画

皦如（1次）声音清晰的样子：皦如也（3·23）

瞻（2次）看：瞻之在前（9·11）

瞽（3次）瞎了眼睛：见冕者与瞽者（10·25），未见颜色而言谓之瞽（16·6）

襜如（1次）衣服整齐之貌：襜如也（10·3）

覆（2次）㊀倾倒：虽覆一篑（9·19）

㊁使倾覆：恶利口之覆邦家者（17·18）

蹜蹜（1次）脚步紧凑的样子：足蹜蹜如有循（10·5）

鞭（1次）皮鞭：虽执鞭之士（7·12）

十九画

藻（1次）水草：山节藻棁（5·18）

蘧伯玉（2次）人名，见"蘧伯

玉使人于孔子"（14·25）注。

骥（1次）千里马：骥不称其力（14·33）

羹（1次）菜肴的汤汁：虽蔬食菜羹（10·11）

醯（1次）醋：或乞醯焉（5·24）

麑（1次）音倪，小鹿：素衣麑裘（10·6）

鼗（1次）音淘，小鼓，两边有耳坠，人拿着它的柄，摇动它，使耳坠打着其鼓皮发声：播鼗武入于汉（18·9）

二十画及以上

攘（1次）偷窃：其父攘羊（13·18）

巍巍（3次）高大的样子（8·18）

灌（1次）祭祀时的一种仪式，倒酒于地以请神：禘自既灌而往者（3·10）

譬（1次）譬喻：能近取譬（6·30）

譬之（1次）譬如（3次）譬诸（2次）给它一个比喻：譬之宫墙（19·23），譬如北辰（2·1），譬诸小人（17·12）

躁（1次）急躁：言未及之而言谓之躁（16·6）

耰（1次）播种以后，又把田土摩平，使种子入土：耰而不辍（18·6）

霸（1次）凭借实力以号令诸侯：霸诸侯（14·17）

躩如（2次）音矍如，走路疾速貌：足躩如也（10·3）